教科書ガイド

光村図書 版　完全準拠

Here We Go!

ENGLISH COURSE

編集発行　光村教育図書

目 次

この本の構成 この本では，各教材で学習する以下の内容を載せています。

■ **Unit**
本文とその訳例／新出語句の発音と意味／設問の解答例／基本文の文法解説／本文の解説／音声の内容と訳例など

■ **You Can Do It! ／ Active Grammar など**
設問の解答例と訳例／新出語句の発音と意味／音声の内容と訳例など

■ **Let's Read など**
本文とその訳例／新出語句の発音と意味／設問の解答例／本文の解説など

詳しい内容については，本書のpp.3-4にある「この本の使い方」を見てください。
この本は，みなさんの自主学習の補助となるものです。まず自分で教科書を読み，問題を解いてみてから，この本を参考にするようにしましょう。
※著作権上の都合により，歌詞に関する設問の解答は略しています。

この本の使い方

本文のページ

教科書対応ページ
教科書の対応ページを表示しています。

本文
①，②，③，…の番号は，「本文の解説」の番号と一致しています。

訳例
英文のすぐ下にその訳例を付けてあるので，英文を読みながら意味をつかむことができます。
英語を日本語に訳すときは，男女の話し言葉の違いや敬語などにより，同じ英文でもいろいろな訳し方が考えられます。

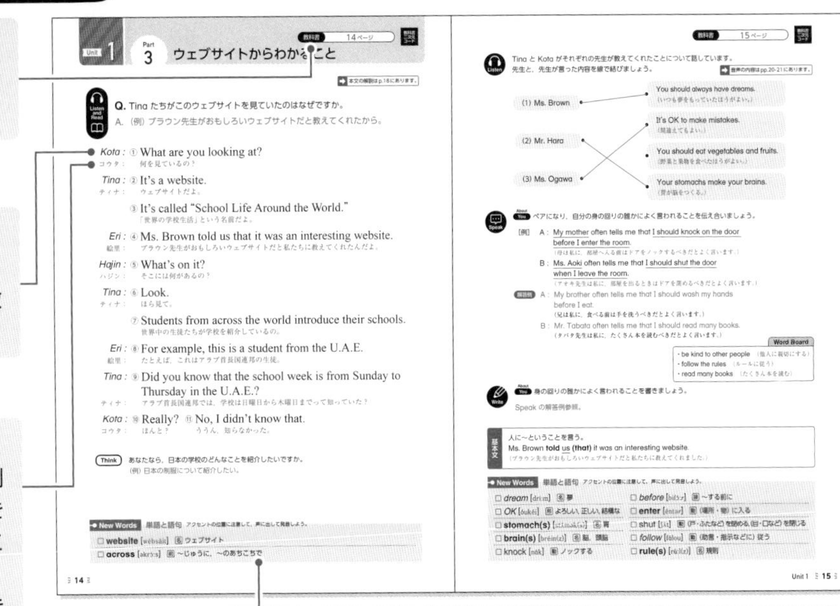
Unit 1 Part 3 ウェブサイトからわかること 教科書 14ページ

Q. Tina たちがこのウェブサイトを見ていたのはなぜですか。
A. （例）ブラウン先生がおもしろいウェブサイトだと教えてくれたから。

Kota : ① What are you looking at?
コウタ： 何を見ているの？
Tina : ② It's a website.
ティナ： ウェブサイトだよ。
③ It's called "School Life Around the World."
「世界の学校生活」という名前だよ。
Eri : ④ Ms. Brown told us that it was an interesting website.
絵里： ブラウン先生がおもしろいウェブサイトだと私たちに教えてくれたんだよ。
Hajin : ⑤ What's on it?
ハジン： そこには何があるの？
Tina : ⑥ Look.
ティナ： ほら見て。
⑦ Students from across the world introduce their schools.
世界中の生徒たちが学校を紹介しているの。
Eri : ⑧ For example, this is a student from the U.A.E.
絵里： たとえば，これはアラブ首長国連邦の生徒。
Tina : ⑨ Did you know that the school week is from Sunday to Thursday in the U.A.E.?
ティナ： アラブ首長国連邦では，学校は日曜日から木曜日までって知っていた？
Kota : ⑩ Really? ⑪ No, I didn't know that.
コウタ： ほんと？ ううん，知らなかった。

Think あなたなら，日本の学校のどんなことを紹介したいですか。
（例）日本の制服について紹介したい。

New Words 単語と語句
□ website ウェブサイト
□ across ～じゅうに，～のあちこちで

教科書 15ページ

Tina と Kota がそれぞれの先生が教えてくれたことについて話しています。先生と，先生が言った内容を線で結びましょう。

(1) Ms. Brown — You should always have dreams.（いつも夢をもっていたほうがよい。）
(2) Mr. Hara — It's OK to make mistakes.（間違えてもよい。）
You should eat vegetables and fruits.（野菜と果物を食べたほうがよい。）
(3) Ms. Ogawa — Your stomachs make your brains.（胃が脳をつくる。）

ペアになり，自分の身の回りの誰かによく言われることを伝え合いましょう。
［例］A : My mother often tells me that I should knock on the door before I enter the room.
B : Ms. Aoki often tells me that I should shut the door when I leave the room.
A : My brother often tells me that I should wash my hands before I eat.
B : Mr. Tabata often tells me that I should read many books.

Word Board
・be kind to other people
・follow the rules
・read many books

身の回りの誰かによく言われることを書きましょう。
Speak の解答例参照。

基本文 人に～ということを言う。
Ms. Brown told us (that) it was an interesting website.
（ブラウン先生がおもしろいウェブサイトだと私たちに教えてくれました。）

New Words 単語と語句
□ dream 夢　□ before ～する前に
□ OK よろしい，正しい，結構な　□ enter （場所・部屋）に入る
□ stomach(s) 胃　□ shut （戸・ふたなど）を閉める
□ brain(s) 脳，頭脳　□ follow （助言・指示など）に従う
□ knock ノックする　□ rule(s) 規則

単語・語句
新しく学習する単語や語句とその意味が示してあります。太字の単語は初出の必修語を表しています。
斜体字の単語は，既に習っているもので意味や品詞の異なるものを表しています。

本文解説 ／ 音声の内容のページ

文法解説
各Unitの新出の文法事項を表す基本文について解説しています。

本文の解説
本文の各文について文法事項や重要語句の用法などを解説しています。①，②，③，…の番号は，本文に付いている番号と一致しています。

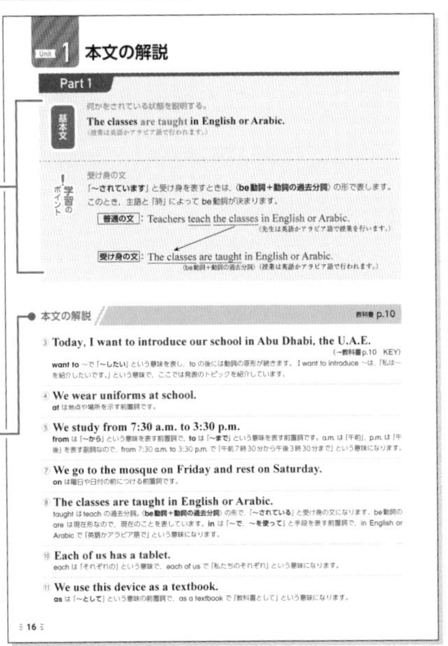
Unit 1 本文の解説

Part 1

基本文 何かをされている状態を説明する。
The classes are taught in English or Arabic.
（授業は英語かアラビア語で行われます。）

学習のポイント
受け身の文
「～されています」と受け身を表すときは，〈be動詞＋動詞の過去分詞〉の形で表します。
このとき，主語と「時」によって be動詞が決まります。
普通の文: Teachers teach the classes in English or Arabic.
受け身の文: The classes are taught in English or Arabic.

本文の解説 教科書 p.10

③ Today, I want to introduce our school in Abu Dhabi, the U.A.E.
④ We wear uniforms at school.
⑤ We study from 7:30 a.m. to 3:30 p.m.
⑦ We go to the mosque on Friday and rest on Saturday.
⑧ The classes are taught in English or Arabic.
⑨ Each of us has a tablet.
⑪ We use this device as a textbook.

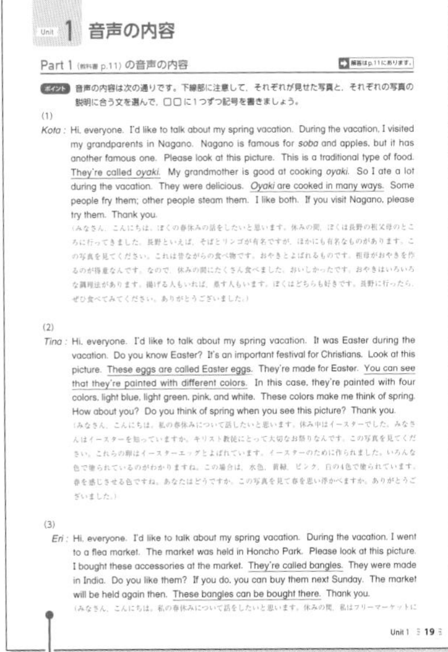
Unit 1 音声の内容

Part 1（教科書 p.11）の音声の内容

(1)
Kota : Hi, everyone. I'd like to talk about my spring vacation. During the vacation, I visited my grandparents in Nagano. Nagano is famous for soba and apples, but it has another famous one. Please look at this picture. This is a traditional type of food. They're called oyaki. My grandmother is good at cooking oyaki. So I ate a lot during the vacation. They were delicious. Oyaki are cooked in many ways. Some people fry them; other people steam them. I like both. If you visit Nagano, please try them. Thank you.

(2)
Tina : Hi, everyone. I'd like to talk about my spring vacation. It was Easter during the vacation. Do you know Easter? It's an important festival for Christians. Look at this picture. These eggs are called Easter eggs. They're made for Easter. You can see that they're painted with different colors. In this case, they're painted with four colors, light blue, light green, pink, and white. These colors make me think of spring. How about you? Do you think of spring when you see this picture? Thank you.

(3)
Eri : Hi, everyone. I'd like to talk about my spring vacation. During the vacation, I went to a flea market. The market was held in Honcho Park. Please look at this picture. I bought these accessories at the market. They're called bangles. They were made in India. Do you like them? If you do, you can buy them next Sunday. The market will be held again then. These bangles can be bought there. Thank you.

音声の内容
各Unitでは本文の解説の後に，リスニング問題の音声内容を文字にし，訳例と合わせて載せています。内容をおおまかにつかみたいときに利用しましょう。

Goal ／ You Can Do It! などのページ

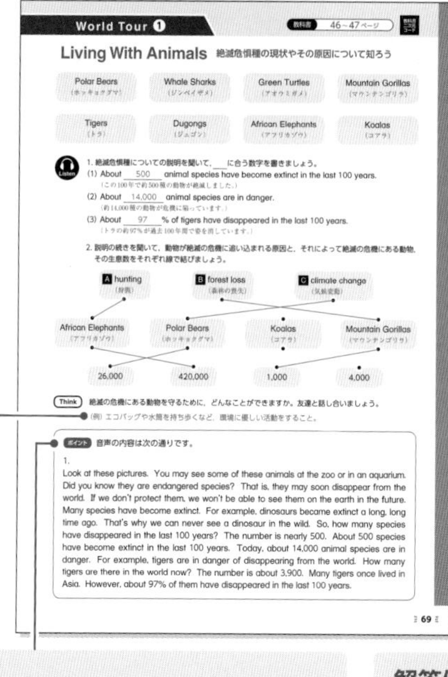

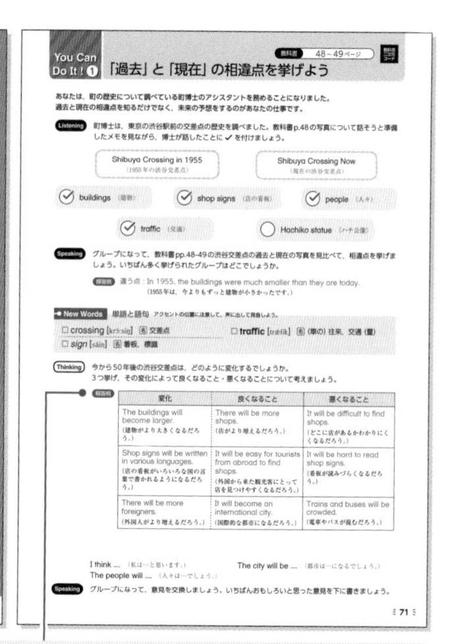

(例)
Think や Thinking，メモなどの書き方の例を挙げています。

音声の内容
Goal や You Can Do It! などのページでは，設問のすぐ後に，リスニング問題の音声内容を載せています。

解答例
英文を作ったり，会話やスキットを考えたりするところでは，その例が色文字で示してあります。

● 本書で使用している主な記号

(　) 省略できる場合や，訳例などに使われています。
(例) 省略できる場合…See you (later).
(例) 訳例…I like music.（私は音楽が好きです。）

[　] 言いかえができるときに使われています。
(例) me「私を [に]」

〔　〕 説明を補足するときなどに使われています。
(例) Excuse me.「〔話しかけるとき〕すみません。」

教科書二次元コード　この印のあるページでは，教科書の二次元コードから，音声や動画などの資料を読み取ることができます。
※インターネットの環境によっては，通信料が発生する場合があるので注意しましょう。

解答例　設問の解答を示しています。

ポイント　解答するうえで参考となるヒントを載せています。

● 単語の品詞

名 名　詞　代 代名詞　動 動　詞　助 助動詞　形 形容詞　副 副　詞　前 前置詞
冠 冠　詞　接 接続詞　間 間投詞　関代 関係代名詞

音声のまとめ

教科書 142～143ページ　教科書二次元コード

1 つづりと発音

❶ 同じ発音をする母音字のつづり

つづり	発音	単語	
i	[ai]	ice（氷）	kite（凧）
ie		pie（パイ）	die（死ぬ）
y		sky（空）	try（～を試みる）
a	[ei]	able（できる）	make（～を作る）
ai		rain（雨）	paint（～を塗る）
ay		say（～を言う）	way（道）
ea		great（すばらしい）	break（壊れる）
oi	[ɔi]	point（論点）	join（参加する）
oy		boy（男の子）	enjoy（～を楽しむ）
ou	[au]	out（外へ）	house（家）
ow		brown（茶色）	down（下へ）
o	[ou]	home（家）	those（それら）
oa		coach（コーチ）	toast（トースト）
ow		snow（雪）	grow（成長する）
e	[iː]	these（これら）	evening（夕方）
ea		east（東）	dream（夢）
ee		feel（～だと感じる）	week（週）
au	[ɔː]	August（8月）	because（～だから）
aw		draw（～を描く）	awesome（すごい）
ou		thought（考えた）	bought（買った）
ue	[uː]	blue（青）	true（真実の）
ui		fruit（果物）	suitcase（スーツケース）
oo		room（部屋）	school（学校）

❷ 母音字＋ r の発音

つづり	発音	単語	
ar	[ɑːr]	car（車）	March（3月）
er	[əːr]	her（彼女の）	person（人）
ir		bird（鳥）	girl（女の子）
ur		turn（～を回す）	church（教会）
or	[ɔːr]	sport（スポーツ）	morning（朝）
air	[eər]	chair（いす）	pair（1対）
ear	[iər]	hear（～を聞く）	year（年）
	[əːr]	early（早く）	learn（～を学ぶ）

❸ 母音字＋ re の発音

つづり	発音	単語	
are	[eər]	care（世話）	share（～を分かち合う）
ere	[iər]	here（ここに）	sincerely（敬具）
ire	[aiər]	fire（火）	tired（疲れた）
ure	[uər]	sure（はい）	

❹ 2文字（または3文字）の子音字の発音

つづり	発音	単語	
ch	[tʃ]	cheese（チーズ）	lunch（昼食）
	[k]	chorus（合唱）	Christmas（クリスマス）
dg	[dʒ]	bridge（橋）	dodgeball（ドッジボール）
sh	[ʃ]	she（彼女は）	fish（魚）
th	[θ]	thank（～に感謝する）	mouth（口）
	[ð]	this（これ）	mother（母親）
ph	[f]	photo（写真）	pamphlet（パンフレット）
wh	[hw]	when（いつ）	white（白）
qu	[kw]	queen（女王）	quiz（クイズ）
ck	[k]	back（背中）	racket（ラケット）
ng	[ŋ]	sing（歌う）	long（長い）
gh	[f]	enough（十分な）	laugh（笑う）
tch	[tʃ]	kitchen（台所）	catch（～を捕まえる）

❺ 発音されない文字

つづり	単語	
k	knee（ひざ）	knife（ナイフ）
w	write（～を書く）	wrong（誤っている）
t	listen（聞く）	castle（城）
g	sign（看板）	foreign（外国の）
gh	light（軽い）	taught（教えた）
b	bomb（爆弾）	climb（～に登る）

2 発音のポイント

❶ 強勢とリズム

強く読むところと弱く読むところに注意します。
また，強いところはややゆっくり，弱いところはやや速く発音します。

名詞＋名詞　math teacher（数学の先生）/ post office（郵便局）

形容詞＋名詞　good news（よい知らせ）/ bad weather（悪い天気）

When did you come to Japan?（あなたはいつ日本に来ましたか。）

There are so many fun things to do in New York.（ニューヨークには楽しいことがたくさんあります。）

❷ イントネーション

文の種類によって，基本的なイントネーションには決まりがあります。

I'm a junior high school student. ↘（肯定文は，最後を下げる。）
（私は中学生です。）

Do you like sports? ↗（yes-no 疑問文は，最後を上げる。）
（あなたはスポーツが好きですか。）

What are your plans for the vacation? ↘（疑問詞疑問文は，最後を下げる。）
（あなたの休みの予定は何ですか。）

Which do you like better, music ↗ or art? ↘（選択疑問文は，or の前を上げて，最後を下げる。）
（あなたは音楽と美術のどちらがより好きですか。）

How interesting! ↘（感嘆文は，最後を下げる。）
（なんておもしろいんだ！）

We should pack a flashlight, ↗ a radio, ↗ a map, ↗ and a whistle. ↘（列挙するときは，上げて最後を下げる。）
（私たちは懐中電灯，ラジオ，地図，そして笛を荷造りしなければなりません。）

❸ 音の変化

英語では，前後の音が影響し合って変化することがあります。

(1) つながる音

子音で終わる語＋母音で始まる語　an apple / did it / pick up / there is

(2) 1つになる音

[t] ＋ [j] → [tʃ]　last year

[d] ＋ [j] → [dʒ]　did you

(3) ほとんど聞こえなくなる音

[p] [b] [k] [g] [t] [d] などで終わる語
help people / take care / want to do / good to hear

Play Back the Story

音声を聞いて，2年生のストーリーを振り返ろう。

1学期

Q.1 What did Kota do in the summer?（コウタは夏休みに何をしましたか。）

A. He went to New York.（ニューヨークに行きました。）

ポイント 音声の内容は次の通りです。

Tina : Do you have any plans for the summer, guys?（みんな，夏の予定はある？）
Hajin : I'm going to stay here. I have a basketball tournament.
（ぼくはここに残る予定だよ。バスケットボールの大会があるんだ。）
Eri : I'm going to visit my cousins in Okinawa. How about you, Tina? What are you going to do?
（私は沖縄のいとこを訪ねる予定。あなたはどう，ティナ？　何をする予定なの？）
Tina : I'm going to stay with my grandparents in New York.
（私はニューヨークの祖父母の家に滞在する予定だよ。）
Kota : New York? I'd like to go there someday. I want to see the Statue of Liberty.
（ニューヨーク？　いつか行ってみたいなあ。自由の女神を見たいんだ。）
Tina : Why don't you come to New York with me?（私といっしょにニューヨークに来たら？）
Kota : Are you kidding?（冗談でしょう？）
Tina : No, I'm serious.（ううん，本気だよ。）

From : **Christina Rios**（差出人：クリスティーナ・リオス）
To : **Imura Kotaro**（宛先：井村 光太郎）
Subject : **Your Flight**（件名：コウタのフライト）
Hi, Kota. How are you?（こんにちは，コウタ。元気？）
Are you ready for your trip? Did you finish packing?（旅行の準備はできている？　荷造りは終わった？）
I'm enjoying my time with my grandparents.（私は祖父母との時間を楽しんでいるよ。）
They say hi to you.（彼らがコウタによろしくと言っているよ。）
By the way, when will your flight arrive?（ところで，コウタの飛行機はいつ到着の予定？）
We'll meet you at the airport.（私たちは空港でコウタに会うつもりでいるよ。）
Grandpa says it will be a hot summer, so don't forget your hat and sunglasses!
（おじいちゃんが，暑い夏になりそうだと言っているから，帽子とサングラスを忘れずにね！）
Take care,（じゃあね，）
Tina（ティナ）

〈Announcement〉〈お知らせ〉
Passengers flying on COL101 to New York, please go to Gate 33 for boarding.
（COL101便にてニューヨークへ向かうお客様，ご搭乗には33番ゲートへお進みください。）

At the airport in New York（ニューヨークの空港で）
Tina : Welcome to the Big Apple!（ビッグ・アップルへようこそ！）
Kota : I'm in New York! I can't believe it.（ぼく，ニューヨークにいるんだ！　信じられないよ。）
Grandpa : I'll put your suitcase in the car, OK?（車にスーツケースを入れるよ，いいかな？）
Kota : Thank you, Mr. Rios.（ありがとうございます，リオスさん。）
Grandpa : If you're tired, we can drive straight home.（もし疲れているなら，車でまっすぐ家に帰れるよ。）
Kota : Thanks, but I'm fine.（ありがとうございます，でも大丈夫です。）
Tina : If you're hungry, we can go for a pizza on the way home.
（もしお腹が空いていたら，家に帰る途中でピザを買いに行ってもいいよ。）
Kota : That sounds great. I'm starving!（それはいいね。お腹ペコペコだよ！）

2学期

Q.2 What did Kota do for work experience?
（コウタは職場体験で何をしましたか。）

A. He helped a student from Nepal at an elementary school.
（彼は小学校でネパールから来た生徒の手伝いをしました。）

ポイント 音声の内容は次の通りです。

Teacher : Ashim, this is Kota. He's here to help you.（アシム，こちらはコウタ。君を手伝うためにここにいるよ。）
Kota : Hi. I'm Kota.（やあ。コウタです。）
Ashim : Hi. I'm Ashim.（こんにちは。アシムです。）
Kota : Where are you from?（どこから来たの？）
Ashim : Nepal.（ネパールだよ。）
Kota : I see. We'll make a kite today. Do you fly kites in Nepal?
（なるほど。今日は凧を作るよ。ネパールでは凧をあげるのかな。）
Ashim : Yes. A kite is a *changa* in Nepali. We fly kites during the Dashain Festival.
（うん。凧はネパール語でチャンガと言うんだ。ダサインフェスティバル期間中に凧をあげるんだ。）

Kota : That's interesting. In Japan, we fly kites at *shogatsu*, the New Year.
（それはおもしろいね。日本ではお正月に凧あげをするんだよ。）
Ashim : Let's make a nice kite to fly at the New Year! （お正月にあげるためのすてきな凧を作ろう！）

Today, I'll talk about my work experience at an elementary school. I helped a teacher with an arts and crafts class. The students made Japanese kites. I helped a student from Nepal. We were able to communicate well because we talked in English. It was my first time, but I enjoyed working with the students. I also learned that teaching is hard work. （今日は，小学校での職場体験についてお話しします。ぼくは図工の授業で先生のお手伝いをしました。生徒たちは日本の凧を作りました。ぼくはネパールから来た生徒の手伝いをしました。ぼくたちは英語で話したので，コミュニケーションをうまくとることができました。初めてでしたが，生徒と作業するのは楽しかったです。教えることは大変な仕事だということも学びました。）

Hajin : What did you think of the students? （生徒たちについてどう思いましたか。）
Kota : They did a good job, so I enjoyed working with them.
（よくやっていたので，いっしょに作業するのが楽しかったです。）
Tina : What was difficult about the job? （その仕事で何が難しかったですか。）
Kota : There were many students in the class, but I had to pay attention to each one. They all need help sometimes. （クラスにはたくさんの生徒がいましたが，1人ひとりに気を配らなければなりませんでした。それぞれ，助けが必要なときもあります。）
Eri : Was anything surprising? （驚いたことはありましたか。）
Kota : Well, teachers have to do a lot of preparation for each class.
（えっと，先生はそれぞれの授業のためにたくさんの準備をしなければならないということです。）
Ms. Brown : You learned a lot, didn't you? Do you want to do it again? （たくさん学んだでしょう。またやってみたい？）
Kota : Yes! （はい！）
Ms. Brown : I'm glad to hear that. （それを聞けてうれしいわ。）

3学期

Q.3 Why was Eri so strict? （なぜ絵里はとても厳しかったのですか。）

A. Because she wanted Kota and Hajin to do their best.
（コウタとハジンに最善を尽くして欲しかったから。）

ポイント 音声の内容は次の通りです。

Tina : Which musical should we perform? （どのミュージカルを上演するべきかな。）
Eri : I want to do *Wicked*. （私は『ウィキッド』をやりたいな。）
Tina : Yeah, the songs are nice. How about *The Sound of Music*?
（うん，歌がいいよね。『サウンド・オブ・ミュージック』はどう？）
Eri : That's good, too. It's still performed all over the world. （それもいいね。いまだに世界中で上演されているよね。）
Tina : Yeah. The songs were written by Rodgers and Hammerstein. They wrote so many hits. I think "My Favorite Things" is one of their best. （そう。歌はロジャーズとハマースタインによって書かれたんだよ。彼らは多くのヒット曲を書いてるよね。『私のお気に入り』は彼らの傑作の1つだと思う。）
Eri : Why don't we choose our favorite songs and scenes from different musicals?
（違うミュージカルから私たちのお気に入りの歌とシーンを選ぶのはどうかな。）
Tina : That's a good idea. In any case, we need more people, don't we?
（それはいいアイデアだね。いずれにせよ，私たちにはもっと人が必要だよね。）
Eri : Let's ask Kota and Hajin. （コウタとハジンに聞いてみよう。）
Tina : Kota, Hajin, can you help us? We need more people.
（コウタ，ハジン，私たちを助けてくれない？ もっと人が必要なの。）
Hajin : I'm an athlete. I don't know anything about acting or dancing. Actually, the stage makes me nervous!
（ぼくはスポーツ選手だよ。演技やダンスについては何もわからないよ。実際のところ，ステージはぼくを緊張させるんだ！）
Eri : Don't worry. We can practice together. （心配しないで。私たち，いっしょに練習できるから。）
Tina : Kota, can you play the trumpet and dance on the stage?
（コウタ，ステージでトランペットを吹いて踊ることはできるかな。）
Kota : Well, I can try. （ええと，やってみることはできるよ。）
Tina : Yes, let's try it. It'll make our performance more exciting!
（そう，やってみようよ。私たちの公演をもっとわくわくするようなものにしてくれるはずだよ！）

Eri : Hajin, you blew your lines. （ハジン，せりふを忘れているよ。）
Hajin : I know, but when I dance, I forget the words! （わかっているよ，だけど踊ると言葉を忘れるんだよ！）
Eri : Kota, the trumpet sounds great, but can you do this? I want you to move your trumpet from side to side. It's like a dance. （コウタ，トランペットはすごくすてきに聞こえるんだけど，こうすることはできる？ 左右にトランペットを動かしてもらいたいな。ダンスのように。）
Kota : That's hard! （それは難しいよ！）
Tina : Yes, it is. But it'll look great on stage. （うん，そうだよね。でもステージではすごくかっこよく見えるよ。）
Eri : OK, from the top, everybody! （よし，頭からね，みんな！）
Kota : Why is Eri so strict? （なんで絵里はあんなに厳しいんだ？）
Hajin : She just wants us to do our best. Let's give it our best shot!
（ただぼくたちに最善を尽くして欲しいだけだよ。全力を尽くそう！）

教科書 9ページ　教科書二次元コード

Goal

Reading
学校紹介の記事から，日本の学校との違いを読み取ることができる。

Speaking
読んだ記事について，意見を発表することができる。

世界の学校生活

School Life Around the World

教科書p.9の写真を見て，ストーリーの話題を予測する

- About You How do they look?
  (彼らはどのように見えますか。)

  (例) They look excited.
  (彼らはわくわくしているように見えます。)

- How is school life in other countries?
  (ほかの国の学校生活はどうですか。)

  (例) There are some differences from Japanese schools.
  (日本の学校と違うところがいくつかあります。)

Word Board
- go to school by bike (自転車で学校へ行く)
- go to school by bus (バスで学校へ行く)
- uniforms (制服)
- walk to school (歩いて通学する)

ストーリーのおおまかな内容をつかむ

1. 教科書p.9の写真を見て，音声を聞き，A，B，C の3つが話に出た順に□に数字を書きましょう。

   A [2]　B [1]　C [3]

2. 映像を見て，内容を確かめましょう。

New Words 単語と語句　アクセントの位置に注意して，声に出して発音しよう。

- □ **bike** [báik] 名 自転車
- □ **uniform(s)** [jú:nəfɔ̀:ɚm(z)] 名 制服
- □ walk to school 歩いて通学する

Part 1 アラブ首長国連邦の中学校生活

教科書 10ページ

本文の解説はp.16にあります。

Q. Ahmedの学校では，授業は何語で教えられていますか。

A. （例）英語かアラビア語。

Ahmed　アーメッド　　the U.A.E.　アラブ首長国連邦

① Hello.
こんにちは。

② My name is Ahmed.
ぼくの名前はアーメッドです。

③ Today, I want to introduce our school in Abu Dhabi, the U.A.E.
今日は，アラブ首長国連邦のアブダビにあるぼくたちの学校を紹介したいと思います。

④ We wear uniforms at school.
ぼくたちは学校で制服を着ます。

⑤ We study from 7:30 a.m. to 3:30 p.m.
午前7時30分から午後3時30分まで勉強をします。

⑥ The school week is from Sunday to Thursday.
学校は日曜日から木曜日までです。

⑦ We go to the mosque on Friday and rest on Saturday.
金曜日はモスクに行き，土曜日は休みます。

⑧ The classes are taught in English or Arabic.
授業は英語かアラビア語で行われます。

⑨ We have a big swimming pool.
学校には大きなスイミングプールがあります。

⑩ Each of us has a tablet.
それぞれの生徒がタブレットをもっています。

⑪ We use this device as a textbook.
このデバイスを教科書として使います。

New Words 単語と語句 アクセントの位置に注意して，声に出して発音しよう。

- □ Ahmed 名 アーメッド〔男性の名〕
- □ the U.A.E. [ðə júːèiíː] 名〔the を付けて〕アラブ首長国連邦
- □ *to* [túː/tə] 前 ～まで
- □ Abu Dhabi 名 アブダビ〔アラブ首長国連邦の首都〕
- □ mosque [másk] 名 モスク
- □ *rest* [rést] 動 休む
- teach [tíːtʃ] 動 ～を教える
  - → □ taught [tɔ́ːt] 動 teach の過去形，過去分詞
- □ tablet [tǽblit] 名 タブレット（PC）
- □ device [diváis] 名 デバイス，装置，機械

Kota たちが写真を見せながら，春休みにしたことについてスピーチしています。
教科書p.11の写真を見て，それぞれが見せた写真を A ～ D から，それぞれの写真の説明に合う文を E ～ H から選んで，□□ に1つずつ記号を書きましょう。

➡ 音声の内容はpp.19-20にあります。

(1) Kota A G　(2) Tina C E　(3) Eri B H

A *oyaki*（おやき）
B bangles（バングル）
C Easter eggs（イースターエッグ）
D *matryoshka* dolls（マトリョーシカ人形）

E These are painted with different colors.
（これらは異なる色で塗られています。）
F These were made in Russia.
（これらはロシアで作られました。）
G These are cooked in many ways.
（これらはさまざまな方法で作られます。）
H These can be bought at the market.
（これらはマーケットで買うことができます。）

ペアになり，1人が A ～ D の写真（教科書p.11）を指してそれが何かをたずね，もう1人が答えましょう。

［例］ A： What are these?
（これらは何ですか。）
B： They're *oyaki.*
They're popular in Nagano.
They're cooked in many ways.
（それらはおやきです。それらは長野県では人気があります。それらはさまざまな方法で作られます。）

Write の解答例参照。

A ～ D の写真（教科書p.11）から2つ選んで，その説明を書きましょう。

解答例 Cを選んだ場合 They're Easter eggs. They're made for Easter.
They're painted with different colors.
（それらはイースターエッグです。それらはイースターのために作られます。
それらは異なる色で塗られています。）

Dを選んだ場合 They're *matryoshka* dolls. They're made in Russia.
There are many dolls in one doll.
（それらはマトリョーシカ人形です。それらはロシアで作られます。
1つの人形の中にたくさんの人形が入っています。）

基本文
何かをされている状態を説明する。
The classes **are taught** in English or Arabic.（授業は英語かアラビア語で行われます。）

New Words 単語と語句 アクセントの位置に注意して，声に出して発音しよう。

- □ bangle(s) [bǽŋgl(z)] 名 腕輪
- □ Easter egg(s) [íːstər èg(z)] 名 イースターエッグ
- □ *matryoshka* doll(s) 名 マトリョーシカ人形
- □ *paint* [péint] 動 ～を塗る
- □ Russia [rʌ́ʃə] 名 ロシア

教科書 12ページ

Part 2 イギリスの中学校生活

本文の解説はp.17にあります。

Q. Caitlinの学校では，先生はどんなことをしてくれますか。

A. （例）演劇の授業で，公演の準備を手伝ってくれる。演技や話術を教えてくれる。

Caitlin　　the U.K.
ケイトリン　　イギリス

① Hi, I'm Caitlin, from Canterbury, in the U.K.
こんにちは，イギリスのカンタベリー出身のケイトリンです。

② Let me show you my school. 私の学校を紹介させてください。

③ We have classes from 8:00 a.m. to 4:45 p.m.
私たちは午前8時から午後4時45分まで授業があります。

④ My favorite is drama class. 私のお気に入りは演劇の授業です。

⑤ In this class, we put on plays or musicals twice a year.
この授業では，1年に2回，劇やミュージカルを上演します。

⑥ Our teachers help us prepare for performances.
先生たちは私たちが公演の準備をするのを手伝ってくれます。

⑦ They teach us acting and speaking skills.
先生たちは演技と話術を教えてくれます。

⑧ They always encourage us.
いつも私たちを励ましてくれます。

⑨ We learn to speak in front of people with confidence.
私たちは人前で自信をもって話すことができるようになります。

⑩ It's also fun. それは楽しくもあります。

New Words 単語と語句 アクセントの位置に注意して，声に出して発音しよう。

- □ Caitlin [kéitlin] 名 ケイトリン〔女性の名〕
- □ Canterbury [kǽntərbèri] 名 カンタベリー〔イギリスの都市〕
- □ **let** [lét] 動 ～させる
- □ *put* [pút] 動 （もの・こと・人を）～の状態にする
- □ *play* [pléi] 名 劇，演劇，芝居
- □ **twice** [twáis] 副 2度，2回
- □ *help* [hélp] 動 〔help ＋人＋動詞の原形で〕～が…するのを手伝う
- □ *prepare* [pripéər] 動 準備する
- □ **skill(s)** [skíl(z)] 名 技術，技能
- □ encourage [inkə́:ridʒ] 動 ～を励ます，勇気付ける
- □ *with* [wíð] 前 ～をもって，～で
- □ confidence [kánfədəns] 名 自信
- □ let me ～　私に～させてください
- □ put on a play　劇〔芝居〕を上演する

Kota と Nick が身の回りにいる人たちのことについて話しています。
教科書p.13の写真を見て，それぞれが誰にどんなことを手伝ってもらったか，当てはまるものを線で結びましょう。

音声の内容はp.20にあります。

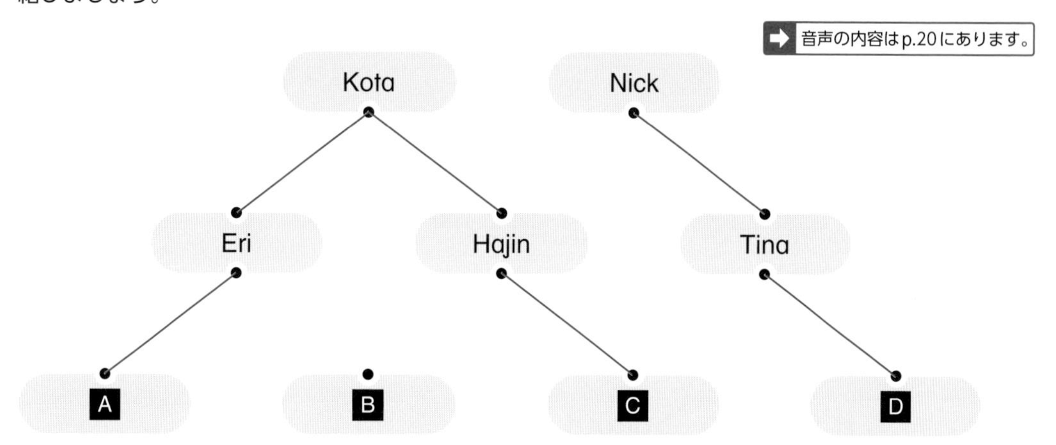

About You 先週の出来事を思い出し，自分のことを手伝ってくれた人のことをペアで伝え合いましょう。

［例］ A：Kazuki helped me clean the classroom. How about you?
（カズキが教室の掃除を手伝ってくれました。あなたはどうですか。）

B：My neighbor helped me carry my bag.
（隣の人がかばんを運ぶのを手伝ってくれました。）

解答例 A：Ami helped me practice tennis. How about you?
（アミがテニスの練習を手伝ってくれました。あなたはどうですか。）

B：My sister helped me clean my room.
（姉が部屋の掃除を手伝ってくれました。）

Word Board
- carry one's bag
（～のかばんを運ぶ）
- count the handouts
（配布資料を数える）
- fix the doghouse
（犬小屋を修理する）

About You 自分と友達が話した内容を書きましょう。

Speak の解答例参照。

基本文

「人やものに何かをさせる」と言う。

Let me **show** you my school.
（私の学校を紹介させてください。）

Our teachers **help** us **prepare** for performances.
（先生たちは私たちが公演の準備をするのを手伝ってくれます。）

New Words 単語と語句 アクセントの位置に注意して，声に出して発音しよう。

- □ **carry** [kǽri] 動 ～を運ぶ
- □ count [káunt] 動 ～を数える
- □ handout(s) [hǽndàut(s)] 名 プリント，配布資料
- □ **fix** [fíks] 動 ～を修理する
- □ doghouse [dɔ́:ghàus] 名 犬小屋

Part 3 ウェブサイトからわかること

教科書 14ページ

本文の解説はp.18にあります。

Q. Tinaたちがこのウェブサイトを見ていたのはなぜですか。

A. (例) ブラウン先生がおもしろいウェブサイトだと教えてくれたから。

Kota : ① What are you looking at?
コウタ： 何を見ているの？

Tina : ② It's a website.
ティナ： ウェブサイトだよ。

③ It's called "School Life Around the World."
「世界の学校生活」という名前だよ。

Eri : ④ Ms. Brown told us that it was an interesting website.
絵里： ブラウン先生がおもしろいウェブサイトだと私たちに教えてくれたんだよ。

Hajin : ⑤ What's on it?
ハジン： そこには何があるの？

Tina : ⑥ Look.
ティナ： ほら見て。

⑦ Students from across the world introduce their schools.
世界中の生徒たちが学校を紹介しているの。

Eri : ⑧ For example, this is a student from the U.A.E.
絵里： たとえば，これはアラブ首長国連邦の生徒。

Tina : ⑨ Did you know that the school week is from Sunday to Thursday in the U.A.E.?
ティナ： アラブ首長国連邦では，学校は日曜日から木曜日までって知っていた？

Kota : ⑩ Really? ⑪ No, I didn't know that.
コウタ： ほんと？ ううん，知らなかった。

Think あなたなら，日本の学校のどんなことを紹介したいですか。
(例) 日本の制服について紹介したい。

New Words 単語と語句 アクセントの位置に注意して，声に出して発音しよう。

- ☐ **website** [wébsàit] 名 ウェブサイト
- ☐ **across** [əkrɔ́:s] 前 〜じゅうに，〜のあちこちで

Tina と Kota がそれぞれの先生が教えてくれたことについて話しています。
先生と，先生が言った内容を線で結びましょう。

➡ 音声の内容は pp.20-21 にあります。

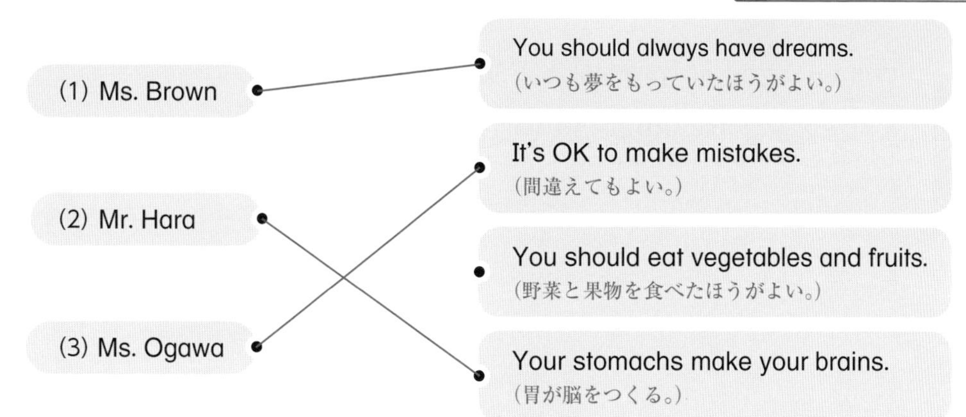

About You ペアになり，自分の身の回りの誰かによく言われることを伝え合いましょう。

［例］ A：My mother often tells me that I should knock on the door before I enter the room.
（母は私に，部屋へ入る前はドアをノックするべきだとよく言います。）

B：Ms. Aoki often tells me that I should shut the door when I leave the room.
（アオキ先生は私に，部屋を出るときはドアを閉めるべきだとよく言います。）

解答例 A：My brother often tells me that I should wash my hands before I eat.
（兄は私に，食べる前は手を洗うべきだとよく言います。）

B：Mr. Tabata often tells me that I should read many books.
（タバタ先生は私に，たくさん本を読むべきだとよく言います。）

Word Board
- be kind to other people （他人に親切にする）
- follow the rules （ルールに従う）
- read many books （たくさん本を読む）

About You 身の回りの誰かによく言われることを書きましょう。

Speak の解答例参照。

基本文

人に～ということを言う。
Ms. Brown **told** us **(that)** it was an interesting website.
（ブラウン先生がおもしろいウェブサイトだと私たちに教えてくれました。）

New Words 単語と語句 アクセントの位置に注意して，声に出して発音しよう。

- ☐ *dream* [drí:m] 名 夢
- ☐ *OK* [óukéi] 形 よろしい，正しい，結構な
- ☐ **stomach(s)** [stʌ́mək(s)] 名 胃
- ☐ **brain(s)** [bréin(z)] 名 脳，頭脳
- ☐ knock [nák] 動 ノックする
- ☐ *before* [bifɔ́:r] 接 ～する前に
- ☐ **enter** [éntər] 動 （場所・物）に入る
- ☐ shut [ʃʌ́t] 動 （戸・ふたなど）を閉める，（目・口など）を閉じる
- ☐ *follow* [fálou] 動 （助言・指示などに）従う
- ☐ **rule(s)** [rú:l(z)] 名 規則

Unit 1 本文の解説

Part 1

基本文

何かをされている状態を説明する。

The classes are taught in English or Arabic.
（授業は英語かアラビア語で行われます。）

学習のポイント

受け身の文

「**〜されています**」と受け身を表すときは，〈**be動詞＋動詞の過去分詞**〉の形で表します。
このとき，主語と「時」によってbe動詞が決まります。

普通の文：Teachers teach the classes in English or Arabic.
（先生は英語かアラビア語で授業を行います。）

受け身の文：The classes are taught in English or Arabic.
〈be動詞＋動詞の過去分詞〉（授業は英語かアラビア語で行われます。）

本文の解説

教科書 p.10

③ Today, I want to introduce our school in Abu Dhabi, the U.A.E.

（→教科書p.10 KEY）

want to 〜で「**〜したい**」という意味を表し，to の後には動詞の原形が続きます。 I want to introduce 〜は，「私は〜を紹介したいです。」という意味で，ここでは発表のトピックを紹介しています。

④ We wear uniforms at school.

at は地点や場所を示す前置詞です。

⑤ We study from 7:30 a.m. to 3:30 p.m.

from は「**〜から**」という意味を表す前置詞で，**to** は「**〜まで**」という意味を表す前置詞です。a.m. は「午前」，p.m. は「午後」を表す副詞なので，from 7:30 a.m. to 3:30 p.m. で「午前7時30分から午後3時30分まで」という意味になります。

⑦ We go to the mosque on Friday and rest on Saturday.

on は曜日や日付の前につける前置詞です。

⑧ The classes are taught in English or Arabic.

taught はteach の過去分詞。〈**be動詞＋動詞の過去分詞**〉の形で，「**〜されている**」と受け身の文になります。be動詞のare は現在形なので，現在のことを表しています。**in** は「**〜で，〜を使って**」と手段を表す前置詞で，in English or Arabic で「英語かアラビア語で」という意味になります。

⑩ Each of us has a tablet.

each of 〜は「〜のそれぞれ」という意味で，each of us で「私たちのそれぞれ」という意味になります。

⑪ We use this device as a textbook.

as は「**〜として**」という意味の前置詞で，as a textbook で「教科書として」という意味になります。

Part 2

基本文

「人やものに何かをさせる」と言う。

① **Let me show you my school.**
(私の学校を紹介させてください。)

② **Our teachers help us prepare for performances.**
(先生たちは私たちが公演の準備をするのを手伝ってくれます。)

学習のポイント!

let +人・もの+動詞の原形

let は,〈**let +人・もの+動詞の原形**〉の形で,「**人・ものに〜させる**」という意味を,**help** は,〈**help +人+動詞の原形**〉の形で,「**人が〜するのを手伝う**」という意味を表します。目的語の「人」を表す語(句)に代名詞が来る場合は,目的格にします。

Let me show you my school.
〈let +人・もの+動詞の原形〉

Our teachers help us prepare for performances.
〈help +人+動詞の原形〉

本文の解説

教科書 p.12

② Let me show you my school.

〈**let +人・もの+動詞の原形**〉の形で,「**人・ものに〜させる**」という意味を表します。**Let me show**〜. や **Let me introduce**〜. は,人やものを紹介するときによく使う表現です。

③ We have classes from 8:00 a.m. to 4:45 p.m.

from は「**〜から**」という意味の前置詞で,**to** は「**〜まで**」という意味の前置詞です。a.m. は「午前」,p.m. は「午後」を表すので,from 8:00 a.m. to 4:45 p.m. は「午前8時から午後4時45分まで」という意味です。

⑤ In this class, we put on plays or musicals twice a year.

put on a play で「**劇[芝居]を上演する**」という意味です。twice は「2度,2回」,a year は「1年につき」という意味で,twice a year は「1年に2回」という意味を表します。

⑥ Our teachers help us prepare for performances.

〈**help +人+動詞の原形**〉の形で,「**人が〜するのを手伝う**」という意味です。目的語である us「私たち」は目的格になっています。

⑦ They teach us acting and speaking skills.

acting も speaking も動名詞で,acting は「演じること→演技」,speaking は「話すこと→話術」という意味です。

⑨ We learn to speak in front of people with confidence.

to speak は,〈**to +動詞の原形**〉で「**〜すること**」の意味を表す名詞的用法の不定詞です。**in front of** 〜は,「**〜の正面の[で・に]**」という意味で,場所を表しています。

⑩ It's also fun. (→教科書p.12 KEY)

alsoは,「**〜もまた,さらに**」という意味の副詞で,それまでの説明に情報を付け加えています。It は,drama class(演劇の授業)を指しています。

Part 3

人に～ということを言う。

Ms. Brown told us (that) it was an interesting website.
（ブラウン先生がおもしろいウェブサイトだと私たちに教えてくれました。）

学習のポイント！

tell ＋人＋ that ＋文

tell は，〈**tell ＋人＋ that ＋文**〉の形で，「**人に～ということを言う，示す**」という意味を表します。**接続詞that** は省略することができます。目的語の「人」を表す語（句）に代名詞が来る場合は，目的格にします。

Ms. Brown told us that it was an interesting website.
〈tell ＋人＋ that ＋文〉

本文の解説

教科書 p.14

① What are you looking at?

〈**be動詞＋動詞の -ing形**〉の形なので，「**～している**」という意味の現在進行形です。look at～ で，「～を見る」という意味を表します。

③ It's called "School Life Around the World."

is called は，〈**be動詞＋動詞の過去分詞**〉の形なので，「**～されている**」という受け身の文です。**is called** で「**～とよばれている**」という意味を表します。it は前文の website を指しています。

④ Ms. Brown told us that it was an interesting website.

〈**tell ＋人＋ that ＋文**〉の形で，「**人に～ということを言う，示す**」という意味を表します。it は前文の "School Life Around the World" というウェブサイトを指しています。

⑦ Students from across the world introduce their schools.

across は「**～じゅうに，～のあちこちで**」という意味の前置詞です。Students from across the world（世界中の生徒たち）までが主語です。

⑧ For example, this is a student from the U.A.E. （→教科書p.14　表現）

for example は「**たとえば**」の意味で，具体例を示すときに使います。

⑨ Did you know that the school week is from Sunday to Thursday in the U.A.E.? （→教科書p.14　表現）

Did you know that ～? は「**～だと知っていましたか。**」と相手にたずねる表現です。that 以下の the school week is from Sunday to Thursday in the U.A.E.（アラブ首長国連邦では，学校は日曜日から木曜日まで）が目的語になっています。

⑪ No, I didn't know that.

that は，⑨の the school week is from Sunday to Thursday in the U.A.E.のことです。

Unit 1 音声の内容

Part 1 (教科書 p.11) の音声の内容

解答はp.11にあります。

ポイント 音声の内容は次の通りです。下線部に注意して，それぞれが見せた写真と，それぞれの写真の説明に合う文を選んで，□□ に1つずつ記号を書きましょう。

(1)

Kota : Hi, everyone. I'd like to talk about my spring vacation. During the vacation, I visited my grandparents in Nagano. Nagano is famous for *soba* and apples, but it has another famous one. Please look at this picture. This is a traditional type of food. They're called *oyaki*. My grandmother is good at cooking *oyaki*. So I ate a lot during the vacation. They were delicious. *Oyaki* are cooked in many ways. Some people fry them; other people steam them. I like both. If you visit Nagano, please try them. Thank you.

(みなさん，こんにちは。ぼくの春休みの話をしたいと思います。休みの間，ぼくは長野の祖父母のところに行ってきました。長野といえば，そばとリンゴが有名ですが，ほかにも有名なものがあります。この写真を見てください。これは昔ながらの食べ物です。おやきとよばれるものです。祖母がおやきを作るのが得意なんです。なので，休みの間にたくさん食べました。おいしかったです。おやきはいろいろな調理法があります。揚げる人もいれば，蒸す人もいます。ぼくはどちらも好きです。長野に行ったら，ぜひ食べてみてください。ありがとうございました。)

(2)

Tina : Hi, everyone. I'd like to talk about my spring vacation. It was Easter during the vacation. Do you know Easter? It's an important festival for Christians. Look at this picture. These eggs are called Easter eggs. They're made for Easter. You can see that they're painted with different colors. In this case, they're painted with four colors, light blue, light green, pink, and white. These colors make me think of spring. How about you? Do you think of spring when you see this picture? Thank you.

(みなさん，こんにちは。私の春休みについて話したいと思います。休み中はイースターでした。みなさんはイースターを知っていますか。キリスト教徒にとって大切なお祭りなんです。この写真を見てください。これらの卵はイースターエッグとよばれています。イースターのために作られました。いろんな色で塗られているのがわかりますね。この場合は，水色，黄緑，ピンク，白の4色で塗られています。春を感じさせる色ですね。あなたはどうですか。この写真を見て春を思い浮かべますか。ありがとうございました。)

(3)

Eri : Hi, everyone. I'd like to talk about my spring vacation. During the vacation, I went to a flea market. The market was held in Honcho Park. Please look at this picture. I bought these accessories at the market. They're called bangles. They were made in India. Do you like them? If you do, you can buy them next Sunday. The market will be held again then. These bangles can be bought there. Thank you.

(みなさん，こんにちは。私の春休みについて話をしたいと思います。休みの間，私はフリーマーケットに行きました。本町公園で開催されていたんです。この写真を見てください。私はマーケットでこれらのアクセサリーを買いました。バングルとよばれるものです。インドで作られました。あなたは好きですか。もし好きなら，次の日曜日に買うことができます。そのときにまたマーケットが開催されます。これらのバングルはそこで買えます。ありがとうございました。）

Part 2 (教科書 p.13) の音声の内容

➡ 解答はp.13にあります。

ポイント 音声の内容は次の通りです。下線部に注意して，それぞれが誰にどんなことを手伝ってもらったか，当てはまるものを線で結びましょう。

Nick : Hi, Kota. How are you? （やあ，コウタ。元気？）
Kota : Not good. I'm so sleepy. （あんまりよくないよ。すごく眠くて。）
Nick : What's the matter? （どうしたの？）
Kota : I had a lot of homework last week and studied late every night.
（先週は宿題が多くて，毎晩遅くまで勉強していたんだ。）
Nick : Did you finish it all? （全部終わった？）
Kota : Yes. Eri helped me do my homework. （うん。絵里が宿題を手伝ってくれたよ。）
Nick : She's so kind. （彼女はとても優しいね。）
Kota : Yes, she is. But she can be strict, too! （そうだね。でも，彼女は厳しいこともあるんだよ！）
Nick : I know. I like that about her. Hajin's kind, too. He helped you practice basketball, right?
（知ってるよ。そういうところが好きだな。ハジンも優しいよ。バスケの練習を手伝ってくれたんだよね？）
Kota : That's right. He helped me practice passing the ball and shooting. I'm much better at basketball now. I'm lucky to have such good friends.
（そうだよ。パスやシュートの練習をしてくれたんだ。今ではバスケもだいぶ上手になったよ。こんなにいい友達がいてラッキーだよ。）
Nick : How about Tina? （ティナは？）
Kota : Tina? She's always kind to people. I bet she helps you a lot!
（ティナ？　彼女はいつも人に親切だよ。きっと君をたくさん助けてるんだろうな！）
Nick : Well, sometimes. She helped me wash the dishes on Sunday.
（まあ，ときどきね。日曜日に皿洗いを手伝ってくれたよ。）
Kota : Do you help her with anything? （君は何か手伝ってるの？）
Nick : No, not really. （いや，特にないよ。）
Kota : Come on, Nick. Be nice to your sister! （ニック。お姉ちゃんに優しくしてあげなよ！）

Part 3 (教科書 p.15) の音声の内容

➡ 解答はp.15にあります。

ポイント 音声の内容は次の通りです。下線部に注意して，先生と，先生が言った内容を線で結びましょう。

(1)

Tina : I like Ms. Brown. She teaches us so many things.
（私はブラウン先生が好きよ。彼女はいろんなことを教えてくれるの。）

Kota : Yeah, she does. （うん，そうだね。）

Tina : Kota, do you remember her favorite saying? （コウタ，彼女の好きな言葉を覚えてる？）

Kota : Her favorite saying? What was it? （彼女の好きな言葉？　何だったかな。）

Tina : "If you can dream it, you can do it."
（「夢を見ることができれば，それを実現することができる」。）

Kota : Oh, yes ... I remember. "If you can dream it, you can do it." She told us that we should always have dreams.
（そうそう……思い出したよ。「夢を見ることができれば，それを実現することができる」。いつも夢をもっていればいいんだよ，って。）

Tina : Yes. She always encourages us to do our best.
（うん。彼女はいつも私たちを励ましてくれるよね。）

(2)

Tina : I like Mr. Hara, too. He also teaches us important things, don't you think?
（ハラ先生も好きだな。彼も大事なことを教えてくれるよね。）

Kota : Mr. Hara? He's the science teacher, isn't he? （ハラ先生？　理科の先生だっけ？）

Tina : Yes. He tells us that our stomachs make our brains.
（そう。彼は私たちの胃が脳をつくるって教えてくれるんだよ。）

Kota : Our stomachs make our brains? What does that mean?
（胃が脳をつくる？　どういう意味なの？）

Tina : It means we have to eat well to study well. He tells us that eating breakfast is especially important. If we skip breakfast, we won't have the energy to study properly at school.
（よく勉強するためには，よく食べないといけないっていうことだよ。朝食を食べることが特に重要なんだって。もし朝食を抜くと，学校できちんと勉強するエネルギーがないからね。）

Kota : Oh, I think that's true. （あ，それはそうだと思うな。）

(3)

Tina : Do you always remember your teacher's advice?
（先生のアドバイスをいつも覚えてる？）

Kota : Well, I remember Ms. Ogawa's advice. She taught me something important.
（そうだなあ，オガワ先生のアドバイスは覚えてるよ。大事なことを教えてくれたんだ。）

Tina : What was that? （それは何？）

Kota : She told me that it's OK to make mistakes. I sometimes made careless mistakes on math tests and felt disappointed. But she told me that we can learn from our mistakes. The important point is to try things, she said.
（間違えてもいいんだよ，と教えてくれたんだ。数学のテストでときどきケアレスミスをしてがっかりすることがあって。でも，彼女は失敗から学べばいいんだよ，と言ってくれたんだよ。大事なのはやってみることだと。）

Tina : Wow, that's great advice. （うわー，それはすばらしいアドバイスだね。）

Elementary School Life in RWANDA

Hi, I'm Nori. Let me introduce elementary school life in Rwanda to you.

Rwanda is in east Africa and close to the equator. It is called "the country of a thousand hills." From the hills, you can see lots of beautiful stars at night. People are nice, kind, and friendly here. Our school stands on top of one of the hills. It has about 2,500 students. At our school, some students start classes at 7:20 a.m. and go home at 12:20 p.m. The other students start classes at 12:40 p.m. That is because we don't have enough teachers or classrooms. The school schedule is divided into two groups. One has seven classes in the morning, and the other has six in the afternoon. Usually we don't have a recess after every lesson. We don't have school lunch, either.

schedule（スケジュール）	
7:20 - 8:00	1st lesson（1時間目）
8:00 - 8:40	2nd lesson（2時間目）
8:40 - 9:20	3rd lesson（3時間目）
9:20 - 9:40	recess（休み時間）
9:40 - 10:20	4th lesson（4時間目）
10:20 - 11:00	5th lesson（5時間目）
11:00 - 11:40	6th lesson（6時間目）
11:40 - 12:20	7th lesson（7時間目）
(shift the students)（生徒が入れ替わる）	
12:40 - 13:20	8th lesson（8時間目）
13:20 - 14:00	9th lesson（9時間目）
14:00 - 14:40	10th lesson（10時間目）
14:40 - 15:00	recess（休み時間）
15:00 - 15:40	11th lesson（11時間目）
15:40 - 16:20	12th lesson（12時間目）
16:20 - 17:00	13th lesson（13時間目）

In Rwanda, students need to learn four languages — Kinyarwanda, Swahili, French, and English. English became an official language of Rwanda in 2009. Children start to learn English in kindergarten. They are multilingual.

[170 words]〔170語〕

ルワンダの小学校生活
こんにちは，ノリです。ルワンダの小学校生活を紹介させてください。
ルワンダは東アフリカにあり，赤道に近いです。「千の丘の国」とよばれています。夜，丘の上からは，たくさんの美しい星を見ることができます。ルワンダの人々は，優しく，親切で，友好的です。私たちの学校は丘の上に立っています。およそ2,500人の生徒がいます。私たちの学校では，ある生徒たちは午前7時20分に授業を開始し，午後12時20分に帰宅します。そのほかの生徒たちは午後12時40分に授業を開始します。それは，先生あるいは教室が足りていないからです。学校の時間割は，2つのグループに分けられています。片方のグループは午前中に7つの授業があり，もう一方のグループは午後に6つの授業があります。普通は，毎授業後に休み時間があるわけではありません。給食もありません。
ルワンダでは，生徒たちは4つの言語を学ぶ必要があります。キニヤルワンダ，スワヒリ語，フランス語，英語です。英語は，2009年にルワンダの公用語になりました。子供たちは幼稚園で英語を学び始めます。彼らは多言語を使いこなします。

New Words **単語と語句** アクセントの位置に注意して，声に出して発音しよう。

- □ Rwanda [ruáːndə] 名 ルワンダ
- □ *east* [íːst] 形 東の，東にある
- □ close [klóus] 形 接近した，ごく近い
- □ equator [ikwéitər] 名 赤道
- □ **thousand** [θáuzənd] 名 形 千（の）
- □ **hill(s)** [híl(z)] 名 丘，小山
- □ *stand* [stǽnd] 動 （建物，町などが）位置している，ある
- □ **enough** [inʌ́f] 形 十分な，必要なだけの
- □ schedule [skédʒuːl] 名 スケジュール
- □ divide(d) [diváid(id)] 動 ～を分ける，分割する
- □ recess [ríːses] 名 （授業間の）休憩時間
- □ Kinyarwanda 名 キニヤルワンダ〔ルワンダの言語〕
- □ Swahili [swɑːhíːli] 名 スワヒリ語
- □ **official** [əfíʃəl] 形 公式の，正式の，公用の
- □ kindergarten [kíndərgɑ̀ːrtn] 名 幼稚園
- □ multilingual [mʌltilíŋgwəl] 形 多言語使用の
- □ shift [ʃíft] 動 ～を移動させる
- □ close to ～ ～に接近した，～にごく近い
- □ at night 夜に
- □ That is because ～. なぜなら～だからです。
- □ divide ～ into ... ～を…に分割する
- □ need to ～ ～する必要がある，～しなければならない

Reading （1）～（4）の質問に答えましょう。

（1）Where is Rwanda?（ルワンダはどこにありますか。）
　（例）It's in East Africa and close to the equator.（東アフリカの赤道の近くにあります。）
（2）How many students are there in the school?（学校には何人の生徒がいますか。）
　（例）There are about 2,500 students.（およそ2,500人の生徒がいます。）
（3）How many lessons are there in one day?（1日に授業はいくつありますか。）
　（例）There are 13 lessons.
　（13あります。）
（4）Which language do they start to learn in kindergarten?（幼稚園でどの言葉を学び始めますか。）
　（例）They start to learn English.（英語を学び始めます。）

Speaking 1. このユニットで出てきた3か国（アラブ首長国連邦，イギリス，ルワンダ）の学校の様子について，それぞれ印象に残ったことや気づいたことをメモしましょう。

解答例

Country（国）		Notes（メモ）
the U.A.E. （アラブ首長国連邦）	○	The school week is from Sunday to Thursday. （学校は日曜日から木曜日までです。）
the U.K. （イギリス）	○	There is drama class. （演劇の授業があります。）
Rwanda （ルワンダ）	✓	Students need to learn four languages. （生徒たちは4つの言語を学ぶ必要があります。）

2. 表でまとめたものを参考にして，グループ内でそれぞれの国の学校について，感想や意見を伝え合いましょう。

A : I'm very interested in schools in the U.A.E.
（私はアラブ首長国連邦の学校にとても興味があります。）
Ahmed tells me that they go to school on Sundays.
（アーメッドは日曜日に学校へ行くと言っています。）
I think it is surprising.（驚きです。）

解答例 I'm very interested in schools in Rwanda.（私はルワンダの学校にとても興味があります。）
Nori tells me that they need to learn four languages.
（ノリは4つの言語を学ぶ必要があると言っています。）
I think it is surprising.（驚きです。）

3. 友達の感想や意見をふまえて，3か国のうちいちばん印象的だった学校はどこでしょうか。上の表に ✓ を付けましょう。

ふり返り
CAN-DO 学校紹介の記事から，日本の学校との違いを読み取ることができる。 ▸▸CAN-DO List (R-1)
CAN-DO 読んだ記事について，意見を発表することができる。 ▸▸CAN-DO List (SP-3)

Your Coach ❶ 考えや意見をやり取りしよう

Q 自分の考えや意見を述べるときのポイントを教えてください。

A 「伝えたいこと」と「具体的な説明」の要素を入れましょう。

自分の主張を明らかにするために，まずはいちばん伝えたいことを決めます。
次に，伝えたいことの理由を具体的に説明します。具体的な説明は，２～３つあるとよいでしょう。

【例】**Which are better, school lunches or boxed lunches?** （給食と弁当のどちらがよいですか。）
「給食と弁当のどちらがよいか」についての，給食派と弁当派それぞれの意見

School Lunches （給食派）

I think school lunches are better than boxed lunches. There are three main reasons.
First, you can have something hot, like curry and rice. Second, you can have a well-balanced meal. Third, we can eat the same food together.
（私は給食が弁当よりよいと思います。3つの主な理由があります。まず，カレーライスのように，温かいものを食べることができます。2つ目に，バランスの取れた食事をとることができます。3つ目に，みんなで同じものを食べることができます。）

Boxed Lunches （弁当派）

I think boxed lunches are better because you can choose what to eat.
For example, I like potatoes and onions, but I don't like carrots. In a boxed lunch, I can leave out the carrots. Also, I can put in just enough food, so I don't waste any.
（食べるものを選べるので，私は弁当がよりよいと思います。たとえば，私はジャガイモとタマネギが好きですが，ニンジンは好きではありません。弁当なら，ニンジンを入れないでおくことができます。また，ちょうど足りる分だけの食べ物を詰められるので，何もむだにしません。）

boxed lunch 弁当　better よりよい
well-balanced meal バランスの取れた食事

leave out 入れないでおく　waste むだにする
what to eat 何を食べるか

こんな言い方を使ってみよう

● **意見とその理由を述べるとき**
I think ～ because ....
（私は～と思います。なぜなら…からです。）
I think A is better than B.
（私はBよりAのほうがよいと思います。）

● **具体的な説明をするとき**
There are three main reasons.
First, ... Second, ... Third, ... /
For example, ...
（3つの主な理由があります。
まず，…。2つ目に，…。3つ目に，…。/
たとえば，…。）

● **相手の意見に賛成のとき**
I agree with you. / I think so, too.
（私はあなたに賛成です。/私もそう思います。）
That's true. / I'm with you.
（そうですね。/私はあなたといっしょです。）

● **相手の意見に反対のとき**
I disagree. / I don't agree with you. /
I don't think so. / I'm not sure. / I have a different opinion. / That may be right, but I think .... / That's a good point, but ....
（私は反対です。/私はあなたに賛成しません。/私はそう思いません。/私は確信がもてません。/私は違う意見をもっています。/それはそうかもしれませんが，私は…と思います。/それはよい点ですが，しかし…。）

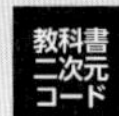

ディスカッション

Goal **Listening** 話し合いから，それぞれの意見や最終的な結論を聞き取ることができる。

修学旅行で京都に行く生徒たちが，班の自由行動の行き先を話し合います。
それぞれの生徒の意見と話し合いの流れに注意して，ディスカッションを聞きましょう。

1. それぞれの生徒が提案した場所を A ～ H から選び，下の表の場所の欄に記号を書きましょう。
2. それぞれの生徒の提案の理由を，下の表の理由の欄にメモしましょう。
3. 話し合いの結果，行くことになった場所を A ～ H から全て選び，記号を○で囲みましょう。

A 金閣寺　B 銀閣寺　C 伏見稲荷　(D) 嵐山
E 清水寺　(F) 龍安寺　G 平等院鳳凰堂　(H) 太秦映画村

解答例

提案者	場所	理由
(1) Daigo	C	popular among tourists from other countries, gates, *sembon torii*（外国からの観光客に人気がある，千本鳥居）
(2) Yukari	D	famous temples and shrines, Saiho-ji Temple: moss-covered garden, bamboo forest（有名な寺や神社がある，苔むした庭がある西芳寺，竹林）
(3) Cathy	F	stone garden, close to the hotel（石庭，ホテルに近い）
(4) Makoto	H	movie sets for *jidaigeki*, movie shoots（時代劇のセット，映画の撮影現場）

ポイント 音声の内容は次の通りです。

1. 2.
(1)
Ms. Walker : Let's start today's discussion. You're going to talk about the free-activity plan for your group in Kyoto. You have to choose some places to visit. Does anyone have any ideas? Oh, Daigo, go ahead.
（今日のディスカッションを始めましょう。あなたの班の京都での自由行動について話しましょう。訪れる場所をいくつか選ばなければなりません。誰かアイデアがある人はいますか。あっ，ダイゴ，どうぞ。）
Daigo : I think Fushimi-Inari Shrine is a good place to visit. It's very popular among tourists from other countries. There are thousands of gates, or *torii* there. They're called "*sembon torii*." I'd like to see them.
（伏見稲荷神社がいいと思います。外国からの観光客にも人気があるんですよ。何千もの鳥居があって，千本鳥居とよばれています。それを見てみたいと思います。）
Ms. Walker : Thank you, Daigo.（ダイゴ，ありがとう。）
(2)
Ms. Walker : Anyone else? Oh, Yukari, go ahead.（ほかに誰か？　あっ，ユカリ，どうぞ。）
Yukari : I think we should go to Arashiyama. In Arashiyama, there are several famous temples and shrines. For example, we can visit Saiho-ji Temple. It's famous for its beautiful moss-covered garden. We can also take a walk through a bamboo forest. I'm sure it would be a great place to visit.
（私たちは嵐山に行くのがよいと思います。嵐山には，有名なお寺や神社がいくつかあります。たとえば，西芳寺。ここは苔むした庭が美しいことで有名です。また，竹林の中を散策することもできます。嵐山は，訪れるのにふさわしい場所だと思います。）
Ms. Walker : Thank you, Yukari.（ユカリ，ありがとう。）
(3)
Ms. Walker : OK, Cathy, go ahead.（OK，キャシー，どうぞ。）

Cathy : I think we should go to Ryoan-ji Temple. It's very famous for its stone garden. I've seen lots of pictures of it, but I'd like to see the real thing. And Ryoan-ji Temple is close to the hotel. We could visit it at the beginning or the end of our plan.
(龍安寺に行くのはどうですか。石庭で有名なんです。写真をたくさん見たことがあるけれど，実物を見てみたいです。それに龍安寺はホテルにも近いし。プランの最初か最後に訪れてはどうでしょうか。)

Ms. Walker : Thank you, Cathy. (キャシー，ありがとう。)

(4)

Ms. Walker : Oh, Makoto, go ahead. (あっ，マコト，どうぞ。)

Makoto : I'd like to go to Uzumasa Eigamura. We can see the movie sets for *jidaigeki* there. If we're lucky, we might even see a movie shoot! I think it'll be interesting. I don't want to just see old temples and shrines.
(太秦映画村に行きたいですね。時代劇のセットも見られるし，運がよければ，映画の撮影現場も見られるかもしれません！　そうなればおもしろそうだなと思って。古い神社仏閣を見るだけだと嫌だな，と思って。)

3.

Ms. Walker : Thank you, Makoto. OK, everyone. You have four suggestions ——Fushimi-Inari Shrine, Arashiyama, Ryoan-ji Temple, and Uzumasa Eigamura. I don't think you have enough time to go to all of them, so you have to choose two, maybe three places at most. (マコト，ありがとう。OK，みなさん。4つの提案がありましたね。伏見稲荷神社，嵐山，龍安寺，太秦映画村。全部行くには時間が足りないと思うので，2か所，あるいは3か所を選ばないといけないと思います。)

Daigo : I think we should go to Arashiyama. We should also go to Saiho-ji Temple to see the famous moss-covered garden. And I like the idea of walking through a bamboo forest.
(嵐山に行くべきだと思うな。有名な苔庭を見に西芳寺にも行ったほうがいいね。竹林の中も歩いてみたいな。)

Cathy : I agree with Daigo. The bamboo forest sounds wonderful.
(ダイゴに賛成。竹林ってすてきだよね。)

Ms. Walker : OK. Then let's put Arashiyama first. How about the other places?
(じゃあ，1つ目は嵐山にしましょう。ほかの場所はどうですか。)

Yukari : I think Ryoan-ji Temple is a good idea because it's close to the hotel.
(龍安寺に行くのは，ホテルに近いからいい考えだと思います。)

Makoto : I think so, too. (ぼくもそう思います。)

Ms. Walker : OK, good. You'll put Ryoan-ji Temple second. I think you can possibly go to one more place. Which is better, Fushimi-Inari Shrine or Uzumasa Eigamura?
(そうですか，いいですね。2つ目は龍安寺にしますね。もう1か所行けるかもしれません。伏見稲荷神社と太秦映画村，どちらがいいですか。)

Cathy : I'd like to go to Uzumasa Eigamura. I love *jidaigeki*, and I'm really interested in samurai and ninja. I'd love to see a *jidaigeki* movie shoot.
(太秦映画村に行きたいですね。私は時代劇が大好きで，侍や忍者にとても興味があるんです。時代劇の映画の撮影現場を見てみたいです。)

Ms. Walker : What do you think, Daigo? (ダイゴはどう思いますか。)

Daigo : Well, I did want to go to Fushimi-Inari Shrine, but it's a long way from the hotel. So let's go to Uzumasa Eigamura instead. That sounds like fun.
(うーん，伏見稲荷神社に行きたかったんだけれど，ホテルから遠いんですよね。だから代わりに太秦映画村に行きましょう。楽しそうですね。)

Ms. Walker : Great. OK, you've decided on three places to go to in Kyoto ——Arashiyama, Ryoan-ji Temple, and Uzumasa Eigamura. You did a good job, guys.
(いいですね。OK，京都で行くのは嵐山，龍安寺，太秦映画村の3つに決まりました。みんなよくやりましたね。)

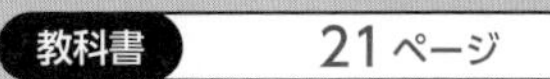

教科書二次元コード

Goal

Listening
会話から，おすすめの場所やしたことなどを聞き取ることができる。

Speaking
おすすめの場所について，教え合うことができる。

ぼくたちの修学旅行

Our School Trip

教科書p.21の写真を見て，ストーリーの話題を予測する

- About You What do you want to do during your school trip?
  (あなたは修学旅行の間に何をしたいですか。)

  (例) I want to take a lot of photos.
  (たくさん写真を撮りたいです。)

- What will happen during their school trip?
  (彼らの修学旅行の間に何が起きるでしょうか。)

  (例) They will miss the tram.
  (彼らは路面電車に乗り遅れるでしょう。)

Word Board
- enjoy the scenery (景色を楽しむ)
- see the sunset (夕焼けを見る)
- take photos (写真を撮る)
- visit a shrine (神社に行く)

ストーリーのおおまかな内容をつかむ

1. 教科書p.21の写真を見て，音声を聞き，Kotaたちが修学旅行で見たものに ✓ を付けましょう。
   左と中央の写真に ✓ を付ける。

2. 映像を見て，内容を確かめましょう。

New Words 単語と語句 アクセントの位置に注意して，声に出して発音しよう。

- □ scenery [síːnəri] 名 風景，景色，景観
- □ sunset [sʌ́nsèt] 名 夕焼け
- □ shrine [ʃráin] 名 神社

自由行動の目的地は？

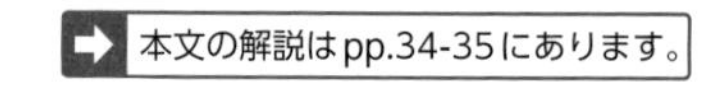
本文の解説はpp.34-35にあります。

Q. Hajinはどこに到着したと言っていますか。

A. （例）宮島。

Kota : ① We're here!
コウタ： 着いた！

Hajin : ② We have finally arrived in Miyajima.
ハジン： やっと宮島に着いたね。

Eri : ③ Look, there are some deer over there.
絵里： ほら見て，あそこに何頭かシカがいる。

Tina : ④ They're not afraid of people at all.
ティナ： 人間のことを全くこわがらないんだね。

Kota : ⑤ That's amazing.
コウタ： すごいなあ。

⑥ How did they build a wooden gate in the sea?
どうやって海の中に木の鳥居を建てたんだろう。

Tina : ⑦ The gate, the sea, the sky, and the mountains!
ティナ： 鳥居，海，空，そして山々！

⑧ They're in perfect harmony.
全てが完璧に調和している。

Eri : ⑨ Come on, guys. ⑩ Let's take a photo together!
絵里： さあ，みんな。 いっしょに写真を撮ろうよ！

New Words 単語と語句 アクセントの位置に注意して，声に出して発音しよう。

- ☐ *have* [hǽv/əv] 助 〔have ＋過去分詞で現在完了形をつくる〕
- ☐ **afraid** [əfréid] 形 恐れる，こわい
- ☐ **wooden** [wúdn] 形 木でできた，木製の
- ☐ **perfect** [pə́ːrfikt] 形 完璧な，理想的な，最高の
- ☐ harmony [hɑ́ːrməni] 名 調和，一致，和合
- ☐ be afraid of ～ ～がこわい
- ☐ not ～ at all 〔否定文で〕全然，少しも
- ☐ *come on* さあさあ，早く，急げ

Kota と Tina，Tina と Eri が電話で話しています。
教科書 p.23の写真を見て，Tina と Eri が既にしたことを２つずつ選び，記号を書きましょう。

➡ 音声の内容は p.37にあります。

(1) Tina [A] [C]　　(2) Eri [B] [D]

あなたが「ちょうど～した」ところに，電話がかかってきました。あらかじめ「したいこと」を決め，ペアで同意したり断ったりするやり取りをしましょう。

ちょうど～した	したいこと
finish my homework （宿題を終える）	go to an amusement park （遊園地に行く）
clean my room （部屋を掃除する）	play soccer （サッカーをする）
eat lunch （昼食を食べる）	go shopping （買い物に行く）

［例］ A：Are you busy now?　（あなたは今忙しいですか。）
B：No.　I've just finished my homework.
（いいえ。ちょうど宿題を終えたところです。）
A：Great.　Let's go shopping.
（すばらしいですね。買い物に行きましょう。）
B：Sure.　Let's go. / Sorry, I can't.　I have to clean my room.
（はい。行きましょう。/ごめんなさい，行けません。部屋の掃除をしなければなりません。）

解答例 A：Are you busy now?　（あなたは今忙しいですか。）
B：No.　I've just cleaned my room.
（いいえ。ちょうど部屋の掃除を終えたところです。）
A：Great.　Let's play tennis.
（すばらしいですね。テニスをしましょう。）
B：Sure.　Let's go.　（はい。行きましょう。）

自分と友達がした会話を１つ選んで書きましょう。

Speak の解答例参照。

基本文

動作や行為が終わっていることを言う。
We　　　　　　arrived in Miyajima yesterday.　（私たちは昨日宮島に着きました。）
We **have** finally **arrived** in Miyajima.　（私たちはやっと宮島に着きました。）

▶ Active Grammar p.61

New Words　単語と語句　アクセントの位置に注意して，声に出して発音しよう。

- ☐ **amusement** [əmjú:zmənt] 名 娯楽，遊び，遊具
- ☐ amusement park [əmjú:zmənt pɑ̀:rk] 名 遊園地
- ☐ **busy** [bízi] 形 忙しい
- ☐ *just* [dʒʌ́st] 副 ちょうど

忘れ物

本文の解説はpp.35-36にあります。

Q. Hajinはカメラを取りに戻るKotaに何と声をかけましたか。

A. （例）路面電車はまだ出発していない。

① ***They get off the tram:***
彼らは路面電車を降りました：

Eri : ② Tina, have you checked your photos yet?
絵里： ティナ，もう写真を確認した？

Tina : ③ No, I haven't. ④ I'll do it at the hotel.
ティナ： ううん，してないよ。 ホテルでしようかな。

⑤ I want to share them with my family. ⑥ Wait a minute!
家族と写真をシェアしたいの。 ちょっと待って！

Hajin : ⑦ What's wrong?
ハジン： どうしたの？

Tina : ⑧ I think I left my camera on the tram.
ティナ： 路面電車にカメラを置いてきちゃったみたい。

Kota : ⑨ Really? ⑩ Don't worry. ⑪ I'll get it.
コウタ： 本当に？ 心配しないで。 ぼくが取ってくるよ。

Hajin : ⑫ Look! ⑬ The tram hasn't left yet.
ハジン： ほら！ 路面電車はまだ出発してないよ。

Eri : ⑭ Go, Kota! ⑮ Hurry up. ⑯ The tram is leaving.
絵里： 行って，コウタ！ 急いで。 路面電車が行っちゃう。

New Words **単語と語句** アクセントの位置に注意して，声に出して発音しよう。

- □ tram [træm] 名 路面電車（トラム）
- □ **yet** [jét] 副 ①〔肯定の疑問文で〕もう～ ②〔否定文で〕まだ～（ない）
- □ **hotel** [houtél] 名 ホテル
- **leave** [lí:v] 動 ～を置き忘れる → □ **left** [léft] 動 leaveの過去形，過去分詞
- □ **hurry** [hə́:ri] 動 急ぐ

Ms. RiosとNickが，夕食前に話をしています。
Nickが既にしたことに○，まだしていないことに×を付けましょう。

音声の内容はp.38にあります。

A finished his homework（宿題を終えた） 

B washed his hands（手を洗った） 

C read today's newspaper（今日の新聞を読んだ） ×

D fed the cat（ネコにえさをあげた） 

About You ペアになり，今日既にしたことをたずね合い，YesかNoを○で囲みましょう。

解答例

Have you ～ yet?（もう～しましたか。）	You（あなた）	Your friend（あなたの友達）
(1) read today's newspaper（今日の新聞を読んだ）	Yes. / (No.)（はい。/ いいえ。）	(Yes.) / No.（はい。/ いいえ。）
(2) checked today's weather report（今日の天気予報を確認した）	(Yes.) / No.（はい。/ いいえ。）	(Yes.) / No.（はい。/ いいえ。）
(3) done any exercise（何か運動をした）	(Yes.) / No.（はい。/ いいえ。）	Yes. / (No.)（はい。/ いいえ。）
(4)（自分で考えて）set the alarm clock（目覚まし時計をセットした）	(Yes.) / No.（はい。/ いいえ。）	(Yes.) / No.（はい。/ いいえ。）

［例］ A：Have you read today's newspaper yet?（もう今日の新聞を読みましたか。）
B：Yes, I have. / No, I haven't.（はい，読みました。/ いいえ，読んでいません。）

解答例 A：Have you set the alarm clock yet?（もう目覚まし時計をセットしましたか。）
B：Yes, I have.（はい，しました。）

友達が既にしたこと・まだしていないことについて書きましょう。

［例］ Yuta has already had breakfast. /（ユウタはもう朝食を食べました。）
Yuta hasn't had breakfast yet.（ユウタはまだ朝食を食べていません。）

解答例 Mana has already read today's newspaper.（マナはもう今日の新聞を読みました。）
Mana hasn't done any exercise yet.（マナはまだ何の運動もしていません。）

基本文

動作や行為が終わっているかどうかをたずねる。

I've already checked my photos.（私はもう写真を確認しました。）
Have you **checked** your photos yet**?**（もう写真を確認しましたか。）
—Yes, I **have**. / No, I **haven't**.（はい，しました。/ いいえ，していません。）
The tram **hasn't left** yet.（まだ路面電車は出発していません。）

▶Active Grammar p.61

New Words 単語と語句 アクセントの位置に注意して，声に出して発音しよう。

- □ *today* [tədéi] 名 今日
- □ feed [fíːd] 動 ～に食事を与える
  → □ fed [féd] 動 feed の過去形，過去分詞
- □ **report** [ripɔ́ːrt] 名 報道，報告
- do → □ **done** [dʌ́n] 動 do の過去分詞
- □ **already** [ɔːlrédi] 副 もう，すでに

教科書 26ページ

Part 3 初めての景色

本文の解説はp.36にあります。

Q. Kota は夕焼けを見て，どう感じたでしょうか。

A. （例）こんなにきれいな夕焼けは，これまで一度も見たことがない。

Hajin : ① What's up with Kota?
ハジン： コウタに何があったんだろう。

② Have you ever seen him like that? あんな彼を見たことある？

Eri : ③ No, never. ④ He's changed lately.
絵里： ううん，一度もないよ。 最近彼は変わったよ。

⑤ Maybe the reason is you, Tina.
たぶん原因はあなただね，ティナ。

⑥ ***Kota returns:*** コウタが戻ってきて：

Kota : ⑦ Here you are.
コウタ： はい，どうぞ。

Tina : ⑧ You found my camera! ⑨ Thank you so much.
ティナ： カメラを見つけたのね！ どうもありがとう。

⑩ So you caught up with the tram? じゃあ，路面電車に追いついたの？

Kota : ⑪ It's no big deal.
コウタ： たいしたことないよ。

⑫ I'm just happy you didn't lose your photos.
君が写真をなくさないで済んでよかったよ。

Eri : ⑬ Look at the sunset!
絵里： 夕焼けを見てよ！

Kota : ⑭ Wow. ⑮ I've never seen such a beautiful sunset.
コウタ： うわあ。 こんなにきれいな夕焼け，これまで一度も見たことないよ。

Think Kota はどんなところが変わったのでしょうか。
（例）積極的になった。

New Words 単語と語句 アクセントの位置に注意して，声に出して発音しよう。

- □ **ever** [évər] 副 これまで，かつて，一度でも
- see → □ **seen** [síːn] 動 see の過去分詞
- □ *never* [névər] 副 （これまで）一度も～したことがない
- □ **change(d)** [tʃéindʒ(d)] 動 変わる
- □ lately [léitli] 副 最近，近頃
- □ **return(s)** [ritə́ːrn(z)] 動 （元の場所・位置に）戻る，帰る
- □ *so* [sóu/sə] 接 ということは，つまり
- □ deal [díːl] 名 取引，契約
- □ *lose* [lúːz] 動 ～をなくす，紛失する
- □ catch up with ～ ～に追いつく
- □ such a ～ そのような～，あんな～

Ms. Rios と Nick が，Tina が旅行先から送った写真を見ながら話しています。

1. 教科書p.27の写真を見て，Ms. Rios が経験したことがあるものに ✔ を付けましょう。

➡ 音声の内容はpp.38-39にあります。

2. 聞いた内容と合っていれば T，違っていれば F を（ ）に書きましょう。

(1) Nick has been to Hiroshima.（ニックは広島に行ったことがあります。） （ F ）

(2) Ms. Rios has been to Hiroshima twice. （ T ）
（リオスさんは広島に2回行ったことがあります。）

(3) Nick has heard of *momiji-gari* before. （ T ）
（ニックはもみじ狩りという言葉を聞いたことがあります。）

About You ペアになり，表に示したような経験があるかどうか，たずね合いましょう。
Yes の場合にはさらに質問をして，聞いた情報を（ ）に書きましょう。

Have you ever ～？（～したことがありますか。）	Your friend（あなたの友達）
(1) seen a famous person（有名人を見た） → Who have you seen?（誰を見ましたか。）	(Yes.)/ No.（はい。/ いいえ。） I've seen Lady Gaga. （レディ・ガガを見ました。）
(2) been abroad（海外に行った） → What countries have you been to? （どの国に行ったことがありますか。）	(Yes.)/ No.（はい。/ いいえ。） I've been to Italy. （イタリアに行ったことがあります。）
(3) been to（自分で考えて）Hokkaido （北海道に行った） → How many times have you been there? （そこに何回行ったことがありますか。）	(Yes.)/ No.（はい。/ いいえ。） I've been to Hokkaido three times. （北海道に3回行ったことがあります。）

About You 自分と友達が話したことを書きましょう。

[例] I have never been abroad. Yumi has been to Korea.
（私はこれまで一度も海外に行ったことがありません。ユミは韓国に行ったことがあります。）

解答例 I've read this book once. Yuta has read it twice.
（私はこの本を一度読んだことがあります。ユウタはそれを2回読んだことがあります。）

基本文

これまでに経験があるかどうかをたずねる。

Have you ever **seen** him like that?（あんな彼を見たことがありますか。）
— Yes, I **have**. / No, **never**.（はい，あります。/ いいえ，一度もありません。）
I'**ve** never **seen** such a beautiful sunset.
（こんなにきれいな夕焼けは，これまで一度も見たことがありません。）

▶ Active Grammar p.61

New Words **単語と語句** アクセントの位置に注意して，声に出して発音しよう。

be → □ **been** [bin/bín] 動 be の過去分詞

□ *before* [bifɔ́ːr] 副（今より）前に，以前に，今までに

□ **person** [pə́ːrsn] 名 人，人間，一個人

□ How many times ～？ 何回～，何度～ですか。

Unit 2

本文の解説

Part 1

動作や行為が終わっていることを言う。

① **We arrived in Miyajima yesterday.**
（私たちは昨日宮島に着きました。）

② **We have finally arrived in Miyajima.**
（私たちはやっと宮島に着きました。）

学習のポイント

現在完了形〈完了〉

「～し終わっている」と過去から行われてきた行為の終了（完了）を言うときは，〈**have[has] ＋過去分詞**〉の形を使って表します。この形を「**現在完了形**」といいます。現在完了形では，主語が **I**，**you**，複数のときには **have** が，主語が3人称単数現在形のときには **has** が使われます。
完了を表す現在完了形では，**already**（**もう**），**just**（**ちょうど**）などを使い，「完了」の意味を明確にすることが多いので覚えておきましょう。

I have finally **arrived** in Miyajima.　（私はやっと宮島に着きました。）
主語がIのときはhave

He has finally **arrived** in Miyajima.　（彼はやっと宮島に着きました。）
主語がheのときはhas

本文の解説

教科書 p.22

① We're here!

We're here! は直訳すると「私たちはここにいます。」ですが，別の場所から移動してきたことを踏まえて「ここに着きました。」としたほうが自然でしょう。

② We have finally arrived in Miyajima.

have finally arrivedは，「(今) 着いたところだ」という完了を表す現在完了形です。finally は「ついに，やっとのことで，ようやく」という意味で，We have以下は「私たちはやっと宮島に着いた」の意味になります。

③ Look, there are some deer over there.

There are [is] ～. は「**～があります。**」「**(人が) います。**」という意味の存在を表す文です。この文では，～の部分にくる名詞が主語になり，主語が単数か複数かで be動詞の形が決まります。

④ They're not afraid of people at all.

be afraid of ～ は「**～を怖がる**」という意味です。**not ～ at all** は「**全然～ない**」という意味になります。

⑥ How did they build a wooden gate in the sea?

How ～? は「**どのようにして**」と方法をたずねるときに使います。

⑧ They're in perfect harmony. (→教科書p.22　KEY)

They're in perfect harmony. は，「それらは完璧な調和の中にあります。→全てが完璧に調和しています。」という意味で，景色を見た感想を伝えています。

⑨ Come on, guys. (→教科書p.22　表現)

Come on, guys. は「さあ，みんな。」「みんな，早く。」と相手の行動を促す言い方です。

⑩ **Let's take a photo together!**
〈**Let's ＋動詞の原形～.**〉は「**～しよう。**」と提案を表す文です。

Part 2

基本文

動作や行為が終わっているかどうかをたずねる。

① **I've already checked my photos.** （私はもう写真を確認しました。）
② **Have you checked your photos yet?** （もう写真を確認しましたか。）
③ **— Yes, I have. / No, I haven't.** （はい，しました。/ いいえ，していません。）
④ **The tram hasn't left yet.** （まだ路面電車は出発していません。）

学習のポイント

現在完了形（疑問文など）
② 現在完了形の疑問文は，**have [has]** を主語の前に置いて，〈**Have [Has]＋主語＋過去分詞～?**〉の語順で表します。
④「まだ～していません」という現在完了形の否定文は，〈**haven't [hasn't]＋過去分詞**〉を使います。haven't は have not の短縮形，hasn't は has not の短縮形です。現在完了形の疑問文や否定文では，**yet**（〔疑問文で〕**もう**，〔否定文で〕**まだ**）を文末に置いて，「完了」の意味を明確にすることが多くあります。

本文の解説

教科書 p.24

① **They get off the tram:**
get off は「**(列車・バス・馬などから) 降りる**」という意味です。

② **Tina, have you checked your photos yet?**
〈**Have [Has]＋主語＋過去分詞～ yet?**〉で「**もう～をしましたか。**」という意味を表します。

⑤ **I want to share them with my family.** （→教科書p.24 KEY）
want to ～ で「**～したい**」という意味を表し，to の後には動詞の原形が続きます。them は photos（写真）を指しています。**share ～ with ...** で「**～を…と共有する**」という意味を表します。

⑥ **Wait a minute!** （→教科書p.24 表現）
Wait a minute! で「**ちょっと待って！**」という表現になります。

⑦ **What's wrong?**
What's wrong? は「**どうかしたのですか。**」「**何か調子が悪いのですか。**」と相手を気遣う表現です。

⑩ **Don't worry.**
Don't worry. は，「**心配しないでください。**」「**心配しなくていいですよ。**」と相手を励ますときに使います。

⑬ **The tram hasn't left yet.**
〈**haven't [hasn't]＋過去分詞**〉の形で「**まだ～していない**」という意味です。left は leave の過去分詞です。

⑮ **Hurry up.** （→教科書p.24 表現）
Hurry up. は「**急いで。**」という意味の表現です。

⑯ **The tram is leaving.**
現在進行形の文です。路面電車が出発しかけていることを表しています。

Part 3

基本文

これまでに経験があるかどうかをたずねる。

① **Have you ever seen him like that?** （あんな彼を見たことがありますか。）
② **— Yes, I have. / No, never.** （はい，あります。/ いいえ，一度もありません。）
③ **I've never seen such a beautiful sunset.**
（こんなにきれいな夕焼けは，これまで一度も見たことがありません。）

! 学習のポイント

現在完了形〈経験〉

① 現在完了形の文で，現在までに経験があるかどうかを言うこともできます。疑問文では **ever**（**これまでに**）が使われます。

②③「**一度も～したことがない**」という経験を表す現在完了形の否定文は，**never**（**一度も～ない**）を使います。〈**主語＋have[has]＋never＋過去分詞～.**〉の形で表し，疑問文に対して答えるときは，**No, never.** と言うことができます。

本文の解説

教科書 p.26

① **What's up with Kota?** （→教科書p.26 表現）
What's up with ～? は「**～はどうしたのですか。**」と様子をたずねるときに使います。

② **Have you ever seen him like that?**
Have you ever ～? は「**（これまでに）～したことがありますか。**」と経験をたずねる現在完了形の疑問文です。

③ **No, never.**
Have ～ ? の疑問文に対して「**一度もありません。**」と答えるときは，**No, never.** と言うことができます。

④ **He's changed lately.**
He's は **He has** の短縮形です。〈**has＋過去分詞**〉の形で「**～してしまった**」という現在完了形の完了の意味を表します。

⑦ **Here you are.** （→教科書p.26 表現）
Here you are. は相手にものを差し出すときに使う表現です。

⑩ **So you caught up with the tram?**
so は「**ということは，つまり**」と結果を表す接続詞です。caughtはcatch の過去形で，**catch up with ～** は「**～に追いつく**」の意味を表します。

⑪ **It's no big deal.** （→教科書p.26 表現）
It's no big deal. は「**たいしたことないよ。**」という意味の表現です。

⑫ **I'm just happy you didn't lose your photos.**
I'm just happy の後には，「～ということ」の意味を表す接続詞の that が省略されています。I'm just happy ～. は，you 以下のことが「～でうれしい」という意味を表します。この文の just は「ただ～だけ」の意味で使われています。

⑮ **I've never seen such a beautiful sunset.**
〈**have never＋過去分詞**〉は「**一度も～したことがない**」とこれまでの経験を表す現在完了形の否定文です。**such a ～** は「**そのような～，あんな～**」という意味です。

Unit **2** # 音声の内容

Part 1 (教科書 p.23) の音声の内容

解答はp.29にあります。

ポイント 音声の内容は次の通りです。下線部に注意して，Tina とEri が既にしたことを2つずつ選び，記号を書きましょう。

(1)

Kota : Hello, Tina. This is Kota. (こんにちは，ティナ。コウタです。)
Tina : Hi, Kota. What's up? (こんにちは，コウタ。どうしたの？)
Kota : Are you free now? (忙しくない？)
Tina : Yes. <u>I've just finished my homework.</u> (うん。宿題が終わったところだから。)
Kota : Great. Let's go to a movie. (よかった。映画に行こうよ。)
Tina : What movie? (どんな映画？)
Kota : "Moon Wars." It sounds exciting. (『ムーン・ウォーズ』。おもしろそうでしょ。)
Tina : <u>I've already seen it.</u> (もう見たよ。)
Kota : Oh, you have? (えっ，見たの？)
Tina : Yeah, I saw it last week. (うん，先週見たの。)
Kota : Oh, no! (えーっ，そんな！)
Tina : Well, how about playing tennis instead? (じゃあ，代わりにテニスをするのはどう？)
Kota : Tennis? It's raining! (テニス？　雨が降っているよ！)
Tina : No, the rain has already stopped. Look outside. (いや，もう雨は止んでるよ。外を見て。)
Kota : Really? Oh, yes. OK, let's play tennis, then.
(本当？　あっ，ほんとだ。じゃあ，テニスしようよ。)

(2)

Tina : Hello, Eri. This is Tina. (こんにちは，絵里。ティナです。)
Eri : Hi, Tina! What's up? (こんにちは，ティナ！　どうしたの？)
Tina : Are you busy now? (今，忙しい？)
Eri : No. <u>I've just finished cleaning my room.</u>
(いいえ，部屋の掃除が終わったところよ。)
Tina : Great. I'm going to play tennis with Kota this afternoon. Do you want to come and play, too?
(よかった。今日の午後，コウタとテニスをする予定なの。いっしょにどう？)
Eri : Ah ... Sorry, I can't. I'm going to be busy later. <u>I've just talked with Hajin on the phone.</u> We are going to see a movie.
(ああ……ごめん，無理なんだ。この後，予定が入っていて。今，ハジンと電話で話したところなの。映画を見に行くことになったんだ。)
Tina : Is the movie "Moon Wars" ? (『ムーン・ウォーズ』？)
Eri : Yes. How did you know? (そう。どうして知ってるの？)
Tina : Kota mentioned it. Anyway, Eri, enjoy the movie.
(コウタが言ってたの。とにかく，絵里，映画を楽しんでね。)

Part 2 (教科書 p.25) の音声の内容

➡ 解答はp.31にあります。

ポイント 音声の内容は次の通りです。下線部に注意して，Nick が既にしたことに○，まだしていないことに×を付けましょう。

Ms. Rios : Nick! Dinner's ready! ... Nick! ... Nick!
(ニック！ 夕食の準備ができたわよ！ ……ニック！ ……ニック！)

Nick : OK, OK. I'm coming. (わかった，わかった。今行きます。)

Ms. Rios : What were you doing? I called you three times.
(何をしていたの？ 3回もよんだのに。)

Nick : Sorry, Mom. I was busy. (ごめんね，ママ。忙しくて。)

Ms. Rios : Busy with what? (何に忙しかったの？)

Nick : I was reading manga. (漫画を読んでいたんだ。)

Ms. Rios : Reading comics? Have you finished your homework yet?
(漫画を読んでいたの？ 宿題はもう終わったの？)

Nick : Of course. I finished it an hour ago.
(もちろん。1時間前に終わらせたよ。)

Ms. Rios : OK. Anyway, it's time for dinner. Have you washed your hands, Nick?
(それなら，いいわ。とにかく，夕食の時間ですよ。ニック，手は洗った？)

Nick : Yes, I have. (うん，洗ったよ。)

Ms. Rios : By the way, have you read today's newspaper?
(ところで，今日の新聞は読んだ？)

Nick : No. Why? (いいえ。なんで？)

Ms. Rios : There was an interview with your favorite soccer player in it.
(あなたの好きなサッカー選手のインタビューが載っていたわよ。)

Nick : Really? Oh, I'll read it later. (本当？ じゃあ，後で読むよ。)

Ms. Rios : Oh, Felix is meowing. Have you fed him yet?
(フェリックスが鳴いているわよ。えさをあげた？)

Nick : No, not yet. I'll do it after dinner. (いいや，まだ。夕食後にやるよ。)

Ms. Rios : OK. Don't forget! (わかったわ。忘れないでね！)

Part 3 (教科書 p.27) の音声の内容

➡ 解答はp.33にあります。

ポイント 音声の内容は次の通りです。下線部に注意して，Ms. Rios が経験したことがあるものに ✔ を付けましょう。また，聞いた内容と合っていればT，違っていればFを（　）に書きましょう。

Nick : Mom, here are some photos from Tina!
(ママ，ティナからの写真だよ！)

Ms. Rios : Great. Let's have a look at them.
(いいわね。見てみましょう。)

Nick : Here you are.
(これだよ。)

Ms. Rios : Thanks. Oh, this is a picture of Itsukushima Jinja Shrine, at Miyajima.
（ありがとう。あっ，これは宮島の厳島神社の写真ね。）

Nick : I've never been to Hiroshima. Have you ever been there, Mom?
（広島には行ったことがないけど，ママは行ったことがあるの？）

Ms. Rios : Yes, I've been to Hiroshima twice.
（ええ，広島には2回行ったことがあるわよ。）

Nick : Have you ever been to this shrine?
（この神社に行ったことがあるの？）

Ms. Rios : Yes. The view was really wonderful. Have you ever heard of *momiji-gari*, Nick?
（ええ。景色がとてもすばらしかったわ。ニック，もみじ狩りって聞いたことある？）

Nick : Yes! I learned about it at school. In fall, people like to view the autumn leaves, right?
（うん！　学校で習ったよ。秋になると紅葉を眺めることだよね。）

Ms. Rios : That's right.
（その通り。）

Nick : Have you done *momiji-gari* there?
（そこで，もみじ狩りをしたの？）

Ms. Rios : Yes. That's one of my best memories of Hiroshima.
（ええ。広島でのいちばんの思い出の1つよ。）

Nick : Mom, what are these? Look here. There're like autumn leaves.
（ママ，これは何？　ここを見て。紅葉みたいだよ。）

Ms. Rios : Ah, there're *momiji-manju*. They're a kind of popular cake in Hiroshima.
（ああ，これはもみじ饅頭よ。広島で人気のあるお菓子なの。）

Nick : Have you ever had one?
（食べたことあるの？）

Ms. Rios : No, I haven't. We must try to get some sometime.
（食べたことはないわ。いつか食べてみないといけないわね。）

Nick : Let's ask Tina to get some for us from Hiroshima. And, look! This is a photo of *okonomiyaki*! Looks so yummy! Have you tried *okonomiyaki*, Mom?
（ティナに広島で買ってきてもらおう。それから，これを見て！　お好み焼きの写真だよ！　とてもおいしそうだね！　ママはお好み焼き食べたことある？）

Ms. Rios : Yes. I had it once. I liked it very much.
（ええ。一度食べたことがあるわ。とてもおいしかったわよ。）

Nick : Let's ask Tina to get some *okonomiyaki*, too!
（ティナにお好み焼きも頼もう！）

Unit 2

教科書 28～29ページ

Goal 経験したことを伝え合おう

Listening 家族旅行の計画を立てることになった Nick が，Kota と Eri にこれまで旅行した中でよかったところをたずねます。話した内容に合うように，人物と写真を線で結びましょう。

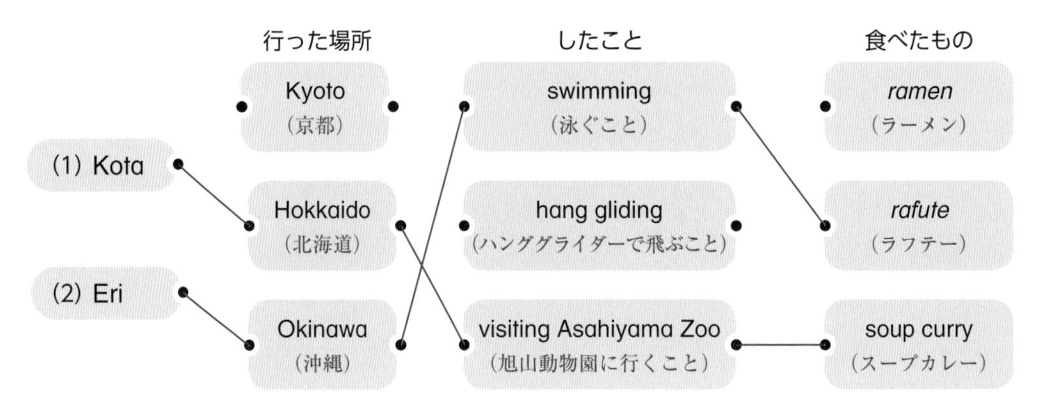

Speaking 1. 自分がこれまでに行った場所や，したこと，食べたものなどから，友達にすすめたいものを選んで，下の表にメモしましょう。

解答例

行った場所	Osaka （大阪）
したこと	visited the Osaka castle （大阪城に行った）
食べたもの	*takoyaki* （たこ焼き）
その他	saw a comedy show （お笑いライブを見た）

2. あなたと同じ経験をしたことがない友達を見つけて，自分の「おすすめ」を伝えましょう。
友達の「おすすめ」を聞くときは，質問をして，詳しい情報を得るようにしましょう。

▶Your Coach 3 p.170

A： I've been to Miyajima several times. Have you ever been there?
（私は宮島に何回か行ったことがあります。あなたは行ったことがありますか。）
B： No, I haven't. （いいえ，ありません。）
A： I recommend you to go there. （あなたにそこへ行くことをおすすめします。）
B： How was your trip? （あなたの旅行はどうでしたか。）
What did you do there? （あなたはそこで何をしましたか。）
A： I was .... / I enjoyed .... （私は…。/私は…を楽しみました。）
You should .... / You can .... （あなたは…をするべきです。/あなたは…ができます。）

解答例 A： I've been to Osaka twice. Have you ever been there?
（私は大阪に2回行ったことがあります。あなたは行ったことがありますか。）
B： No, I haven't. （いいえ，ありません。）
A： I recommend you to go there. （あなたにそこへ行くことをおすすめします。）
B： How was your trip? （あなたの旅行はどうでしたか。）
What did you do there? （あなたはそこで何をしましたか。）
A： I saw a comedy show. （私はお笑いライブを見ました。）
You should eat *takoyaki*. （あなたはたこ焼きを食べるべきです。）

New Words 単語と語句 アクセントの位置に注意して，声に出して発音しよう。

☐ several [sévərəl] 形 いくつかの
☐ recommend [rèkəménd] 動 （人）にすすめる

3. 4人の友達の「おすすめ」を聞き，自分が行きたい場所や，したいこと，食べたいものなどを1つ選び，表に◎を付けましょう。

解答例

	Names （名前）	「おすすめ」は？	◎
1	Kanako	I recommend you to go to Korea. （私は韓国に行くことをおすすめします。） I enjoyed Korean food there. （私はそこで韓国料理を楽しみました。）	◎

ポイント 音声の内容は次の通りです。

(1)

Kota : Hi, Nick. What are you reading? （やあ，ニック。何を読んでいるの？）

Nick : Oh, hi, Kota. I'm reading a travel guide website.
（あっ，こんにちは，コウタ。旅行ガイドのウェブサイトを読んでるんだ。）

Kota : Do you want to go somewhere? （どこかに行きたいの？）

Nick : Yeah, my family is going on a trip this summer. Do you know any good places for sightseeing? （うん，今年の夏に家族で旅行に行くんだ。どこかいい観光地を知ってる？）

Kota : Good places for sightseeing? Mm .... Have you ever been to Kyoto?
（観光にいいところ？ うーん……。京都に行ったことある？）

Nick : Yes. My family has been there twice. （うん。家族で2回行ったことがあるよ。）

Kota : OK. Have you ever been to Hokkaido, then?
（じゃあ，北海道に行ったことは？）

Nick : No, never. Have you been there?
（いいや，一度も。コウタは行ったことあるの？）

Kota : Yeah. I went there three years ago. （うん。3年前に行ったよ。）

Nick : How was it? （どうだった？）

Kota : Wonderful. Summer in Hokkaido is always fresh and cool.
（すばらしかったよ。北海道の夏はいつもさわやかで涼しいんだ。）

Nick : Great. What did you do there? （いいね。そこで何をしたの？）

Kota : I saw fields of flowers. They were beautiful. I went to the famous Asahiyama Zoo, too. It was a lot of fun.
（花畑を見たよ。きれいだった。有名な旭山動物園にも行ったよ。とても楽しかった。）

Nick : That sounds great. By the way, how was the food there?
（それはいいね。ところで，食事はどうだった？）

Kota : Very nice. I had lots of delicious fish and fresh vegetables. I liked soup curry very much. Have you ever eaten soup curry?
（とてもよかったよ。おいしい魚や新鮮な野菜をたくさん食べたよ。スープカレーがとてもおいしかったな。スープカレーを食べたことはある？）

Nick : No, I haven't. I'd like to try it. Hokkaido sounds great.
（いや，食べたことないよ。食べてみたいなあ。北海道っておもしろそうだね。）

Kota : Yes. But you should get some ideas from other people, too.
(そうなんだ。でも，ほかの人のアイデアも参考にしてみてね。)
Oh, look. There's Eri. Why don't you ask her?
(あっ，見て。絵里がいる。彼女に聞いてみたら？)

(2)
Nick : Hi, Eri. (こんにちは，絵里。)
Eri : Oh, hi, Nick. (あ，こんにちは，ニック。)
Nick : Can I ask you some questions? (質問してもいいかな？)
Eri : Sure. (いいよ。)
Nick : I'm planning my family's trip for this summer. Do you know any good places for sightseeing?
(今年の夏に家族旅行を計画しているんだ。どこかいい観光地を知ってるかな？)
Eri : Do you mean here in Japan? (日本でっていうこと？)
Nick : Yes. Kota told me that Hokkaido's a great place to visit.
(うん。コウタは北海道がいいって言ってたよ。)
Eri : Yes, it is. But there are lots of other good places, too. Have you ever been to Okinawa?
(いいね。でも，ほかにもいいところはたくさんあるよ。沖縄に行ったことは？)
Nick : No, never. Have you been there? (ううん，ないよ。行ったことがあるの？)
Eri : Yes. I went last summer. I have an uncle there. I stayed at his house.
(うん。去年の夏に行ったの。そこにはおじがいて，そのおじの家に泊まったの。)
Nick : Great. What did you do there? (いいね。そこで何をしたの？)
Eri : I enjoyed swimming every day. The sea was really beautiful.
(毎日泳ぎを楽しんだよ。海が本当にきれいなの。)
Nick : That sounds great. By the way, how was the food?
(それはいいね。ところで，食事はどうだった？)
Eri : It was nice. I ate taco rice and *rafute*. Have you ever eaten *rafute*?
(おいしかった。タコライスとラフテーを食べたよ。ラフテーは食べたことある？)
Nick : No, I haven't. What is it? (いや，ないよ。それは何？)
Eri : It's a local Okinawan food. It's a kind of boiled pork. It's sweet and really tasty.
(沖縄の郷土料理だよ。ゆでた豚肉の一種なんだ。甘くてとてもおいしいんだよ。)
Nick : Oh, I'd like to try it. Okinawa sounds great, too.
(ああ，食べてみたい。沖縄もおもしろそうだね。)
Which is better, Hokkaido or Okinawa? I can't decide.
(北海道と沖縄，どっちがいいかな？　決められないよ。)

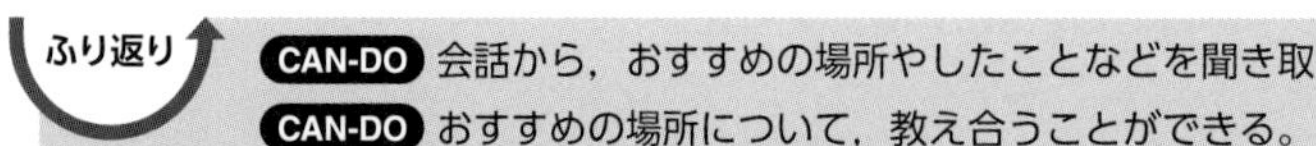
ふり返り
CAN-DO 会話から，おすすめの場所やしたことなどを聞き取ることができる。 ▶▶CAN-DO List (L-1)
CAN-DO おすすめの場所について，教え合うことができる。 ▶▶CAN-DO List (SI-1)

留守番電話

Goal **Listening & Speaking** 留守番電話の伝言を聞き，用件に応じたやり取りができる。

Yukari の携帯電話にいとこのJane が伝言を残しました。
伝言を聞いて，用件に対応するときは，どうするとよいでしょうか。

1. 留守番電話の伝言を聞き，Jane の用件全てに ✓ を付けましょう。

- ◯ 旅行先をどこにするかの相談。
- ✓ パスポートを取ったかどうかの確認。
- ✓ ホテルをどこにするかの相談。
- ◯ 航空券を予約したかどうかの確認。

2. Yukari が Jane に電話をします。ペアになり，下のやり取りを演じましょう。

Yukari : Hello, this is Yukari.
（もしもし，ユカリです。）

Jane : Hello, Yukari. This is Jane. Have you got your passport yet?
（もしもし，ユカリ。ジェーンです。もうパスポートは受け取った？）

Yukari : No, not yet. I'll get it on Saturday.
（いいえ，まだなの。土曜日に取りに行くつもりだよ。）

Jane : OK. Let me know your passport number when you have it.
（了解。パスポートを受け取ったら，私にパスポート番号を知らせてね。）

Yukari : All right. By the way, can you tell me about the hotels?
（わかった。ところで，ホテルについて教えてくれる？）

3. 下のホテルのリストを参考にして会話の続きを考え，
ペアになりやり取りをし，泊まるホテルを選びましょう。

Hotel Rich	You can enjoy eating at the most popular Chinese buffet in Singapore. （シンガポールでいちばん人気の中華ビュッフェで食事を楽しむことができます。）
Hotel Paradise	You can enjoy swimming in the biggest swimming pool in Singapore. （シンガポールでいちばん大きいプールで泳ぎを楽しむことができます。）
Starlight Hotel	You can enjoy seeing the most beautiful night view in Singapore. （シンガポールでいちばん美しい夜景を楽しむことができます。）

解答例 A : Sure. At Hotel Rich, we can enjoy eating at the most popular Chinese buffet in Singapore.
（もちろん。ホテルリッチでは，シンガポールでいちばん人気の中華ビュッフェで食事を楽しむことができるよ。）

B : That's good.
（いいね。）

A : At Hotel Paradise, we can enjoy swimming in the biggest swimming pool in Singapore.
（ホテルパラダイスでは，シンガポールでいちばん大きいプールで泳ぎを楽しむことができるよ。）

B : That sounds nice.
(すてきだね。)

A : At Starlight Hotel, we can enjoy seeing the most beautiful night view in Singapore.
(スターライトホテルでは，シンガポールでいちばん美しい夜景を楽しむことができるよ。)

B : Great! I want to stay at Starlight Hotel.
(すてき！　スターライトホテルに泊まりたいな。)

A : OK.
(いいよ。)

ポイント 音声の内容は次の通りです。

〈beep〉(発信音)

Jane : Hello, Yukari. (こんにちは，ユカリ。)
This is Jane. (ジェーンです。)
I'm calling you to tell you about our trip to Singapore this summer.
(この夏の私たちのシンガポールへの旅行のことで電話しています。)
I've already booked a really nice tour.
(とてもすてきな旅行の予約をしました。)
But I need to give your passport number to the travel agency.
(でも，旅行会社にあなたのパスポートの番号を教えないといけないの。)
Have you got your passport yet? (パスポートはもう持ってる？)
If not, you should get it in a hurry. (まだの場合は急いで取ってね。)
By the way, the tour includes airplane tickets, hotel, and breakfast.
(ちなみに，このツアーは飛行機のチケット，ホテル，朝食が含まれています。)
We can choose one hotel from a list of three.
(ホテルはリストにある3つの中から1つ選ぶことができます。)
I'd like to tell you about the hotels and then we can choose the best one.
(あなたにホテルの説明をして，それから選びたいと思ってるよ。)
That's all for now. (今のところはここまでです。)
Please call me back as soon as you can.
(できるだけすぐに折り返しの電話をください。)
Bye. (じゃあね。)

New Words **単語と語句** アクセントの位置に注意して，声に出して発音しよう。

- □ **passport** [pǽspɔːrt] 名 パスポート，旅券
- □ *when* [hwén] 接 (〜したら) すぐに，(〜して) から
- □ **rich** [rítʃ] 形 裕福な，金持ちな
- □ *Chinese* [tʃainíːz] 形 中国の
- □ **buffet** [bəféi] 名 セルフサービス［バイキング］式の食事
- □ **Singapore** [síŋgəpɔ̀ːr] 名 シンガポール
- □ **paradise** [pǽrədàis] 名 天国，楽園
- □ **starlight** [stáːrlàit] 名 星の光，星明り

教科書 31ページ 

Unit 3

Goal

Reading
文章から，人物の経験や心情などを読み取ることができる。

Speaking
読んだ文章について，感じたことなどを発表することができる。

広島から学んだこと

Lessons From Hiroshima

教科書p.31の写真を見て，ストーリーの話題を予測する

・About You Do you know about this monument in Hiroshima?
（あなたは広島のこのモニュメントについて知っていますか。）

(例) Yes, I do. （はい，知っています。）

・What kind of story will they hear from a peace volunteer?
（彼らはピースボランティアからどんな話を聞くでしょうか。）

(例) They will hear about the atomic bomb.
（彼らは原爆についての話を聞くでしょう。）

Word Board
・atomic bomb （原子爆弾）
・Peace Memorial Park （平和記念公園）

ストーリーのおおまかな内容をつかむ

1. 教科書p.31の写真を見て，音声を聞き，出来事の順に □ に数字を書きましょう。

A 1　B 3　C 2

2. 映像を見て，内容を確かめましょう。

New Words 単語と語句 アクセントの位置に注意して，声に出して発音しよう。

- □ monument [mánjumənt] 名 記念碑
- □ atomic [ətámik] 形 原子力の
- □ bomb [bám] 名 爆弾
- □ atomic bomb [ətámik bám] 名 原子爆弾
- □ **peace** [píːs] 名 平和
- □ memorial [məmɔ́ːriəl] 形 追悼の，記念の
- □ Peace Memorial Park 名 平和記念公園

平和記念公園にて

教科書 32ページ

本文の解説はp.52にあります。

Q. 西村さんはいつからピースボランティアをしていますか。

A. （例）2000年から。

Ms. Nishimura :
西村さん：

① This is the Atomic Bomb Dome. こちらが原爆ドームです。

② The world's first atomic bomb was dropped near here at 8:15 a.m. on August 6, 1945.
1945年8月6日午前8時15分に，世界で初めて原爆がこの付近に投下されました。

③ The dome has been like this for over 70 years.
ドームは70年以上もの間，ずっとこのような状態のままです。

④ It reminds us of the horrors of the atomic bomb.
ドームは原爆の恐怖を私たちに思い出させます。

⑤ It's also a reminder of our mission to work for peace.
また，平和のために取り組むという私たちの使命を思い出させるものでもあります。

Ms. Nishimura : ⑥ Does anyone have any questions?
西村さん： 誰か，何か質問はありますか。

Tina : ⑦ How long have you been a peace volunteer?
ティナ： ピースボランティアになってどのくらいですか。

Ms. Nishimura : ⑧ I've been a volunteer since 2000.
西村さん： 2000年からボランティアをしています。

Tina : ⑨ That's a long time!
ティナ： 長いですね！

New Words **単語と語句** アクセントの位置に注意して，声に出して発音しよう。

- ☐ dome [dóum] 名 ドーム
- ☐ Atomic Bomb Dome [ətámik bám dòum] 名 原爆ドーム
- ☐ *drop* [dráp] 動 ～を落とす，落下させる
- ☐ **remind(s)** [rimáind(z)] 動 （人）に思い出させる
- ☐ horror(s) [hɔ́:rər(z)] 名 恐怖，恐ろしさ
- ☐ reminder [rimáindər] 名 思い出させるもの［人］
- ☐ mission [míʃən] 名 任務，使命，目的
- ☐ **anyone** [éniwʌ̀n] 代 誰か，誰でも
- ☐ **since** [síns] 前 ～以来，～から（ずっと）
- ☐ remind ～ of ... ～に…を思い出させる
- ☐ work for ～ ～に向かって努力する

Eriが修学旅行先で，外国の人たちにインタビューしています。
表の上の欄に日本の滞在期間を書き，下の欄には話の内容に合う情報を A ～ D から選んで書きましょう。

音声の内容はpp.55-56にあります。

	(1) Jenny	(2) Antonio	(3) Bella
日本の滞在期間	for 3 years	for 5 years	for a week
情報	A	D	B

A I've lived in Hiroshima since last year.
(私は去年から広島に住んでいます。)

B I've wanted to visit Japan for a long time.
(私は長い間日本を訪れたいと思っていました。)

C I've known my friend for two years.
(私は私の友達と2年前に知り合いました。)

D I've been a baseball fan since childhood.
(私は子供の頃から野球のファンです。)

About You ペアになり，質問に関して自分の情報をメモした後，お互いのことをたずね合いましょう。

解答例

Question (質問)	You (あなた)	Your friend (あなたの友達)
(1) Who's your favorite singer [actor]? (あなたのお気に入りの歌手［俳優］は誰ですか。)	My favorite singer is Ariana Grande. (私のお気に入りの歌手はアリアナ・グランデです。)	My favorite actor is Yamada Takayuki. (私のお気に入りの俳優は山田孝之です。)
→ How long have you been a fan of his [hers]? (彼［彼女］のファンになってどのくらいですか。)	I've been a fan of hers for 3 years. (彼女のファンになって3年です。)	I've been a fan of his for 2 years. (彼のファンになって2年です。)
(2) Who's your childhood friend? (あなたの子供の頃の友達は誰ですか。)	My childhood friend is Aoi. (私の子供の頃の友達はアオイです。)	My childhood friend is Takeshi. (私の子供の頃の友達はタケシです。)
→ How long have you known him [her]? (彼［彼女］と知り合ってどのくらいですか。)	I've known her for 10 years. (彼女と知り合って10年です。)	I've known him for 8 years. (彼と知り合って8年です。)

About You 上の表の (1) か (2) について，自分と友達の情報を対比して書きましょう。

［例］ I have been a big fan of Tamio for a long time. (私は長い間タミオの大ファンです。)
Jun has been a big fan of Namie since 2018. (ジュンは2018年からナミエの大ファンです。)

解答例 (2) I've known Aoi for 10 years. Yuta has known Takeshi for 8 years.
(私はアオイと知り合って10年です。ユウタはタケシと知り合って8年です。)

基本文

過去から今まで続いている状態を言ったり，たずねたりする。
The dome **has been** like this for over 70 years.
(ドームは70年以上もの間，ずっとこのような状態のままです。)
How long have you **been** a volunteer**?** (ボランティアになってどのくらいですか。)
― **I've been** a volunteer since 2000. (2000年からボランティアをしています。)

▶ Active Grammar p.61

New Words 単語と語句 アクセントの位置に注意して，声に出して発音しよう。

know
→ □ **known** [nóun] 動 know の過去分詞

□ childhood [tʃáildhùd] 名 子供の頃，幼少期
□ for a long time 長い間，久しく

西村さんの思い

教科書 34ページ

本文の解説はp.53にあります。

Q. Tina は何について考えていますか。

A. （例）広島への修学旅行での体験について。

Kota : ① Why did you become a volunteer?
コウタ： なぜボランティアになったのですか。

Ms. Nishimura : ② When my daughter was a child, she often asked me questions about the peace monuments.
西村さん： 娘が子供の頃，平和記念碑についてよく私に質問をしてきました。

③ But I couldn't answer.
ですが，私は答えることができませんでした。

④ I realized that I didn't know much about the atomic bomb.
原爆についてあまり知らないことに気づいたんです。

⑤ So I wanted to learn about the bombing.
だから，原爆投下について学びたかったんです。

⑥ I was determined to tell people, especially young people, about the tragic events.
人々に，特に若い人たちに，この痛ましい出来事について伝えることを決意しました。

⑦ Young people must learn about these events to create a better world.
若い人たちは，よりよい世界をつくるために，これらの出来事について学ばなければなりません。

⑧ ***After they return to Honcho:*** 本町に戻ってきた後：

Tina : ⑨ I've been thinking about our trip to Hiroshima.
ティナ： 広島への修学旅行について，ずっと考えているの。

Kota : ⑩ Me, too.
コウタ： ぼくも。

⑪ What can we do to promote peace in the world?
世界平和を推し進めるために，ぼくたちは何ができるのかな。

New Words 単語と語句 アクセントの位置に注意して，声に出して発音しよう。

- □ **realize(d)** [ríːəlàiz(d)] 動 ～をはっきり理解する，悟る
- □ bombing [bámiŋ] 名 爆撃
- □ determined [ditə́ːrmind] 形 意志の強い，堅く決心した
- □ **young** [jʌ́ŋ] 形 若い
- □ tragic [trǽdʒik] 形 悲惨な，痛ましい
- □ **create** [kriéit] 動 ～を創造する，生み出す
- □ **better** [bétər] 形 よりよい，より望ましい〔good の比較級〕
- □ promote [prəmóut] 動 ～を促進する
- □ be determined to ～ ～することを堅く決心している

Tina が旅行先から家に電話をかけています。
話の内容と合っていたらT，違っていたらFを（　）に書きましょう。

音声の内容はp.57にあります。

(1) Nick has been studying for half an hour. (F)
（ニックは30分間ずっと勉強しています。）

(2) Mr. Rios has been cooking since early this afternoon. (T)
（リオスさんは午後早くからずっと料理をしています。）

(3) It has been raining since this morning in Hiroshima. (T)
（広島では今朝からずっと雨が降っています。）

(4) Kota and Hajin have been playing cards. (T)
（コウタとハジンはずっとトランプで遊んでいます。）

(5) Eri has been talking with her boyfriend. (F)
（絵里はボーイフレンドとずっと話しています。）

ペアになり，教科書p.35の写真を見て，例のように，A ～ C に合うせりふを考えて発表しましょう。
写真下の語句を参考にして，「ずっと～している」という言葉をせりふに入れましょう。

A 1902	B 16th century	C this morning
（1902年）	（16世紀）	（今朝）
the Thinker / think	Mona Lisa / smile	a panda / eat
（『考える人』/ 考える）	（『モナ・リザ』/ ほほえむ）	（パンダ / 食べる）

［例］　A：I'm the Thinker.　I've been thinking since 1902.
（私は『考える人』です。1902年からずっと考えています。）

解答例　B：I'm Mona Lisa.　I've been smiling since the 16th century.
（私は『モナ・リザ』です。16世紀からずっとほほえんでいます。）

C：I'm a panda.　I've been eating since this morning.
（私はパンダです。今朝からずっと食べています。）

自分や友達が考えたせりふの中で，いちばんおもしろいと思ったものを書きましょう。

Speak の解答例参照。

基本文

過去から今まで続いている動作などを言う。
I**'ve been** think**ing** about our trip to Hiroshima.
（広島への修学旅行について，ずっと考えています。）

▶ Active Grammar p.61

New Words 単語と語句　アクセントの位置に注意して，声に出して発音しよう。

- ☐ **half** [hǽːf] 形 半分の
- ☐ **hour** [áuər] 名 1時間，60分
- ☐ *rain* [réin] 動 〔it を主語にして〕雨が降る
- ☐ boyfriend [bɔ́ifrènd] 名 ボーイフレンド
- ☐ the Thinker [ðə θíŋkər] 名『考える人』
- ☐ **century** [séntʃəri] 名 世紀
- ☐ Mona Lisa [móunə líːsə] 名『モナ・リザ』
- ☐ panda [pǽndə] 名 パンダ

Kotaのレポート

本文の解説はp.54にあります。

Q. Kotaは広島での平和学習からどんなことを学びましたか。

A. （例）過去を学ぶこと，平和な世界をつくることを考えることの大切さ。考えるだけではなく，行動しなければならないということ。

① Our trip to Hiroshima was a valuable experience for me.
広島への修学旅行はぼくにとって貴重な体験でした。

② I learned a lot about the war and the tragic events of August 6, 1945. 戦争と1945年8月6日の悲惨な出来事について多くを学びました。

③ There I met a peace volunteer. そこでぼくはピースボランティアの方に会いました。

④ She guides people around the sites of the atomic bombing.
彼女は原爆投下のあった場所の周辺で人々のガイドをしています。

⑤ Though she wasn't a victim of the atomic bomb, she learned about the victims.
彼女は原爆の犠牲者ではありませんでしたが，犠牲者について学びました。

⑥ The survivors of the atomic bomb are getting older year by year.
年々，被爆者は年老いていっています。

⑦ She thinks we should pass their words on to the next generation.
彼女は，次の世代に彼らの言葉を伝えるべきだと考えています。

⑧ It's important for us to learn about the past.
過去について学ぶことはぼくたちにとって重要です。

⑨ It's also important to think about creating a peaceful world.
また，平和な世界をつくることについて考えるのも大切です。

⑩ However, thinking about it is not enough.
しかし，それについて考えるというだけでは不十分です。

⑪ We must do something to change the world.
ぼくたちは世界を変えるために何かをしなければなりません。

Think 平和な世界にするために，あなたは何が大切だと思いますか。
（例）世界で起きていることを他人事ではなく自分のこととして考え，できることを探すこと。

New Words 単語と語句 アクセントの位置に注意して，声に出して発音しよう。

- □ valuable [vǽljuəbl] 形 価値のある
- □ war [wɔ́ːr] 名 戦争
- meet → □ met [mét] 動 meet の過去形，過去分詞
- □ though [ðóu] 接 （～である）けれども，～にも関わらず
- □ victim [víktim] 名 犠牲者，被害者
- □ survivor(s) [sərváivər(z)] 名 （事故・病気・戦争などから）生き残った人，生存者
- □ *pass* [pǽs] 動 ～を渡す
- □ generation [dʒènəréiʃən] 名 世代
- □ **peaceful** [píːsfəl] 形 平和な
- □ **however** [hauévər] 副 しかしながら，けれども，それにも関わらず
- □ *get -er* より～になる，ますます～になる
- □ get older より年老いる，ますます年老いる
- □ year by year 年々，年ごとに（変化して）
- □ pass ～ on ～を伝える，～を譲る

Tinaと Kotaが休み時間に話をしています。
(1) ～ (4) についてKotaがどう思っているか，当てはまるものを線で結びましょう。

音声の内容はpp.57-58にあります。

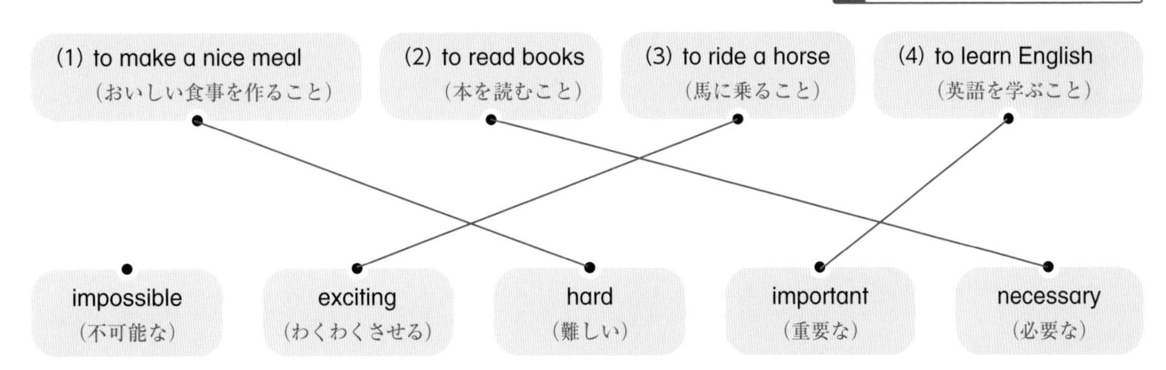

About You ペアになり，(1) ～ (4) について自分はどう思うかを伝え合いましょう。

[例] A : It's hard for me to make a nice meal. How about you?
（私にとっておいしい食事を作ることは難しいです。あなたはどうですか。）

B : It's easy for me to make a nice meal.
（私にとっておいしい食事を作ることは簡単です。）

解答例 A : It's necessary for me to learn English. How about you?
（私にとって英語を学ぶことは必要です。あなたはどうですか。）

B : It's interesting for me to learn English.
（私にとって英語を学ぶことはおもしろいです。）

About You 自分にとって「難しいこと」「大切なこと」「わくわくすること」をそれぞれ書きましょう。

解答例 It's hard for me to learn math.
（私にとって数学を学ぶことは難しいです。）

It's important for me to talk to my friends.
（私にとって友達と話すことは大切です。）

It's exciting for me to play tennis.
（私にとってテニスをすることはわくわくします。）

基本文

意見や判断などを言う。

It's important for us **to learn** about the past.
（過去について学ぶことは私たちにとって重要です。）

It's also important **to think** about creating a peaceful world.
（また，平和な世界をつくることについて考えるのも大切です。）

New Words 単語と語句 アクセントの位置に注意して，声に出して発音しよう。

- □ **meal** [míːl] 名 食事，料理
- □ impossible [impásəbl] 形 不可能な
- □ **necessary** [nésəsèri] 形 必要な，なくてはならない

Unit 3 本文の解説

Part 1

基本文

過去から今まで続いている状態を言ったり，たずねたりする。

① **The dome has been like this for over 70 years.**
（ドームは70年以上もの間，ずっとこのような状態のままです。）

② **How long have you been a volunteer?**
（ボランティアになってどのくらいですか。）

③ **— I've been a volunteer since 2000.** （2000年からボランティアをしています。）
（I've ← I have）

学習のポイント

現在完了形〈継続〉

「**(ずっと) ～しています**」と過去から今まである状態が続いていること（継続）を言うときは，現在完了形の〈**have[has]＋過去分詞**〉を使って表します。

「**どのくらい～していますか**」と期間をたずねるときは，〈**How long have[has]＋主語＋過去分詞～？**〉の文を使います。

期間を表すには，〈**for ＋期間を表す語句**〉「**～の間**」や，〈**since ＋期間の起点を表す語句**〉「**～以来**」などを使います。

I've been a volunteer for 20 years. （20年間ボランティアをしています。）
〈for ＋期間を表す語句〉

I've been a volunteer since 2000. （2000年からボランティアをしています。）
〈since ＋期間の起点を表す語句〉

本文の解説

教科書 p.32

② **The world's first atomic bomb was dropped near here at 8:15 a.m. on August 6, 1945.**

〈**be動詞＋動詞の過去分詞**〉の形で「**～されている**」と受け身を表します。この文では，be動詞が is の過去形である was になっていることに注意しましょう。

③ **The dome has been like this for over 70 years.**

〈**have[has]＋過去分詞**〉で現在完了形の継続を表しています。**for** は「**～の間（ずっと）**」と期間を表す前置詞で，over 70 years で「70年以上」という意味になります。**like** は，「**～のような**」という意味の前置詞です。

⑥ **Does anyone have any questions?** （→教科書p.32　表現）

Does anyone have any questions? は，「誰か，何か質問はありますか。」と質問があるかたずねる表現です。

⑦ **How long have you been a peace volunteer?** （→教科書p.32　表現）

〈**How long have[has]＋主語＋過去分詞 ～？**〉の形で，「**どのくらい～していますか。**」と期間をたずねています。

⑧ **I've been a volunteer since 2000.**

期間をたずねる **How long ～?** の文には，〈**for ＋期間を表す語句**〉「**～の間**」や，〈**since ＋期間の起点を表す語句**〉「**～以来**」の語句を使って答えます。**I've** は **I have** の短縮形です。

⑨ **That's a long time!** （→教科書p.32　KEY）

That's a long time! は「長い（時間）ですね！」という意味で，質問の回答に対して感想を伝えています。

Part 2

過去から今まで続いている動作などを言う。

I've been thinking about our trip to Hiroshima.

（広島への修学旅行について，ずっと考えています。）

学習のポイント！

現在完了進行形

過去から今までにある動作や行為が続いていること（進行）を言うときは，**〈have[has] + been ＋動詞の -ing形〉**の形を使って表します。この形は，基本的に動作を表す動詞で使います。

I've been thinking about our trip to Hiroshima.
〈have[has]＋ been ＋動詞の -ing形〉

本文の解説

教科書 p.34

② **When my daughter was a child, she often asked me questions about the peace monuments.**

when は，「**〜するとき**」の意味で時を表す接続詞です。ask me questions about 〜は，「〜について私に質問する」という意味です。

④ **I realized that I didn't know much about the atomic bomb.**

that は「**〜ということ**」の意味を表す接続詞で，I realized that 〜 は「〜ということに気づいた」という意味になります。**not 〜 much** で「**あまり〜ない**」という否定の意味を表します。

⑤ **So I wanted to learn about the bombing.** （→教科書p.34　KEY）

so は「**だから**」という意味の接続詞で，前文との因果関係を説明しています。the bombing「その爆撃」は，前文の the atomic bomb「原爆」を指しています。

⑥ **I was determined to tell people, especially young people, about the tragic events.**

be determined to 〜 は，「**〜することを固く決心している**」という意味です。especially young people は，その直前の people に説明を加えていて，「人々，特に若い人たち」という意味を表しています。

⑦ **Young people must learn about these events to create a better world.**

must は「**〜しなければならない，すべきである**」という意味の助動詞です。to create の〈**to ＋動詞の原形**〉は「**〜するために**」という意味で，動詞を修飾する副詞的用法の不定詞です。

⑨ **I've been thinking about our trip to Hiroshima.**

〈have[has]＋ been ＋動詞の -ing形〉の形で現在完了進行形を表し，「**（ずっと）〜している**」という意味になります。

⑪ **What can we do to promote peace in the world?** （→教科書p.34　表現）

What can we do to 〜? は「〜のために私たちは何ができるだろう。」という意味で，問題を提起する表現です。to promote の〈**to ＋動詞の原形**〉は「**〜するために**」という意味で，動詞を修飾する副詞的用法の不定詞です。

Part 3

基本文

意見や判断などを言う。

① **It's important for us to learn about the past.**
（過去について学ぶことは私たちにとって重要です。）

② **It's also important to think about creating a peaceful world.**
（また，平和な世界をつくることについて考えるのも大切です。）

学習のポイント！

不定詞に代わる It

・「**(人が) …するのは〜です**」と意見や判断などを言うときは，〈**It is〜 (for 人) ＋to＋動詞の原形**〉の文を使います。文頭の **It** は形式上の主語で，不定詞〈**to＋動詞の原形**〉以下の内容を指します。この It は「それは」と訳さないので，注意しましょう。

・「――が」と，不定詞の内容を誰がするのかを示すときは，〈**to＋動詞の原形**〉のすぐ前に〈**for＋人**〉を付けます。このとき，「人」が代名詞の場合は目的格にします。

本文の解説

教科書 p.36

① **Our trip to Hiroshima was a valuable experience for me.**

Our trip to Hiroshima までが主語です。

⑤ **Though she wasn't a victim of the atomic bomb, she learned about the victims.**

though は「**(〜である) けれども，〜にも関わらず**」という意味の接続詞です。

⑥ **The survivors of the atomic bomb are getting older year by year.**

get ＋ -er は「**より〜になる，ますます〜になる**」，**year by year** は「**年々，年ごとに (変化して)**」という意味を表します。are getting と現在進行形になっていることに注意しましょう。

⑦ **She thinks we should pass their words on to the next generation.**

thinks の後には，「〜ということ」の意味を表す接続詞の that が省略されています。**should** は「**〜したほうがよい，〜すべきである**」という意味の助動詞で，**pass 〜 on** は「**〜を伝える，〜を譲る**」という意味なので，we should pass their words on は「私たちは彼らの言葉を伝えるべきだ」という意味になります。

⑧ **It's important for us to learn about the past.**

〈**It is 〜 (for 人) ＋ to ＋動詞の原形**〉の形で，「**(人が) …するのは〜です**」の意味を表します。

⑨ **It's also important to think about creating a peaceful world.**

also は「**〜もまた，さらに**」という意味の副詞で，前の文章に説明を加えています。creating は「つくること」という意味の動名詞です。

⑩ **However, thinking about it is not enough.**

この文の主語は thinking about it「それについて考えること」です。it は前文の creating a peaceful world を指しています。

Unit 3 音声の内容

Part 1 (教科書 p.33) の音声の内容

解答はp.47にあります。

ポイント 音声の内容は次の通りです。下線部に注意して，表の上の欄に日本の滞在期間を書き，下の欄には話の内容に合う情報を選んで書きましょう。

(1)

Eri : Excuse me. May I ask you some questions?
(失礼ですが，いくつか質問してもいいですか。)

Jenny : Sure. (いいですよ。)

Eri : I'm Goto Eri from Honcho Junior High School. May I have your name, please?
(本町中学校の後藤絵里です。お名前を教えていただいてもよろしいですか。)

Jenny : My name is Jenny. (私の名前はジェニーです。)

Eri : Where are you from, Jenny? (ジェニーさんはどちらのご出身ですか。)

Jenny : I'm from Canada. (カナダから来ました。)

Eri : How long have you been in Japan? (日本に来てどのくらいになりますか。)

Jenny : I've been here for three years. (3年になります。)

Eri : Three years? What do you do here? (3年？　日本では何をしているのですか。)

Jenny : I'm a teacher. I teach English at a high school. (先生です。高校で英語を教えています。)

Eri : Oh, you're an English teacher. Great. I like English. Where do you live?
(わあ，英語の先生なんですね。いいですね。私は英語が好きです。どこに住んでいますか。)

Jenny : I live here in Hiroshima. (広島に住んでいます。)

Eri : How long have you lived in Hiroshima? (広島にはいつから住んでいますか。)

Jenny : Since last year. When I came to Japan, I lived in Osaka first. Then I moved here last year. (去年からです。日本に来たとき，最初は大阪に住んでいました。それから，去年ここに引っ越してきました。)

Eri : Do you enjoy life in Japan? (日本での生活は楽しいですか。)

Jenny : Yes. I like teaching English here. I like my students, too. So I'm really enjoying my life in Japan. (はい。ここで英語を教えるのが好きです。生徒たちも好きです。だから，日本での生活をとても楽しんでいます。)

Eri : I'm glad to hear that. Thank you for your time, Jenny.
(それを聞けてよかったです。ジェニーさん，お時間をとっていただき，ありがとうございました。)

Jenny : You're welcome. (どういたしまして。)

(2)

Eri : Hello. (こんにちは。)

Antonio : Hi. (こんにちは。)

Eri : Do you have time for some questions?
(ちょっと質問したいことがあるのですが，時間はありますか。)

Antonio : Sure. Go ahead. (もちろん。どうぞ。)

Eri : I'm Goto Eri from Honcho Junior High School. May I have your name, please?
(私は本町中学校の後藤絵里です。お名前を教えていただいてもよろしいですか。)

Antonio : My name is Antonio. (私の名前はアントニオです。)

Eri : Where are you from, Antonio? (アントニオさんはどちらのご出身ですか。)

Antonio : I'm from Venezuela. (ベネズエラです。)

Eri : How long have you been in Japan? (日本に来てどのくらいになりますか。)

Antonio : For five years. (5年です。)

Eri : For five years already! Great. What do you do here?
(5年もいらっしゃるんですか！ すごいですね。日本では何をしていますか。)

Antonio : I'm a cook. I work in a Japanese restaurant.
(料理人です。日本料理店で働いています。)

Eri : Sounds interesting! Where do you live? (おもしろそうですね！ どちらにお住まいですか。)

Antonio : I live here in Hiroshima. (ここ，広島です。)

Eri : Have you seen any local baseball games? (地元の野球を見たことはありますか。)

Antonio : Yes, of course. I'm a big baseball fan. (もちろんです。大の野球ファンです。)

Eri : How long have you been a baseball fan? (いつから野球が好きなんですか。)

Antonio : Since childhood. Baseball is very popular in my home country. There are even some professional baseball players from Venezuela in Japan. (子供の頃からです。私の母国では野球はとても人気があります。日本にはベネズエラ出身のプロ野球選手もいます。)

Eri : I didn't know that. Thank you for your time, Antonio.
(それは知りませんでした。アントニオさん，お時間をとっていただき，ありがとうございました。)

Antonio : You're welcome. (どういたしまして。)

(3)

Eri : Hi. (こんにちは。)

Bella : Hi. Are you a junior high school student? (こんにちは。中学生ですか。)

Eri : Yes, I am. I'm on a school trip, and I'm doing some interviews with tourists from foreign countries. May I ask you some questions? (はい，そうです。今，修学旅行中で，外国からの観光客にインタビューをしているんです。いくつか質問してもいいですか。)

Bella : Sure. Go ahead. (ええ。どうぞ。)

Eri : I'm Goto Eri from Honcho Junior High School. May I have your name, please?
(本町中学校の後藤絵里です。お名前を教えていただいてもよろしいですか。)

Bella : My name is Bella. (私はベラです。)

Eri : Where are you from, Bella? (ベラさんは，どちらのご出身ですか。)

Bella : I'm from Australia. (オーストラリアです。)

Eri : How long have you been in Japan? (日本に来てどのくらいですか。)

Bella : I've been here for a week. (1週間です。)

Eri : Only a week? Are you a tourist? (たった1週間？ あなたは観光客ですか。)

Bella : Yeah. I've wanted to visit Japan for a long time. So I'm very happy to be here.
(ええ。ずっと前から日本に行きたいと思っていました。だから，来られてとてもうれしいです。)

Eri : I'm glad to hear that. Why did you want to come to Japan?
(それをお聞きしてうれしいです。どうして日本に来たいと思ったのですか。)

Bella : I have a friend in Japan. I wanted to see her.
(日本に友達がいます。彼女に会いたかったからです。)

Eri : Is she Japanese? (お友達は日本人ですか。)

Bella : Yes, she is. Her name is Akemi. (はい，そうです。名前はアケミといいます。)

Eri : How long have you known her? (彼女と知り合ってどのくらいですか。)

Bella : Well, she stayed with my family when we were both high school students. I've known her since then. So for about ten years. Look. There she is over there. She's getting some ice cream. (そうですね，私たちが高校生の頃，彼女は私の家族といっしょに住んでいました。そのときから知っています。だから，10年くらいでしょうか。見てください。彼女はあそこにいます。アイスクリームを買っています。)

Eri : Oh, I can see her. OK, thank you for your time, Bella. Enjoy your stay. (あっ，見えました。じゃあ，ベラさん，お時間をとっていただき，ありがとうございました。楽しんでくださいね。)

Bella : Thanks. (ありがとうございます。)

Part 2 (教科書 p.35) の音声の内容

解答はp.49にあります。

ポイント　音声の内容は次の通りです。下線部に注意して，話の内容と合っていたらT，違っていたらFを（　）に書きましょう。

Tina : Hi, mom. This is Tina. （もしもし，ママ。ティナよ。）
Ms. Rios : Oh, hi, Tina. Are you calling from Hiroshima?
（あら，ティナ。広島から電話しているの？）
Tina : Yes. How's everyone? （うん。みんな，元気？）
Ms. Rios : Fine. Nick's studying in his room. He has been studying for two hours.
（元気よ。ニックは部屋で勉強しているわ。2時間も勉強しているのよ。）
Tina : Two hours? Are you sure he hasn't been reading manga?
（2時間も？　本当に漫画を読んでいないの？）
Ms. Rios : No. I'm sure he's been studying. He has a test tomorrow.
（読んでないわ。勉強しているのは間違いないわよ。明日テストがあるのよ。）
Tina : Oh, I see. Where's Dad? （なるほどね。パパは？）
Ms. Rios : He's cooking in the kitchen. He's making a beef stew.
（キッチンで料理をしているわ。ビーフシチューを作っているの。）
Tina : Wow. I love Dad's beef stew. It's so good.
（うわー。パパのビーフシチュー大好き。おいしいから。）
Ms. Rios : Yeah. But it takes a long time to make, so he's been cooking since early this afternoon. By the way, how's your trip? Are you enjoying it? （ええ。でも作るのに時間がかかるから，お昼過ぎからずっと作っているの。ところで，旅行はどう？　楽しんでいる？）
Tina : Yes. I went to the Peace Memorial Park today. It was interesting and shocking.
（うん。今日は平和記念公園に行ってきたよ。興味深かったし，衝撃的だった。）
Ms. Rios : I see. How's the weather in Hiroshima? （そう。広島の天気はどう？）
Tina : It's been raining since this morning. But it's not too bad. I think it'll be nice tomorrow. （今日は朝から雨が降ってる。でも，そんなに悪くないよ。明日は晴れると思う。）
Ms. Rios : How are your friends doing? （お友達はどう？）
Tina : They're all fine. Kota and Hajin have been playing cards in their room.
（みんな元気だよ。コウタとハジンは部屋でトランプをしているよ。）
Ms. Rios : I bet they're having fun. How about Eri? （きっと楽しんでいるでしょうね。絵里はどう？）
Tina : She's been talking with her friends. They've been talking about their boyfriends.
（友達と話しているよ。みんな彼氏の話をしているの。）
Ms. Rios : Exchanging secrets, I guess! （秘密を交換しているのね！）
Tina : Yes, of course. And I'm about to join them!
（うん，もちろん。私もその仲間入りをするところだよ！）
Ms. Rios : OK. Bye, then. Take care, Tina. Love you!
（わかったわ。じゃあ，気をつけてね，ティナ。愛してるわ！）

Part 3 (教科書 p.37) の音声の内容

解答はp.51にあります。

ポイント　音声の内容は次の通りです。下線部に注意して，(1) ～ (4) について Kota がどう思っているか，当てはまるものを線で結びましょう。

(1)
Tina : Kota, what happened to your finger? Are you OK? （コウタ，指どうしたの？　大丈夫？）

Kota : Yes, but last night, my mother was out, so I had to prepare dinner for myself. I tried to make some *miso* soup, and I cut my finger with a knife.
(うん。昨夜は母が留守だったから，自分で夕飯の支度をしなければならなかったんだ。味噌汁を作ろうとしたら，包丁で指を切っちゃって。)

Tina : Oh, that's too bad. Do you like cooking? (まあ，それは大変ね。料理するのが好きなの？)

Kota : No, I don't. It's hard for me to make a nice meal. I want to get better at cooking, but I need a lot more practice. (いいや，好きじゃない。ぼくにはおいしく作るのが難しいんだ。料理はもっと上手になりたいけど，かなり練習しないと。)

(2)

Tina : What are you reading, Kota? (何を読んでるの，コウタ？)

Kota : "The Door into Summer." It's a science fiction novel written by Robert A. Heinlein.
(『夏への扉』。ロバート・A・ハインラインのSF小説だよ。)

Tina : Oh, I know it. I thought it was really good. You like reading, right?
(ああ，知ってる。すごくいいと思った。読書が好きだよね。)

Kota : Yes. I often get books from the library. My father says young people should read more. I think it's necessary for me to read books.
(好きだよ。よく図書館で本を借りるんだ。父が「若い人はもっと本を読むべきだ」と言っていて。本を読むことは，ぼくにとって必要なことだと思うから。)

Tina : I agree. Reading is really important. (同感だな。読書は本当に大切だよね。)

(3)

Kota : Hey, I went to an animal park last weekend. It was great fun.
(ねぇ，先週末に動物公園に行ってきたよ。すごく楽しかった。)

Tina : What did you like doing there? (どんなことが気に入ったの？)

Kota : Everything ... but I especially liked the horse riding. (全部……でも特に好きだったのは乗馬。)

Tina : Oh, you rode a horse? (えっ，馬に乗ったの？)

Kota : Yeah. (そうだよ。)

Tina : I tried that once, but I didn't enjoy it. It's scary.
(1回やってみたけど，楽しくなかった。こわいんだよね。)

Kota : No! It's exciting to ride a horse. Maybe I can help you. Come with me next time.
(そんなことないよ！　馬に乗るのはわくわくするよ。手伝ってあげるから，今度はいっしょに行こうよ。)

(4)

Kota : Can you help me, Tina? (ティナ，手伝ってくれる？)

Tina : Sure. What's the matter? (いいよ。どうしたの？)

Kota : I have to write a letter in English. It's a letter to the students in our sister school. I'm trying to write a good letter that's interesting, but it's difficult.
(英語で手紙を書かないといけないんだ。姉妹校の生徒に送る手紙なんだよ。おもしろくていい手紙を書こうと思っているんだけど，難しいんだ。)

Tina : OK. I'll help you. (わかった。手伝うよ。)

Kota : Great. Thanks. (よかった。ありがとう。)

Tina : No problem. Writing a letter in a foreign language is always difficult.
(いいよ。外国語で手紙を書くのは難しいものね。)

Kota : Yeah, I know. It's important for me to learn English.
(そうなんだ。英語を学ぶことは大事なことだけどね。)

Tina : That's right. (その通り。)

Goal 手記を読んで，感想を発表しよう

教科書 38ページ

Peace can't be built by words alone.

（平和は言葉だけでは実現できない。）

I became a peace volunteer because of my daughter's questions.

（私は，娘からの質問がきっかけでピースボランティアになりました。）

I was born and brought up in Hiroshima, and I learned about the A-bombing at school.

（私は生まれも育ちも広島で，原爆投下について学校で学びました。）

However, when my daughter asked me some questions about it, (1) I found that I couldn't answer in my own words.

（しかし，娘が私に原爆投下についての質問をしてきたとき，自分自身の言葉で答えることができないということに気がつきました。）

I decided to learn about the A-bombing of Hiroshima again.

（私は広島への原爆投下についてもう一度学ぶことを決めました。）

(2) I wanted to pass down my own words to younger people, such as my daughter.

（娘のような若い人たちに，自分自身の言葉を伝えていきたかったのです。）

(3) I am not an A-bomb survivor.

（私は被爆者ではありません。）

(3) So at first it was difficult for me to talk about the A-bombing without personal experience.

（したがって当初は，個人的な経験なしに原爆投下について話すのが大変でした。）

Then one day I learned about Mr. Floyd Schmoe.

（そしてある日，私はフロイド・シュモー氏について知りました。）

He was an American, so he had no A-bomb experience.

（彼はアメリカ人だったので，被爆体験はありませんでした。）

But (4) he thought of survivors and sensed their pain as his own.

（しかし，彼は被爆者のことを思い，彼らの痛みを自分自身の痛みとして感じました。）

He collected money and came to Hiroshima to help A-bomb survivors.

（彼はお金を集め，被爆者を助けるために広島へやってきました。）

His action became a big inspiration for me.

（彼の行動は私にとって大きな刺激となりました。）

I have been learning from him and acting as a peace volunteer since then.

（それ以来，私は彼から学び続け，ピースボランティアとして行動し続けています。）

I'd like to introduce his words to you — (5) "Peace can't be built by words alone. Action must be taken."

（彼の言葉をみなさんにご紹介したいと思います——「平和は言葉だけでは実現できない。行動を起こさなければならない。」）

[176 words]〔176語〕

New Words 単語と語句 アクセントの位置に注意して，声に出して発音しよう。

- □ **alone** [əlóun] 副 ～だけで，1人で，単独で
- **bring** → □ brought [brɔ́ːt] 動 bring の過去形，過去分詞
- □ A-bomb(ing) [éibàm(iŋ)] 名 〔atomic bomb(ing) の略〕
- □ *find* [fáind] 動 ～であるとわかる，思う
- □ *own* [óun] 形 〔代名詞的に〕自分自身のもの
- □ **without** [wiðáut] 前 ～を持たずに，～なしで
- □ **personal** [pə́ːrsənl] 形 個人的な，本人自身の
- □ Floyd Schmoe 名 フロイド・シュモー
- □ American [əmérikən] 名 アメリカ人
- □ sense(d) [séns(t)] 動 ～を感じる
- □ pain [péin] 名 苦痛，苦しみ，痛み
- □ **collect(ed)** [kəlékt(id)] 動 ～を集める，募る
- □ **money** [mʌ́ni] 名 金，金銭
- □ *act* [ǽkt] 動 行動する
- □ inspiration [ìnspəréiʃən] 名 激励〔鼓舞，感化，刺激〕する人〔物〕
- **take** → □ taken [téikən] 動 take の過去分詞
- □ bring up ～ ～を育てる
- □ pass down ～ （知識など）を（次の世代へ）渡す
- □ think of ～ ～を思い浮かべる，～について考える

Reading 1. 次のことについて述べている文に線を引きましょう。

(1) 西村さんが，娘に質問されて気づいたこと
(2) 西村さんが，ピースボランティアになろうと思ったときの気持ち
(3) 西村さんが，原爆について話すのが難しかった理由
(4) Mr. Floyd Schmoe が，生き残った被爆者について感じたこと
(5) 西村さんが紹介した Mr. Floyd Schmoe の言葉

Speaking この手記を読んで考えたことや感じたことを，その理由などといっしょに発表しましょう。

1. 自分の考えや感想を整理して，発表のためのメモを作りましょう。

解答例

考えや感想	I think that we have to act for peace in the world.（私は，私たちは世界平和のために行動しなければならないと思います。）
理由	It is because that peace can't be built by words alone.（なぜなら，平和は言葉だけでは実現できないからです。）
心に残った言葉など	"Peace can't be built by words alone. Action must be taken."

- Mr. Floyd Schmoe is ....（フロイド・シュモーさんは…。）
- sensed the pain of others as ...（…として他人の痛みを感じた）
- Peace can't be built by ....（…によって平和は実現できない。）
- we have to act for ...（…のために私たちは行動しなければならない）
- if we have no experience ...（もし私たちに経験がなければ…）
- my own words（私自身の言葉）

2. グループごとにそれぞれ発表し，お互いのよかったところを伝え合いましょう。

A： I think ....（私は…と思います。） I was impressed by ....（私は…に感動しました。）
It is because ....（なぜなら…だからです。） I want to ....（私は…したいです。）

解答例 発表：I think that we have to act for peace in the world.
（私は，私たちは世界平和のために行動しなければならないと思います。）
It is because that peace can't be built by words alone.
（なぜなら，平和は言葉だけでは実現できないからです。）
I was impressed by Mr. Floyd Schmoe's words, "Peace can't be built by words alone. Action must be taken." （私はフロイド・シュモーさんの言葉「平和は言葉だけでは実現できない。行動を起こさなければならない。」に感動しました。）

コメント：Your good point was to speak in your own words.
（あなたのよかったところは，あなた自身の言葉で話したことだ。）

CAN-DO 文章から，人物の経験や心情などを読み取ることができる。 ▸▸CAN-DO List (R-2)
CAN-DO 読んだ文章について，感じたことなどを発表することができる。 ▸▸CAN-DO List (SP-3)

現在完了形 / 現在完了進行形 (過去とつながりのある現在の状態を伝える言い方)

● 場面と意味

(1) *Hajin :* Look! The tram hasn't left yet. (ほら！ 路面電車はまだ出発してないよ。)
(2) *Kota :* I've never seen such a beautiful sunset. (こんなにきれいな夕焼け，これまで一度も見たことないよ。)
(3) *Ms. Nishimura :* The dome has been like this for over 70 years.
(ドームは70年以上もの間，ずっとこのような状態のままです。)
(4) *Tina :* I've been thinking about our trip to Hiroshima. (広島への修学旅行について，ずっと考えているの。)

Think (例) (1) 現在の状況を伝えている。 (2) 自分の経験を伝えている。
(3) 現在まで同じ状態であることを伝えている。 (4) 現在まで考え続けていることを伝えている。

● 文の形

現在完了形 〈have [has] ＋過去分詞〉

1 動作や行為が終わっている〈完了〉 ▶Unit 2-1 2-2

肯定文	I **have** *already* **finished** my English homework. (私はもう英語の宿題を終わらせました。)
疑問文	**Have** you **finished** your math homework *yet*? (あなたはもう数学の宿題を終わらせましたか。) — Yes, I **have**. / No, I **haven't**. / No, **not** *yet*. (はい，終わらせました。/いいえ，終わらせていません。/いいえ，まだです。)
否定文	I **have not** **finished** my math homework *yet*. (私はまだ数学の宿題を終わらせていません。)

yesterday や last year など，はっきり過去を表す語句は，現在完了形といっしょに使えません。

2 現在までに経験している〈経験〉 ▶Unit 2-3

肯定文	I **have** **seen** this movie *once*. (私はこの映画を一度見たことがあります。)
疑問文	**Have** you *ever* **seen** that movie? (あなたはあの映画を見たことがありますか。) — Yes, I **have**. / No, I **haven't**. / No, *never*. (はい，あります。/いいえ，ありません。/いいえ，一度もありません。)
否定文	I **have** *never* **seen** that movie. (私はあの映画を一度も見たことがありません。)

3 ある状態が過去から現在まで続いている〈継続〉 ▶Unit 3-1

肯定文	Kota **has known** Eri *for* 12 years. (コウタは絵里と知り合って12年です。)
疑問文	How long **has** Kota **known** Eri? (コウタは絵里と知り合ってどのくらいですか。) — *For* 12 years. / *Since* he was three. (12年です。/彼が3歳のときからです。)

現在完了進行形 〈have [has] been＋動詞の -ing 形〉

4 動作や行為が過去から現在まで続いている ▶Unit 3-2

肯定文	It **has been raining** *for* three days. (3日間雨が降っています。)
疑問文	How long **has** it **been raining**? (雨が降ってどのくらいですか。) — *For* three days. / *Since* yesterday morning. (3日間です。/昨日の朝からです。)

▶短縮形

I have	**I've**
we have	**we've**
you have	**you've**
he has	**he's**
she has	**she's**
it has	**it's**
they have	**they've**
have not	**haven't**
has not	**hasn't**

よく使う語	
● just	ちょうど
● already	もう
● yet	〔疑問文で〕もう，〔否定文で〕まだ

よく使う語	
● before	以前
● once	一度
● ever	これまでに
● never	一度も～ない

よく使う語	
● for ～	～の間
● since ～	～以来

よく使う語	
● for ～	～の間
● since ～	～以来

● 比べてみよう 下の2つの文は，内容にどんな違いがありますか。

Tina **left** her camera on the tram yesterday. (ティナは昨日，路面電車に彼女のカメラを置き忘れました。)
Tina **has left** her camera on the tram. (ティナは路面電車に彼女のカメラを置き忘れてきました。)
(例) 2つ目の文は，カメラを置き忘れてしまった結果，「今カメラが手元にない」という状態を伝えている。

Grammar Hunt Unit 2，3のストーリーを読み，現在完了形や現在完了進行形を使った文に○印を付けましょう。また，それらの文がどんな意味を表しているかを確かめましょう。
解答例 Unit 2 Part 1 *Hajin* : We have finally arrived in Miyajima. 現在完了形〈完了〉

Words 単語と語句 アクセントの位置に注意して，声に出して発音しよう。

☐ *once* [wʌ́ns] 副 一度，1回

From the Diary of Kawamoto Itsuyoshi 河本聿美くんの日記より

Goal **Reading & Speaking** 日記から出来事や気持ちを読み取り，筆者について想像したことを伝え合うことができる。

Before You Read 戦争中，自分と同じ年頃の生徒たちは何を考え，どのような生活をしていたと思いますか。
(例) 戦争が早く終わって安心して学校へ行ったり，遊んだりしたいと考えていたと思う。食料不足で，とても貧しい生活をしていたと思う。

➡ 本文の解説はpp.67-68にあります。

April 4 (Wednesday), Sunny 4月4日（水），晴れ

① Today was a happy day for me.
今日はぼくにとってうれしい日だった。

② From today, I am going to commute to Nichū.
今日から，ぼくは二中に通うことになっている。

③ I went to Hiroshima on the 6:50 a.m. steam train.
午前6時50分の蒸気機関車で広島へ行った。

④ Unfortunately, it was delayed.
ついていないことに，汽車は遅れた。

⑤ I was worried, "What will happen to me?"
「ぼくに何が起こるのだろうか」と心配になった。

⑥ When I arrived at Nichū, the ceremony was already going on.
二中に到着したとき，式は既に始まっていた。

⑦ After I explained my delay, they let me in.
遅延について説明した後，中に入れてもらえた。

⑧ I sighed with relief.
ぼくはほっとしてため息をついた。

April 15 (Sunday), Sunny 4月15日（日），晴れ

⑨ Today is the third Sunday.
今日は第3日曜日だ。

⑩ I went to school and at last we started to study.
学校へ行き，ついに勉強が始まった。

⑪ We had English in the first hour, self-study in the second, history in the third, and math 2 (geometry) in the fourth hour.
1時間目は英語，2時間目は自習，3時間目は歴史，4時間目は数学2（幾何）だった。

⑫ I studied very hard.
ぼくは一生懸命勉強した。

April 30 (Monday), Sunny 4月30日（月），晴れ

⑬ For the first time, a bomb was dropped on the city of Hiroshima.
初めて広島市に爆弾が投下された。

⑭ It was just before I crossed Enko Bridge.
ちょうど猿猴橋を渡る前だった。

⑮ "Grr, thump, thump!" ⑯ What a frightening noise it made!
「ギー，ドシンドシン！」 なんて恐ろしい音を立てるんだ！

⑰ Then, a thick cloud of smoke rose up.
それからもうもうとした煙の厚い層が立ちのぼった。

⑱ I went there right away and saw a fire burning intensely.
ぼくはすぐさまそこへ行き，火が激しく燃えているのを見た。

July 6 (Friday) 7月6日（金）

⑲ Today was a work day. ⑳ In the morning, we dug holes to bury glass.
今日は作業の日だった。 午前中，ぼくたちはガラスを埋める穴を掘った。

㉑ At lunch, I ate a loquat. ㉒ Uehara gave it to me.
お昼にビワを食べた。 上原がそれをぼくにくれた。

㉓ I also ate some peas and a sweet potato.
豆とサツマイモも食べた。

㉔ During our rest time at lunch, we played hide-and-seek.
昼食の休憩時間に，ぼくたちはかくれんぼをした。

㉕ It was a lot of fun. ㉖ In the afternoon, we carried tree branches.
とても楽しかった。 午後に，ぼくたちは木の枝を運んだ。

Q. 1. What made Kawamoto worried on April 4?
（4月4日に河本くんを心配させたものは何ですか。）

A. (例) The delay of the steam train. （蒸気機関車が遅れたこと。）

2. When was a bomb dropped on Hiroshima for the first time?
（初めて広島に爆弾が落とされたのはいつでしたか。）

A. (例) It was dropped on April 30. （4月30日に落とされました。）

➡ 本文の解説はp.68にあります。

August 1 (Wednesday), 32 degrees 8月1日（水），32度

① Today we received our grades.
今日，ぼくたちは成績表を受け取った。

② My average was "excellent" and I was very happy.
ぼくの平均は「優」で，とてもうれしかった。

③ I received 10 yen and bought a toy-plane part (a winder) for five yen.
10円をもらって，5円でおもちゃの飛行機のパーツ（ワインダー）を買った。

④ Tomorrow we will work at road clearing in the east of Shin-Ohashi.
明日，ぼくたちは新大橋の東で道路清掃の作業をする。

August 2 (Thursday), Sunny, 32 degrees 8月2日（木），晴れ，32度

⑤ From today, we will do ten days of road clearing work.
今日から，10日間の道路清掃作業をする。

⑥ Today we tidied up the east side of Shin-Ohashi.
今日，ぼくたちは新大橋の東側をきれいに片づけた。

August 3 (Friday), Sunny, 30 degrees 8月3日（金），晴れ，30度

⑦ Today we worked again.
今日はまた作業をした。

⑧ On my way back home, it rained and I got wet through.
帰宅途中に雨が降り，ずぶぬれになった。

August 4 (Saturday), Sunny, 32 degrees 8月4日（土），晴れ，32度

⑨ Today we worked again.
今日はまた作業をした。

⑩ When I came home, we went out to buy rice bran, eggs, and rice, and then I went swimming.
帰宅して，ぼくたちは米ぬか，卵，米を買いに出かけ，それからぼくは泳ぎに行った。

⑪ We played *toriko* (the game of taking over the opponent's place) and I bought a packet of *sashi* (fish bait).
ぼくたちはとりこ（相手の陣地を乗っ取るゲーム）をして遊び，さし（魚のえさ）を1箱買った。

⑫ Tomorrow will be Sunday, but we will have Tuesday's lessons.
明日は日曜日だが，火曜日の授業がある予定だ。

⑬ Kawamoto's diary ends here. 河本くんの日記はここで終わっている。

⑭ On the fifth of August, he went to school and studied.
8月5日に，彼は学校へ行き勉強した。

⑮ On Monday the sixth of August, he went to work again at the work site east of Shin-Ohashi.
8月6日の月曜日，彼は再び新大橋の東にある作業現場に作業をしに行った。

[410 words] ［410語］

Q. 1. Why was Kawamoto very happy on August 1?
（なぜ8月1日に河本くんはとてもうれしかったのですか。）

A. (例) Because the average of his grades was "excellent."
（成績表の彼の平均が「優」だったから。）

2. 8月4日の最後の1文を書いた河本くんは，どのような気持ちだったでしょうか。

A. (例) 明日の授業を楽しみにする気持ち。

After You Read

日記の内容に合うように，＿＿に語句の続きを書いて，河本くんの生活を表にまとめましょう。

日付	出来事	感じたことなど	類似・相違
4/4（水）	・Kawamoto Itsuyoshi started to commute to Nichū.（河本聿美くんは二中に通い始めた。）	happy（うれしい）	（例）○
	・His train was delayed .（彼の汽車は遅れた。）	worried（心配した）	○
4/15（日）	・He had English , self-study , history , and math classes at school.（彼は学校で英語，自習，歴史，数学の授業を受けた。）		○
4/30（月）	・A bomb was dropped on Hiroshima City.（広島市に爆弾が投下された。）		×
7/6（金）	・He dug holes to bury glass.（彼はガラスを埋める穴を掘った。）		×
	・He played hide-and-seek during his rest time .（彼は休憩時間にかくれんぼをした。）	a lot of fun（とても楽しい）	○
8/1（水）	・He received his grades .（彼は成績表を受け取った。）	very happy（とてもうれしい）	○
	・He received 10 yen and bought a winder.（彼は10円をもらって，ワインダーを買った。）		△
8/2（木）	・He did road clearing work.（彼は道路清掃作業をした。）		×
8/3（金）	・He worked.（彼は作業をした。）		×
	・On his way home, it rained and he got wet.（帰宅途中，雨が降って彼はずぶぬれになった。）		△
8/4（土）	・He worked and did some other activities.（彼は作業をして，いくつかほかの活動を行った。）		×

Think

1. あなた自身の中学校生活との類似点・相違点を考えて出来事を以下に分類し，上の表の「類似・相違」の欄に記号を書きましょう。

○ 似た経験をしたことがある　△ 似ているようで，違う点もある　× 経験をしたことがない

2. 8月6日の8時15分を迎える前，河本くんの気持ちはどのようなものだったと思いますか。グループで話し合いましょう。

（例）いつも通りの日々が続くと当たり前に考えている気持ち。

New Words 単語と語句 アクセントの位置に注意して，声に出して発音しよう。

教科書 p.42

- ☐ commute [kəmjúːt] 動 毎日通う，通学［通勤］する
- ☐ steam [stíːm] 名 蒸気
- ☐ steam train [stíːm trèin] 名 蒸気機関車
- ☐ unfortunately [ʌnfɔ́ːrtʃənətli] 副 不運にも，あいにく
- ☐ delay(ed) [diléi(d)] 動 ～を遅らせる，遅延させる 名 遅れ，遅延
- ☐ **worried** [wə́ːrid] 形 心配して
- ☐ ceremony [sérəmòuni] 名 式典
- ☐ *after* [ǽftər] 接 ～した後に［で・の］
- ☐ sigh(ed) [sái(d)] 動 ため息をつく
- ☐ relief [rilíːf] 名 安心，安堵感
- ☐ happen to ～ ～に起こる，生じる
- ☐ go on 続く

New Words 単語と語句 アクセントの位置に注意して，声に出して発音しよう。

教科書 p.43

- □ *last* [lǽst] 名 結末，終わり
- □ self-study [sélfstʌ́di] 名 自習
- □ geometry [dʒiάmətri] 名 幾何〔数学の分野の1つ〕
- □ cross [krɔ́:s] 動 ～を渡る，横断する
- □ **bridge** [brídʒ] 名 橋
- Grr, thump, thump! [grr θʌ́mp θʌ́mp] ギー，ドシンドシン
- □ frightening [fráitniŋ] 形 ぞっとさせる
- □ **noise** [nɔ́iz] 名 音，物音，騒音
- □ *make* [méik] 動 ～を引き起こす
- □ **thick** [θík] 形 濃い，(空気が) 汚れた
- □ *cloud* [kláud] 名 雲状のもの
- □ **smoke** [smóuk] 名 煙
- □ rise [ráiz] 動 (煙・風船などが) 上がる
  → □ rose [róuz] 動 rise の過去形
- □ **fire** [fáiər] 名 火，炎
- □ burn(ing) [bə́:rn(iŋ)] 動 燃える
- □ intensely [inténsli] 副 激しく
- □ **dig** [díg] 動 ～を掘る
  → □ dug [dʌ́g] 動 dig の過去形，過去分詞
- □ **hole(s)** [hóul(z)] 名 穴
- □ bury [béri] 動 ～を (地中に) 埋める
- □ **glass** [glǽs] 名 ガラス
- □ loquat [lóukwɑt] 名 ビワ (の実)
- □ pea(s) [pí:(z)] 名 エンドウ豆
- □ **potato** [pətéitou] 名 ジャガイモ
- □ sweet potato [swí:t pətèitou] 名 サツマイモ
- □ hide-and-seek [háidənsí:k] 名 かくれんぼ
- □ **branch(es)** [brǽntʃ(iz)] 名 枝
- □ at last　ついに，ようやく，やっと
- □ for the first time　初めて
- □ rise up　立ちのぼる
- □ right away　すぐに，ただちに

New Words 単語と語句 アクセントの位置に注意して，声に出して発音しよう。

教科書 p.44

- □ **grade(s)** [gréid(z)] 名 (生徒の) 成績，評定
- □ average [ǽvəridʒ] 名 平均 (値)
- □ **excellent** [éksələnt] 形 優秀な，非常に優れた，(評点が) 優の
- □ **toy** [tɔ́i] 名 おもちゃ，玩具
- □ **plane** [pléin] 名 飛行機
- □ *part* [pά:rt] 名 部品，パーツ
- □ winder [wáindər] 名 ワインダー (おもちゃのパーツ)
- □ *for* [fɔ́:r/fər] 前 〔金額〕～で
- □ **road** [róud] 名 道路，道
- □ *east* [í:st] 副 東へ[に]
- □ *tidy* [táidi] 動 ～を片づける
- □ *up* [ʌ́p] 副 完全に，まったく
- □ *through* [θrú:] 副 まったく，すっかり
- □ bran [brǽn] 名 (穀類の) ふすま，ぬか
- □ rice bran [ráis brǽn] 名 米ぬか
- □ opponent [əpóunənt] 名 相手
- □ packet [pǽkit] 名 (小分けにした) 少量入りの袋
- □ bait [béit] 名 えさ
- □ **end(s)** [énd(z)] 動 終わる
- □ tidy up ～　～を片づける
- □ get wet through　びしょ濡れになる
- □ go out　外出する
- □ take over ～　～を乗っ取る
- □ a packet of ～　1袋の～

本文の解説 教科書 p.42

② **From today, I am going to commute to Nichū.**
I am going to ～は〈**be going to ＋動詞の原形**〉の形で，「**～する（予定だ）**」という意味です。to の後には動詞の原形が続きます。

③ **I went to Hiroshima on the 6:50 a.m. steam train.**
前置詞の **on** は「～によって，～で」という意味で，交通手段を表しています。

④ **Unfortunately, it was delayed.**
it は前文の steam train（蒸気機関車）を指しています。was delayed は〈**be動詞＋動詞の過去分詞**〉の形なので受け身の文です。be delayed で「遅れる」という意味です。

⑤ **I was worried, "What will happen to me?"**
happen to ～は，「**～に起こる，生じる**」という意味です。助動詞 will は単純未来を表しています。

⑥ **When I arrived at Nichū, the ceremony was already going on.**
when は「**～するとき**」という意味の時を表す接続詞です。**go on** は「**（行事などが）行われる**」という意味で，〈**be動詞＋動詞の-ing形**〉の形になっているので，進行形の文です。the ceremony was already going on で「式は既に行われていた→式は既に始まっていた」という意味になります。

⑦ **After I explained my delay, they let me in.**
〈**let ＋人～**〉で「**人に～させる**」という意味で，let me in は「私を中にさせる→私を中に入れる」という意味になります。

⑧ **I sighed with relief.**
この文の with は「～で」という意味で使われています。

本文の解説 教科書 p.43

⑩ **I went to school and at last we started to study.**
at last は，「**ついに，ようやく，やっと**」という意味を表します。**start [ed] to** ～は，後に動詞の原形が続いて「**～し始める [し始めた]**」の意味を表します。〈**start ＋動名詞**〉でも同様の意味を表します。

⑬ **For the first time, a bomb was dropped on the city of Hiroshima.**
for the first time は，「**初めて**」という意味です。was dropped on ～は「～に落とされた」という意味の受け身の文です。

⑭ **It was just before I crossed Enko Bridge.**
この文の **just** は「**ちょうど**」の意味で使われていて，just before ～で「ちょうど～する前」という意味になります。

⑯ **What a frightening noise it made!**
〈**What (a)～！**〉は「**なんて～なんだ！**」の意味で感嘆を表します。What a frightening noise it made! は「それ（爆弾）が作るのはなんて恐ろしい音なんだ！→なんて恐ろしい音を立てるんだ！」の意味になります。

⑰ **Then, a thick cloud of smoke rose up.**
then は「**それから，その後で**」という意味で使われていて，「a frightening noise（恐ろしい音）の後に，a thick cloud of smoke（もうもうとした煙の厚い層）が立ちのぼった」という意味になります。

⑱ **I went there right away and saw a fire burning intensely.**
right away は，「**すぐに，ただちに**」という意味です。burning は名詞（a fire）を修飾する動詞の -ing形です。intensely のように語句を伴っている場合は，後ろから名詞を修飾します。

⑳ In the morning, we dug holes to bury glass.
to bury glass の〈**to ＋動詞の原形**〉は「**～する（ための）**」の意味で，直前の holes（穴）を修飾する形容詞的用法の不定詞です。

㉒ Uehara gave it to me.
gave は give の過去形です。〈**give ＋目的語①（～に）＋目的語②（…を）**〉，もしくは〈**give ＋目的語②（…を）＋ to 目的語①（～に）**〉の形で「**～に…をあげる**」の意味を表します。ここでは me が目的語①，itが目的語②になっています。

㉔ During our rest time at lunch, we played hide-and-seek.
during は「**～のあるときに，～の間に**」と特定の期間を表す前置詞です。

㉕ It was a lot of fun.
a lot of ～は「**たくさんの～**」という意味で，a lot of fun は「とても楽しい」という意味を表しています。

本文の解説

教科書 p.44

④ Tomorrow we will work at road clearing in the east of Shin-Ohashi.
この文の**助動詞 will** は「**～だろう**」と未来を表しています。

⑤ From today, we will do ten days of road clearing work.
直訳すると「今日から，私たちは道路清掃の10日間をします。」になりますが，「今日から，10日間の道路清掃の作業をします。」としたほうが日本語として自然でしょう。

⑥ Today we tidied up the east side of Shin-Ohashi.
tidy up ～は，「**～を片づける**」という意味です。

⑧ On my way back home, it rained and I got wet through.
it rained の it は天候や明暗を表す主語なので，「それは」と訳しません。**get wet through** は，「**ずぶぬれになる**」という意味です。

⑩ When I came home, we went out to buy rice bran, eggs, and rice,and then I went swimming.
went は go の過去形で，**go out** は，「**外出する**」という意味です。to buy ～の〈**to ＋動詞の原形**〉は，「**～するために**」という意味で動詞を修飾する副詞的用法の不定詞です。

⑪ We played *toriko* (the game of taking over the opponent's place) and I bought a packet of *sashi* (fish bait).
take over ～は，「**～を乗っ取る**」という意味です。また，**a packet of** ～は，「**1袋の～**」という意味を表します。

⑫ Tomorrow will be Sunday, but we will have Tuesday's lessons.
この文の**助動詞 will** は「**～だろう**」という単純未来を表しています。

⑭ On the fifth of August, he went to school and studied.
日付の前には，**前置詞on** を使います。

⑮ On Monday the sixth of August, he went to work again at the work site east of Shin-Ohashi.
日付の前には，**前置詞on** を使います。to work は went[go] を修飾する副詞的用法の不定詞です。

出典　ISHIBUMI（広島テレビ放送（編）　クレアモント康子／ローマン・ローゼンバウム（訳）　ポプラ社刊）

Living With Animals 絶滅危惧種の現状やその原因について知ろう

Polar Bears（ホッキョクグマ）	Whale Sharks（ジンベイザメ）	Green Turtles（アオウミガメ）	Mountain Gorillas（マウンテンゴリラ）
Tigers（トラ）	Dugongs（ジュゴン）	African Elephants（アフリカゾウ）	Koalas（コアラ）

1. 絶滅危惧種についての説明を聞いて，＿＿に合う数字を書きましょう。

(1) About ＿500＿ animal species have become extinct in the last 100 years.
（この100年で約500種の動物が絶滅しました。）

(2) About ＿14,000＿ animal species are in danger.
（約14,000種の動物が危機に陥っています。）

(3) About ＿97＿% of tigers have disappeared in the last 100 years.
（トラの約97%が過去100年間で姿を消しています。）

2. 説明の続きを聞いて，動物が絶滅の危機に追い込まれる原因と，それによって絶滅の危機にある動物，その生息数をそれぞれ線で結びましょう。

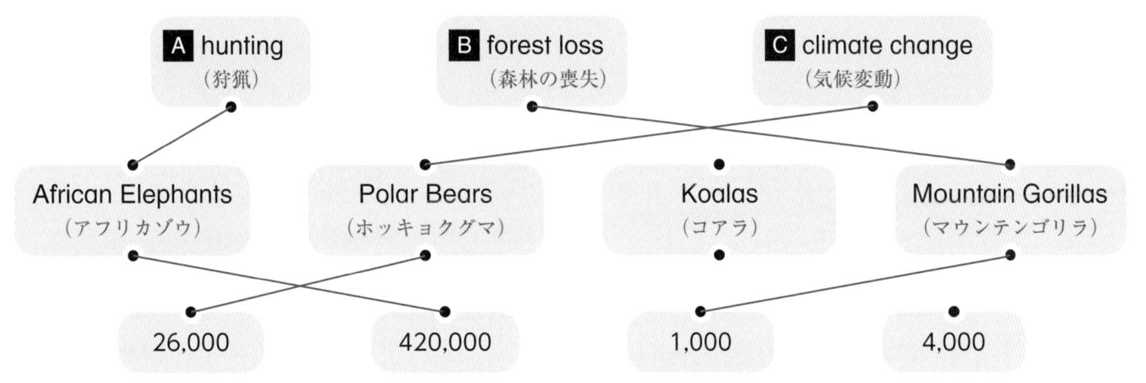

Think 絶滅の危機にある動物を守るために，どんなことができますか。友達と話し合いましょう。
（例）エコバッグや水筒を持ち歩くなど，環境に優しい活動をすること。

ポイント 音声の内容は次の通りです。

1.
Look at these pictures. You may see some of these animals at the zoo or in an aquarium. Did you know they are endangered species? That is, they may soon disappear from the world. If we don't protect them, we won't be able to see them on the earth in the future. Many species have become extinct. For example, dinosaurs became extinct a long, long time ago. That's why we can never see a dinosaur in the wild. So, how many species have disappeared in the last 100 years? The number is nearly 500. About 500 species have become extinct in the last 100 years. Today, about 14,000 animal species are in danger. For example, tigers are in danger of disappearing from the world. How many tigers are there in the world now? The number is about 3,900. Many tigers once lived in Asia. However, about 97% of them have disappeared in the last 100 years.

(これらの写真を見てください。動物園や水族館で見かけることがあるかもしれません。これらの動物が絶滅危惧種であることを知っていましたか。つまり，もうすぐ世界から消えてしまうかもれないということです。私たちが保護しなければ，将来，地球上で見ることができなくなってしまうでしょう。多くの種が絶滅してしまいました。たとえば，恐竜はかなり前に絶滅しました。だから野生の恐竜を見ることができないのです。では，この100年で消えた種はどれくらいあるのでしょうか。その数は500種近くになります。この100年間で約500種が絶滅しています。現在，約14,000種の動物が危機に瀕しています。たとえば，トラは絶滅の危機に瀕しています。今，世界には何頭のトラがいるのでしょうか。その数は約3,900頭です。かつては多くのトラがアジアに住んでいました。しかし，そのうちの約97%が，この100年で姿を消してしまいました。)

2.

So, why do animals go extinct? There are three main reasons. The first reason is hunting. For example, many African elephants have been killed by hunting. The hunters want to get ivory and sell it. The population of African elephants is about 420,000 now. That is less than one third of the number 40 years ago. The second reason is forest loss. Mountain gorillas live in the forests of Central Africa. However, people cut down trees to make farmland, and many of the forests have been lost. Gorillas are losing their forest homes. The population of Mountain Gorillas is about 1,000 now. The number has increased a little, but the mountain gorilla is still in danger. The third reason is climate change. Polar bears live on the sea ice of the Arctic Ocean. They walk around on the sea ice and hunt for food. But the sea ice is melting because of climate change. Without the sea ice, polar bears cannot get enough food. The population of polar bears is about 26,000 now. We humans share the Earth with many other animals. We need to save endangered species. What can we do?

(では，なぜ動物は絶滅してしまうのでしょうか。その理由は主に3つあります。1つ目の理由は狩猟です。たとえば，アフリカゾウの多くは狩猟によって殺されています。猟師は象牙を手に入れて売りたいのです。現在のアフリカゾウの個体数は約42万頭です。40年前の3分の1以下です。2つ目の理由は森林の喪失です。中央アフリカの森にはマウンテンゴリラが住んでいます。しかし，人が農地を作るために木を伐採してしまい，多くの森が失われてしまいました。ゴリラは森の家を失いつつあります。マウンテンゴリラの個体数は現在約1,000頭です。少し増えましたが，マウンテンゴリラはまだ危険な状態です。3つ目の理由は気候変動です。ホッキョクグマは北極海の海氷の上に住んでいます。彼らは海氷の上を歩き回り，食料を求めて狩りをしています。しかし，気候変動の影響で海氷が溶けてきています。海氷がなければ，ホッキョクグマは十分な食料を得ることができません。現在，ホッキョクグマの個体数は約26,000頭です。私たち人間はほかの多くの動物と地球を共有しています。絶滅の危機に瀕している種を救わなければなりません。私たちにできることは何でしょうか。)

New Words **単語と語句** アクセントの位置に注意して，声に出して発音しよう。

- □ polar [póulər] 形 極地の
- □ shark(s) [ʃáːrk(s)] 名 サメ
- □ African [ǽfrikən] 形 アフリカ（産）の
- □ **elephant(s)** [éləfənt(s)] 名 ゾウ
- □ species [spíːʃiːz] 名 （分類上の）種
- □ extinct [ikstíŋkt] 形 絶滅した，死滅した
- □ danger [déindʒər] 名 危険，危険状態
- □ **disappear(ed)** [dìsəpíər(d)] 動 消滅する，なくなる，いなくなる
- □ loss [lɔ́ːs] 名 失うこと，減少
- □ climate [kláimət] 名 気候
- □ *change* [tʃéindʒ] 名 変化，変動
- □ climate change [kláimət tʃèindʒ] 名 気候変動
- □ in danger 危険な状態の，危機に陥って

You Can Do It! 1

教科書 48～49ページ

「過去」と「現在」の相違点を挙げよう

あなたは，町の歴史について調べている町博士のアシスタントを務めることになりました。
過去と現在の相違点を知るだけでなく，未来の予想をするのがあなたの仕事です。

Listening 町博士は，東京の渋谷駅前の交差点の歴史を調べました。教科書p.48の写真について話そうと準備したメモを見ながら，博士が話したことに ✓ を付けましょう。

Shibuya Crossing in 1955 (1955年の渋谷交差点)	Shibuya Crossing Now (現在の渋谷交差点)

✓ buildings（建物）

 shop signs（店の看板）

 people（人々）

 traffic（交通）

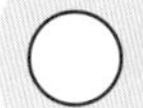 Hachiko statue（ハチ公像）

Speaking グループになって，教科書pp.48-49の渋谷交差点の過去と現在の写真を見比べて，相違点を挙げましょう。いちばん多く挙げられたグループはどこでしょうか。

解答例 違う点：In 1955, the buildings were much smaller than they are today.
（1955年は，今よりもずっと建物が小さかったです。）

New Words 単語と語句 アクセントの位置に注意して，声に出して発音しよう。

- ☐ crossing [krɔ́:siŋ] 名 交差点
- ☐ **traffic** [trǽfik] 名 （車の）往来，交通（量）
- ☐ *sign* [sáin] 名 看板，標識

Thinking 今から50年後の渋谷交差点は，どのように変化するでしょうか。
3つ挙げ，その変化によって良くなること・悪くなることについて考えましょう。

解答例

変化	良くなること	悪くなること
The buildings will become larger. （建物がより大きくなるだろう。）	There will be more shops. （店がより増えるだろう。）	It will be difficult to find shops. （どこに店があるかわかりにくくなるだろう。）
Shop signs will be written in various languages. （店の看板がいろいろな国の言葉で書かれるようになるだろう。）	It will be easy for tourists from abroad to find shops. （外国から来た観光客にとって店を見つけやすくなるだろう。）	It will be hard to read shop signs. （看板が読みづらくなるだろう。）
There will be more foreigners. （外国人がより増えるだろう。）	It will become an international city. （国際的な都市になるだろう。）	Trains and buses will be crowded. （電車やバスが混むだろう。）

I think ....（私は…と思います。）
The city will be ....（都市は…になるでしょう。）
The people will ....（人々は…でしょう。）

Speaking グループになって，意見を交換しましょう。いちばんおもしろいと思った意見を下に書きましょう。

ポイント 音声の内容は次の通りです。

Hello, everyone. I've been studying the history of towns in Japan. I was born in Shibuya and grew up there. I have lived there for more than fifty years. Today let me introduce the history of my area.
（みなさん，こんにちは。私は日本の町の歴史を勉強しています。私は渋谷で生まれ育ちました。50年以上住んでいます。今日は私の住んでいる地域の歴史を紹介します。）

Look at this picture. It's Shibuya Crossing in 1955. It's very different now. There are many different points. Can you find them?
（この写真を見てください。1955年の渋谷交差点です。今はだいぶ変わっていますね。いろいろ変わったところがあります。見つけられますか。）

First, in 1955, there was not so much traffic on the roads. Most people didn't have a car in those days. They used buses as a means of transportation. So you can't see many cars.
（まず，1955年当時は道路の交通量がそれほど多くありませんでした。当時はほとんどの人が車を持っていませんでした。彼らは移動手段としてバスを使っていました。ですから，車はあまり見られませんね。）

Next, look at the buildings along the streets. In 1955, they were much smaller than they are today. Many of them were made of wood.
（次に，通り沿いの建物を見てください。1955年は今よりもずっと建物が小さかった。その多くは木造でした。）

Next, look at the shop signs. Most of the signs were written in *kanji*. You can see many English words on signs these days. But in 1955, you didn't see many.
（次に，お店の看板を見てみましょう。看板のほとんどが漢字で書かれていました。最近では英語の看板もよく見ます。しかし，1955年にはあまり見かけませんでした。）

And last, look at the people. There were a lot of people in Shibuya, but the number was not so great as it is today. In 1955, the population of Tokyo was about eight million. Now it's more than thirteen million.
（そして最後に，人を見てください。渋谷にはたくさんの人がいましたが，その数は今ほどではありませんでした。1955年の東京の人口は約800万人でした。今は1300万人を超えています。）

Can you see the difference between the old Shibuya and the new Shibuya? The town has changed a lot in fifty years. It will be changing for the next fifty years. What kind of town will it be? Can you guess?
（昔の渋谷と新しい渋谷の違いがわかりますか。この50年で町は大きく変わりました。これからの50年も変わっていくでしょう。将来どんな町になっているでしょうか。予想できますか。）

ふり返り 「過去」と「現在」の相違点を挙げることができるかな。

まだできない　助けがあればできる　ひとりでできる　自信をもってできる

CAN-DO List (L-2) (SP-2)

教科書 51ページ 教科書二次元コード

Goal

Reading

投稿文から，それぞれの意見の要点を読み取ることができる。

Writing

読んだ投稿文について，感想や自分の意見を書くことができる。

AI技術と言語

AI Technology and Language

教科書p.51の写真を見て，ストーリーを予測する

- About You Do you use any AI device in your daily life?
  (あなたは日常で何かAI機器を使っていますか。)

  (例) Yes. I use a smartphone. (はい。スマートフォンを使っています。)

- What kind of opinion do they have about AI?
  (彼らはAIについてどんな意見をもっていますか。)

  (例) They think AI is useful.
  (AIは役に立つと考えています。)

Word Board

- cleaning robot (掃除ロボット)
- drone (ドローン〔無線操縦の無人機〕)
- smartphone (スマートフォン)

ストーリーのおおまかな内容をつかむ

1. 教科書p.51の写真を見て，音声を聞き，話に出たものに ✓ を付けましょう。

2. 映像を見て，内容を確かめましょう。

New Words **単語と語句** アクセントの位置に注意して，声に出して発音しよう。

- ☐ **AI** [éiái] 名 人工知能〔artificial intelligence の略〕
- ☐ **technology** [teknálədʒi] 名 科学技術
- ☐ **daily** [déili] 形 毎日の，日々の
- ☐ **robot** [róubət] 名 ロボット
- ☐ **drone** [dróun] 名 ドローン〔無線操縦の無人機〕
- ☐ **smartphone** [smá:rtfòun] 名 スマートフォン

Part 1 AIの進化

教科書 52ページ 

本文の解説はp.80にあります。

Q. AIの技術は，どのような機器に活用されていますか。

A. (例) 音声命令に応答するスマートフォンや掃除ロボットなど。

① AI technology has made great progress lately.
AI技術は近頃大きな進歩を遂げている。

② It has become a part of our daily lives.
それは私たちの日常生活の一部になっている。

③ For example, the Internet search engines use AI technology.
たとえば，インターネットの検索エンジンはAI技術を利用している。

④ Smartphones which respond to voice commands are common these days.
音声命令に応答するスマートフォンは最近では一般的である。

⑤ Robots which automatically clean your house have become popular.
家の中を自動で掃除するロボットは人気となっている。

⑥ These all use AI technology.
これらはすべてAI技術を利用している。

⑦ Translation software also uses AI technology.
翻訳ソフトウェアもまた，AI技術を活用している。

⑧ It can come up with the best translation by using AI technology.
AI技術を使って最適な翻訳を提案することができる。

⑨ It is becoming common.
それは一般的になりつつある。

⑩ In the near future, AI will help us communicate with people all over the world quite easily.
近い将来，AIは，私たちが世界中の人々ととても簡単にコミュニケーションをとるのに役に立つだろう。

New Words 単語と語句

アクセントの位置に注意して，声に出して発音しよう。

- □ progress [prάgres] 名 進歩，発達
- life → □ lives [láivz] 名 life の複数形
- □ search [sə́ːrtʃ] 名 (情報) 検索，サーチ
- □ engine(s) [éndʒin(z)] 名 エンジン
- □ search engine(s) [sə́ːrtʃ èndʒin(z)] 名 検索エンジン〔インターネットで情報検索を行うソフトウェア〕
- □ *which* [*h*wítʃ] 関代〔主格〕～する (もの)，～である (もの)
- □ respond [rispάnd] 動 応答する，反応する
- □ command(s) [kəmǽnd(z)] 名 命令，指令
- □ **common** [kάmən] 形 よく見られる，ありふれた
- □ automatically [ɔ̀ːtəmǽtikəli] 副 自動的に
- □ translation [trænsléiʃən] 名 翻訳
- □ software [sɔ́ːftwèər] 名 ソフトウェア
- □ **quite** [kwáit] 副 非常に，とても
- □ respond to ～ ～に応答する，反応する
- □ come up with ～ ～を思いつく，見つける

ロボット博覧会のブースで，新しいロボットについて説明をしています。
(1) ～ (3) の説明の内容に合う文を下から選び，□ に記号を書きましょう。 ➡ 音声の内容はp.83にあります。

(1) D　(2) C　(3) A

A This is a robot which has soft and warm skin. （これは柔らかく温かな皮膚をもったロボットです。）
B This is a robot which cleans your house. （これはあなたの家を掃除してくれるロボットです。）
C This is a robot which makes people smile. （これは人々を笑顔にするロボットです。）
D This is a robot which delivers packages to a particular address.
（これは特定の住所へ荷物を届けるロボットです。）

About You ペアになり，右の4つの例を参考にして，自分が欲しいものを伝え合いましょう。

［例］ A：I want a robot which cleans my house.
（私は家を掃除してくれるロボットが欲しいです。）
How about you?
（あなたはどうですか。）
B：I want a robot which helps me study.
（私は勉強を助けてくれるロボットが欲しいです。）

解答例 A：I want a bike which flies in the sky.
（私は空を飛ぶ自転車が欲しいです。）
How about you? （あなたはどうですか。）
B：I want a machine which translates languages.
（私は翻訳してくれる機械が欲しいです。）

・a robot which cleans my house
（家を掃除してくれるロボット）
・a robot which helps me study
（勉強を助けてくれるロボット）
・a bike which flies in the sky
（空を飛ぶ自転車）
・a machine which translates languages
（翻訳してくれる機械）

About You 自分と友達が，どんなものが欲しいかを書きましょう。

［例］ I want a robot which cleans my room.
（私は部屋を掃除してくれるロボットが欲しいです。）
Manabu wants a robot which helps him study.
（マナブは勉強を助けてくれるロボットが欲しいです。）

解答例 Aya wants a machine which translates languages.
（アヤは翻訳してくれる機械が欲しいです。）

基本文

「～する（もの）」と説明を加える。
Smartphones **which** respond to voice commands are common these days.
（音声命令に応答するスマートフォンは最近では一般的です。）

▶ Active Grammar pp.130-131

New Words 単語と語句 アクセントの位置に注意して，声に出して発音しよう。

- □ **soft** [sɔ́:ft] 形 柔らかい
- □ **skin** [skín] 名 肌，皮
- □ *make* [méik]
  動〔make ＋人＋動詞の原形で〕（人に）～させる
- □ deliver(s) [dilívər(z)] 動 ～を配達する，届ける
- □ package(s) [pǽkidʒ(iz)] 名 小包，箱
- □ particular [pərtíkjulər] 形 特定の
- □ **address** [ədrés] 名 住所，宛先
- □ **machine** [məʃí:n] 名 機械（装置）
- □ translate [trænsléit] 動 ～を翻訳する

記事に対する3人の意見

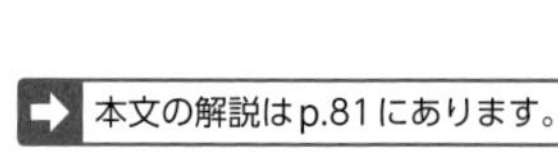

本文の解説はp.81にあります。

Q. Kota のおじさんは，AI機器のおかげでどんなことができますか。

A. （例）店に来る外国のお客さんと簡単にコミュニケーションをとること。

Tina : ① Translation software is useful.
ティナ： 翻訳ソフトウェアは便利です。

② I sometimes use it when I don't understand a Japanese phrase. 私は，日本語の表現が理解できないときにときどき使います。

Kota : ③ I agree with Tina.
コウタ： ティナに賛成です。

④ I have an uncle who runs a Japanese restaurant.
ぼくには日本料理店を経営しているおじがいます。

⑤ He's not good at speaking English, so he uses a translation device. 彼は英語を話すのが得意ではないので，翻訳機器を使っています。

⑥ Thanks to the device, he can easily interact with foreign customers who come to his restaurant.
その機器のおかげで，彼は店に来る外国のお客さんと簡単にコミュニケーションをとることができます。

⑦ AI devices can help with many languages.
AI機器は多くの言語に役立っています。

⑧ Learning foreign languages might not be so important anymore.
外国語を学習することは，もうそれほど重要なことではなくなるのかもしれません。

Hajin : ⑨ I disagree with you, Kota.
ハジン： ぼくは君に反対です，コウタ。

⑩ Translation devices are convenient, but I think learning foreign languages is still important.
翻訳機器は便利ですが，外国語を学ぶことは変わらず重要だと思います。

⑪ I want to be able to communicate by myself.
ぼくは自分自身でコミュニケーションをとれるようになりたいです。

New Words **単語と語句** アクセントの位置に注意して，声に出して発音しよう。

- □ **phrase** [fréiz] 名 表現，言い回し
- □ **agree** [əgríː] 動 賛成する，同意する
- □ *who* [húː] 関代 〔主格〕～する(人)，～である(人)
- □ *with* [wíð] 前 ～と同意見で
- □ interact [ìntərǽkt] 動 コミュニケーションをとる，交流する
- □ **foreign** [fɔ́ːrən] 形 外国の，外国人の
- □ *help* [hélp] 動 役に立つ
- □ might [máit] 助 （ひょっとして）～かもしれない
- □ **anymore** [ènimɔ́ːr] 副 もはや，これ以上
- □ disagree [dìsəgríː] 動 反対する，意見が合わない
- □ agree with ～ ～に賛成する
- □ disagree with ～ ～と意見が合わない

Tina たちが，AI を使った機器などを利用している人について話をしています。
教科書p.55の写真を見て，それぞれの話題に出た人を A ～ D から選び，□ に記号を書きましょう。

➡ 音声の内容はpp.84-85にあります。

(1) A　(2) B　(3) D

あなたの周りに，表の (1) ～ (4) を使っている人はいますか。
その人が誰かを書いてから，ペアになり，その情報を伝え合いましょう。

解答例

AI を使った機器など	使っている人
(1) smartphone（スマートフォン）	my classmate（私のクラスメート）
(2) cleaning robot（掃除ロボット）	my father（私の父）
(3) car navigation system（カーナビゲーション）	my aunt（私のおば）
(4) translation software（翻訳ソフトウェア）	my brother（私の兄）

[例] A : Do you know a person who uses a cleaning robot?
（掃除ロボットを使っている人を知っていますか。）
B : Yes. My mother uses one. / No, I don't.
（はい。私の母が使っています。/ いいえ，知りません。）

解答例 A : Do you know a person who uses a translation software?
（翻訳ソフトウェアを使っている人を知っていますか。）
B : Yes. My brother uses one.
（はい。私の兄が使っています。）

例のように，上の活動でわかったことを書きましょう。

[例] I know a person who uses a cleaning robot. It's Kenji's mother.
（私は掃除ロボットを使っている人を知っています。それはケンジのお母さんです。）

解答例 I know a person who uses a translation software. It's Haru's brother.
（私は翻訳ソフトウェアを使っている人を知っています。それはハルのお兄さんです。）

基本文

「～する (人)」と説明を加える。
I have an uncle **who** runs a Japanese restaurant.
（私には日本料理店を経営しているおじがいます。）

▶ Active Grammar pp.130-131

New Words 単語と語句 アクセントの位置に注意して，声に出して発音しよう。

□ navigation [nævəgéiʃən] 名 航法，ナビゲーション

あなたはどう思う？

教科書 56ページ

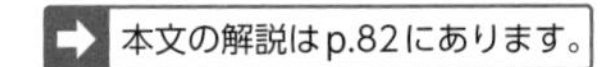

本文の解説はp.82にあります。

Q. Ms. Brown は，外国語を学ぶことはどんな体験だと言っていますか。

A. （例）自分の世界観を広げる価値のある体験。

Ms. Brown : ① Kota raised an interesting point, but I agree with Hajin.

ブラウン先生： コウタは興味深い意見を出してくれましたが，私はハジンに賛成です。

② AI technology is progressing rapidly, and translation software is useful for exchanging messages.

AI 技術は急速に進歩しており，翻訳ソフトウェアはメッセージのやり取りには便利です。

③ However, I think learning foreign languages is still a valuable experience.

けれども，外国語を学習することは変わらず価値のある体験だと私は思います。

④ It's an experience that will broaden your world view.

それは自分の世界観を広げる体験です。

⑤ You also learn more about your own language and culture.

また，自分自身の言語と文化についてもさらに学ぶことができます。

⑥ Learning about each other's language and culture helps us have a better understanding of each other.

お互いの言語と文化を学ぶことは，お互いのよりよい理解のために役立ちます。

⑦ What do you think?

あなたはどう思いますか。

Think 外国語を学ぶことで視野が広がる，とはどんなことを言っているのでしょうか。

（例）外国語を学ぶことで，その国の文化も知ることができ，自分自身の言語と文化についてもさらに学ぶことができるということ。

New Words 単語と語句 アクセントの位置に注意して，声に出して発音しよう。

- □ **raise(d)** [réiz(d)] 動（質問・要求など）を出す，提起する
- □ *point* [pɔ́int] 名 論点，意見
- □ *progress* [prɑgrés] 動 進歩する，発達する
- □ rapidly [rǽpidli] 副 速く，急速に
- □ exchange [ikstʃéindʒ(iŋ)] 動 ～を交換する → exchanging
- □ *that* [ðǽt/ðət] 関代〔主格〕～する（人・もの），～である（人・もの）
- □ broaden [brɔ́:dn] 動 ～を広げる
- □ understanding [ʌ̀ndərstǽndiŋ] 名 理解，知識

本町中学校の放送部によるクイズショーに，Tina と Eri が出演しています。
問題を聞いて，（　）に答えを書きましょう。

音声の内容はpp.85-86にあります。

Sport（スポーツ）		History（歴史）	
Answers（答え）	Hints（ヒント）	Answers（答え）	Hints（ヒント）
10 points（10点）（ C ）	A rugby（ラグビー） B baseball（野球） C soccer（サッカー）	10 points（10点）（ B ）	A Kiyomizu-dera Temple（清水寺） B Ginkaku-ji Temple（銀閣寺） C Horyu-ji Temple（法隆寺）
20 points（20点）（ B ）	A Rome（ローマ） B Los Angeles（ロサンゼルス） C Paris（パリ）	20 points（20点）（ C ）	A Himeji Castle（姫路城） B Edo Castle（江戸城） C Azuchi Castle（安土城）
30 points（30点）（ B ）	A Kihira Rika（紀平梨花） B Arakawa Shizuka（荒川静香） C Asada Mao（浅田真央）	30 points（30点）（ A ）	A Mother Teresa マザー・テレサ B Shakespeare シェイクスピア C Natsume Soseki（夏目漱石）

グループになり，クイズショーの続きをやってみましょう。
1人1問クイズを作り，みんなの前で出題しましょう。

［例］ A：Question: A sport that is played by seven people on each team is handball.
（問題：各チーム7人で行うスポーツはハンドボールです。）
What is a sport that is played by five people on each team?
（各チーム5人で行うスポーツは何ですか。）
B：Answer: Basketball.
（答え：バスケットボールです。）

解答例 A：Question: The city that hosted the Olympic Games in 2014 was Sochi.
（問題：2014年にオリンピックを開催した都市はソチでした。）
What is the city that hosted the Olympic Games in 2018?
（2018年にオリンピックを開催した都市はどこですか。）
B：Answer: Pyeongchang.
（答え：平昌です。）

自分と友達が作ったクイズの問題でおもしろいと思ったものを書きましょう。

Speak の解答例参照。

基本文

「〜する（もの・人）」と説明を加える。
It's an experience **that** will broaden your world view.
（それは自分の世界観を広げる体験です。）

▶ Active Grammar pp.130-131

New Words 単語と語句 アクセントの位置に注意して，声に出して発音しよう。

- ☐ hint(s) [hínt(s)] 名 ヒント，手がかり
- ☐ Paris [pǽris] 名 パリ
- ☐ Rome [róum] 名 ローマ
- ☐ handball [hǽndbɔ̀:l] 名 ハンドボール

Unit 4

本文の解説

Part 1

「〜する（もの）」と説明を加える。

Smartphones which respond to voice commands are common these days.
（音声命令に応答するスマートフォンは最近では一般的です。）

関係代名詞 which（主語）

which に続く語句は「**〜する（もの）**」という意味で，その前にある名詞に説明（修飾）を加えています。この which のように接続詞のような働きをする代名詞を，**関係代名詞**といいます。**関係代名詞 which** は，説明される名詞が「もの」の場合に使われます。
ここでは，この関係代名詞 which は，名詞に続く文の主語になっています。

Smartphones which respond to voice commands are common these days.
スマートフォン ← 音声命令に応答する

本文の解説

教科書 p.52

① **AI technology has made great progress lately.** （→教科書p.52　KEY）
made は make の過去形，過去分詞です。〈**have[has]＋過去分詞**〉の形で**現在完了形**の完了の意味を表します。

② **It has become a part of our daily lives.** （→教科書p.52　KEY）
become は become の過去分詞です（過去形は became）。〈**have[has]＋過去分詞**〉の形で，**現在完了形**の完了の意味を表しています。it は前文の AI technology を指しています。

④ **Smartphones which respond to voice commands are common these days.**
which respond to voice commands は，**関係代名詞 which** に続く語句が「**〜する（もの）**」という意味で，その前にある名詞の Smartphones に説明（修飾）を加えています。関係代名詞 which は説明される名詞が「もの」のときに使われます。**respond to 〜**は「**〜に応答する，反応する**」という意味です。

⑤ **Robots which automatically clean your house have become popular.**
which automatically clean your house は，**関係代名詞 which** に続く語句が「**〜する（もの）**」という意味で，その前にある名詞の Robots に説明（修飾）を加えています。〈**have[has]＋過去分詞**〉の形で**現在完了形**の完了の意味を表します。

⑧ **It can come up with the best translation by using AI technology.**
come up with 〜は「**〜を思いつく，見つける**」という意味です。it は前文の translation software（翻訳ソフトウェア）を指しています。

⑨ **It is becoming common.**
〈**be動詞＋動詞の -ing形**〉の形なので，「**〜している**」という意味を表す現在進行形の文です。becoming common は，〈**become ＋形容詞**〉の形で「**〜（の状態）になる**」という意味を表します。it は⑧と同じように，translation software を指しています。

⑩ **In the near future, AI will help us communicate with people all over the world quite easily.**
〈**help ＋人（もの）＋動詞の原形**〉の形で「**人（もの）が〜するのを手伝う**」という意味を表し，AI will help us communicate with 〜. を直訳すると，「AI は私たちが〜とコミュニケーションをとるのを手伝うでしょう。」という意味になります。

Part 2

「～する（人）」と説明を加える。

I have an uncle who runs a Japanese restaurant.
（私には日本料理店を経営しているおじがいます。）

学習のポイント！

関係代名詞 who（主語）

who に続く語句は「**～する（人）**」という意味で，その前にある名詞にどんな人かという説明（修飾）を加えています。この who は関係代名詞とよばれ，**関係代名詞 who** は，説明される名詞が「人」の場合に使われます。
ここでは，この関係代名詞 who は，名詞に続く文の主語になっています。

I have an uncle who runs a Japanese restaurant.
おじ ↑ 日本料理店を経営している

本文の解説

教科書 p.54

② **I sometimes use it when I don't understand a Japanese phrase.**
it は前文の translation software（翻訳ソフトウェア）を指しています。when I don't understand a Japanese phrase の **when** は，「**～するとき**」の意味の時を表す接続詞で，「日本語の表現が理解できないときに」という条件を表す節を付け加えています。

④ **I have an uncle who runs a Japanese restaurant.**
who runs a Japanese restaurant は，**関係代名詞 who** に続く語句が「**～する（人）**」という意味で，その前にある名詞の an uncle に説明（修飾）を加えています。関係代名詞 who は説明される名詞が「人」のときに使われ，who に続く文の主語の働きをしています。

⑤ **He's not good at speaking English, so he uses a translation device.**
〈be動詞＋ good at ＋動詞の -ing形〉で「**～が得意だ**」という意味です。この文は He's not good at ～. と否定形になっているので，「彼は～が得意ではありません。」という意味になります。**so** は結果を表す接続詞で，「**だから**」の意味になります。

⑥ **Thanks to the device, he can easily interact with foreign customers who come to his restaurant.**
関係代名詞 who に続く語句が「**～する（人）**」という意味で，その前にある名詞の foreign customers に説明を加えています。who が come to his restaurant の主語になっています。**thanks to ～** は「**～のおかげで**」という意味です。

⑧ **Learning foreign languages might not be so important anymore.**
might は「**（ひょっとして）～かもしれない**」という意味の助動詞です。この文の **so** は接続詞ではなく「**とても，非常に**」の意味の副詞で，形容詞 important を強調しています。**not ～ anymore** で「**もはや～でない**」という意味です。

⑨ **I disagree with you, Kota.** （→教科書p.54　KEY）
I disagree with you. は，「あなたに反対です。」と反対意見を明確に伝える表現です。

⑪ **I want to be able to communicate by myself.**
want to ～ は，後に動詞の原形が続くので，助動詞 can を使うことはできません。そこで be able to が使われています。

Part 3

「～する（もの・人）」と説明を加える。

It's an experience that will broaden your world view.
（それは自分の世界観を広げる体験です。）

学習のポイント

関係代名詞 that（主語）

that に続く語句は「**～する（もの・人）**」という意味で，その前にある名詞にどんなものや人かという説明（修飾）を加えています。**関係代名詞 that** は，説明される名詞が「もの」の場合でも「人」の場合でも使われます。
ここでは，この関係代名詞 that は，名詞に続く文の主語になっています。

It's an experience that will broaden your world view.
体験　世界観を広げる

本文の解説

教科書 p.56

② **AI technology is progressing rapidly, and translation software is useful for exchanging messages.**
〈be動詞＋動詞の -ing形〉 で現在進行形を表しています。**for** は「**～のために［の］**」という目的・目標・用途を示す前置詞です。

③ **However, I think learning foreign languages is still a valuable experience.**
however は「**しかしながら，けれども，それにも関わらず**」という意味の副詞です。I think の後には接続詞 that が省略されていて，**I think (that)～.** で「**～と思います。**」という意味を表します。I think に続く文は，learning foreign languages（外国語を学習すること）が動名詞の形で主語になっています。

④ **It's an experience that will broaden your world view.**
関係代名詞 that に続く語句 will broaden your world view は「あなたの世界観を広げるだろう」という意味で，その前にある名詞（an experience）に説明を加えています。

⑥ **Learning about each other's language and culture helps us have a better understanding of each other.**
learning about each other's language and culture（お互いの言語と文化を学ぶこと）までが主語です。learning と understanding はそれぞれ動名詞として使われています。**〈help ＋人＋動詞の原形〉** の形になっているので，「**人が～するのを手伝う**」という意味です。

⑦ **What do you think?** （→教科書p.56　表現）
What do you think? は，「**あなたはどう思いますか。**」と相手の意見をたずねるときに使う表現です。

Unit 4 音声の内容

Part 1 (教科書 p.53) の音声の内容

解答はp.75にあります。

ポイント 音声の内容は次の通りです。下線部に注意して，(1) ～ (3) の説明の内容に合う文を選び，□に記号を書きましょう。

(1)

Hello. Welcome to our booth. Today we're showing our new robot.
（こんにちは。ようこそ弊社ブースへ。本日は新しいロボットをご紹介します。）

This is a robot which delivers packages to a particular address.
（これは特定の住所に荷物を届けるロボットです。）

It's very useful for all sorts of businesses. Just put your packages in it and input the address. It takes them safely there.
（いろんなビジネスに大活躍してくれます。荷物を入れて住所を入力するだけで，無事にそこへ届けてくれます。）

I'm sure it'll help your business.
（あなたのビジネスに役立つこと間違いなし。）

(2)

Hello. Welcome to our booth. Today we're showing our new robot.
（こんにちは。ようこそ弊社ブースへ 。本日は新しいロボットをご紹介します。）

This is a robot which makes people smile. It claps its hands. It can talk.
（人々を笑顔にするロボットです。手をたたきます。話すことができます。）

If you choose a situation such as a birthday party or a store, it can say something nice.
（誕生日会やお店などのシチュエーションを選ぶと，何かすてきなことを言ってくれます。）

For example, if you choose "birthday party" , it says "Happy birthday!" and claps its hands.
（たとえば，「誕生日会」を選ぶと，「誕生日おめでとう！」と言って手をたたいてくれます。）

How about putting this robot in front of your store? I'm sure it'll bring in lots of people.
（このロボットをお店の前に置いてみてはいかがでしょうか。きっとたくさんの人が集まってくると思いますよ。）

(3)

Hello. Welcome to our booth. Today we're showing our new robot.
（こんにちは。ようこそ弊社ブースへ 。本日は新しいロボットをご紹介します。）

This is a robot which has soft and warm skin. It's good for hugging.
（皮膚が柔らかくて温かいロボットです。抱きしめるのに最適です。）

When you call its name, it answers and comes over to you.
（名前をよぶと，答えて寄ってきてくれます。）

It makes people feel better. Why don't you get one for your family?
（人々を元気にしてくれます。あなたの家族にもプレゼントしてみてはいかがでしょうか。）

I'm sure you'll love it.
（きっと気に入ると思いますよ。）

Part 2 (教科書 p.55) の音声の内容

解答はp.77にあります。

ポイント 音声の内容は次の通りです。下線部に注意して，それぞれの話題に出た人を選び，▢ に記号を書きましょう。

(1)

Kota : Tina, can you see the man over there? （ティナ，あそこにいる男の人が見える？）

Tina : Which man? （どの人？）

Kota : The man who is sitting at the table. That's my uncle.
（テーブルについている男の人。ぼくのおじさんだよ。）

Tina : Really? What's he doing? Is he reading?
（そうなの？　彼は何をしているの？　読書してるの？）

Kota : Probably. He loves reading novels. He's always reading three or four at the same time. （たぶんね。小説を読むのが好きなんだよ。いつも３冊か４冊は同時に読んでいるんだ。）

Tina : Wow! That's amazing! （うわー！　それはすごいね！）

Kota : He's probably got hundreds of novels on that tablet. It's so handy!
（タブレットには何百冊もの小説を入れているんじゃないかな。タブレットって便利だね！）

Tina : Let's go over and tell him we're here.
（向こうに行って，私たちがいることを伝えようよ。）

(2)

Eri : Hi, Hajin. I'm so excited. （ねえ，ハジン。私，どきどきしてるの。）

Hajin : Hi. What's up? （やあ。どうしたの？）

Eri : I met an Italian woman who needed help at the station. I thought she was lost, because she was looking at the map on her smartphone. So I talked to her.
（駅で助けを求めているイタリア人女性に会ったの。スマートフォンで地図を見ていたから，道に迷ったのかと思って。それで彼女に話しかけたの。）

Hajin : Oh, that was kind of you. Where did she want to go?
（わあ，親切だね。彼女はどこに行きたかったの？）

Eri : City Hall. I told her the way. （市役所よ。道を教えてあげたの。）

Hajin : She was lucky you saw her! （彼女は君に会えてラッキーだったね！）

Eri : Yeah, but I'm happy, too. I was able to speak to her without any translation software at all.
（うん，でも私もうれしいよ。翻訳ソフトウェアを全く使わずに，彼女と話すことができたの。）

(3)

Hajin : Do you have a pet, Tina? （ティナはペットを飼っているの？）

Tina : Yes. We have a cat. It's really cute. How about you?
（うん。ネコを飼ってる。とってもかわいいよ。あなたは？）

Hajin : Well, I like dogs. But we live in an apartment, so we can't have any pets.
（そうだね，犬は好きなんだ。でもアパート暮らしだから，ペットを飼えないんだよね。）

Tina : Oh, that's too bad. But I think you can have a robot pet.
（あー，それは残念。でも，ペット型ロボットは飼えると思うよ。）

Hajin : A robot pet? （ペット型ロボット？）

Tina : Sure. I know someone who has a robot pet. She got it as a birthday present.
（うん。私，ペット型ロボットを飼っている人を知ってるの。彼女は誕生日プレゼントにもらったんだ。）

Hajin : That sounds great. What kind of robot is it?
（おもしろそうだね。どんなロボットなの？）

Tina : It looks like a dog. And it acts like a dog, too. It can pick up a ball in its mouth. And when my friend calls its name, it comes to her.
（見た目は犬みたい。そして，犬のように動くんだ。口でボールを拾うことができるし，友達が名前をよぶと，彼女のところに来るんだよ。）

Hajin : That sounds great. （それはいいね。）

Part 3 (教科書 p.57) の音声の内容

解答はp.79にあります。

ポイント 音声の内容は次の通りです。下線部に注意して，（ ）に答えを書きましょう。

Tina & Eri :
Hello, everyone. （みなさん，こんにちは。）

Tina : This is the Honcho Junior High School Quiz. It's the most exciting quiz show in town!
（本町中学校クイズです。町でいちばん盛り上がっているクイズ番組ですよ！）
There are two categories in the quiz : sport and history.
（クイズにはスポーツと歴史の２つのカテゴリーがあります。）
Are you ready? （準備はできていますか。）

Eri : Let's get started. （さあ，始めましょう。）

Tina : Sport for 10. A sport that is played by five people on each team is basketball. What is a sport that is played by eleven people on each team?
（スポーツの10。各チーム５人ずつでプレーするスポーツはバスケットボールです。各チーム11人ずつで行われるスポーツは何ですか。）
...
OK. Time's up. （OK。時間切れよ。）

Eri : Next. History for 10. The beautiful temple that was built by Ashikaga Yoshimitsu is called Kinkaku-ji Temple.
（次です。歴史の10。足利義満が建立した美しいお寺は金閣寺とよばれています。）
Now, what is the name of the temple that was built by Ashikaga Yoshimasa?
（では，足利義政が建てたお寺の名前は？）
...
OK. Time's up. （OK。時間切れよ。）

Tina : Now, the questions are going to get a little more difficult.
（さて，問題が少し難しくなってきました。）
Sport for 20. The city that hosted the Olympic Games in 2016 was Rio de Janeiro.
（スポーツの20。2016年にオリンピックを開催した都市はリオデジャネイロ。）
What is the city that will host the Olympic Games in 2028?
（2028年にオリンピックを開催する都市は？）
...

OK. Time's up. （はい。時間切れよ。）

Eri : Next. History for 20. The famous castle that was built by Toyotomi Hideyoshi is Osaka Castle. （次です。歴史の20。豊臣秀吉が築城した有名なお城といえば大阪城。）

What was the name of the most famous castle that was built by Oda Nobunaga?
（織田信長が築城した最も有名なお城の名前は？）

...

OK. Time's up. （はい。時間切れよ。）

Tina : Now ... the last questions. They're the most difficult.
（さて……最後の問題です。最も難しい問題ね。）

Sport for 30. The Japanese figure skater that won a gold medal at the Winter Olympic Games in 2014 and 2018 is Hanyu Yuzuru. （スポーツの30。2014年と2018年の冬季オリンピックで金メダルを獲得した日本のフィギュアスケート選手は羽生結弦選手です。）

Who is the Japanese figure skater that won a gold medal at the Winter Olympic Games in 2006?
（2006年の冬季オリンピックで金メダルを獲得した日本人フィギュアスケート選手は誰でしょうか。）

...

OK. Time's up. （はい。時間切れよ。）

Eri : Next. History for 30. The person that said, "And yet the earth moves," was Galileo Galilei. （次です。歴史の30。「それでも地球はまわっている」と言ったのは，ガリレオ・ガリレイでした。）

Who was the person that said, "Peace begins with a smile" ?
（「平和はほほえみから始まる」と言った人は誰？）

...

OK. Time's up. （はい。時間切れよ。）

Tina : Now, listen and check your answers. Ready? Sport for 10 : A sport that is played by eleven people on each team is soccer. （さあ，聞いて答えを確認してください。いいですか。スポーツの10：各チーム11人で行うスポーツはサッカーです。）

History for 10 : The temple that was built by Ashikaga Yoshimasa is Ginkaku-ji Temple.
（歴史の10：足利義政が建てたお寺は銀閣寺です。）

Sport for 20 : The city that will host the Olympic Games in 2028 is Los Angeles.
（スポーツの20：2028年のオリンピック開催都市はロサンゼルスです。）

History for 20 : The famous castle that was built by Oda Nobunaga was Azuchi Castle.
（歴史の20：織田信長が築城した名城は安土城です。）

Sport for 30 : The Japanese figure skater that won a gold medal at the Winter Olympic Games in 2006 is Arakawa Shizuka. （スポーツの30：2006年の冬季オリンピックで金メダルを獲得した日本人フィギュアスケート選手は荒川静香選手です。）

History for 30 : The person that said, "Peace begins with a smile," was Mother Teresa.
（歴史の30：「平和はほほえみから始まる」と言った人はマザー・テレサです。）

OK. Let's count up your points. （さてさて。では，点数を数えてみましょう。）

Eri : How many did you get? （何点だった？）

Tina : Did you enjoy our quiz? （クイズは楽しかった？）

Tina & Eri :

Thank you for listening! See you next time!
（聞いてくれてありがとう！　また次回，お会いしましょう！）

教科書 58ページ

Goal 投稿文を読んで，自分の意見を書こう

A

Ms. Cat （ミズ・キャット）

Translation software is convenient, but I think we should learn foreign languages.

（翻訳ソフトウェアは便利ですが，私たちは外国語を学ぶべきだと思います。）

I want to speak directly with people from foreign countries.

（私は外国の人たちと直接話をしたいです。）

I would hate to be a person who depends on machines.

（私は機械に頼る人になるのは気がすすまないのです。）

B

Mr. Panda （ミスター・パンダ）

I suppose translation software is not so bad.

（翻訳ソフトウェアはそんなに悪いというわけではないと，ぼくは思います。）

We have been learning English, but not all of us are good at speaking it.

（ぼくたちは英語を学んできましたが，ぼくたち全員が英語を話すのが得意というわけではありません。）

We should use translation software when we need it.

（必要なときには，翻訳ソフトウェアを使うべきです。）

I think the important thing is to use it in a proper way.

（重要なのは適切な方法で使用することだと，ぼくは思います。）

C

Mr. Robo （ミスター・ロボ）

AI is changing our lives.

（AIはぼくたちの生活を変えています。）

Now we can use a device which translates various languages.

（今，ぼくたちはさまざまな言語を翻訳する機器を使うことができます。）

Japanese students spend too much time on learning English.

（日本の生徒は英語学習にあまりに多くの時間を費やしています。）

If they have such a device, they don’t need to learn it.

（もし彼らがそのような機器を持っていれば，英語を学ぶ必要はなくなります。）

I think learning foreign languages won’t be necessary in the future.

（ぼくは，外国語を学ぶことは将来必要なくなるだろうと思います。）

D

Ms. Ninja （ミズ・ニンジャ）

Learning foreign languages is not just for communication.

（外国語を学ぶことはコミュニケーションのためだけではありません。）

It helps us learn more about our own language and culture.

（私たち自身の言語と文化についてさらに学ぶのに役立ちます。）

I remember the famous words: “Those who know nothing of foreign languages know nothing of their own.”

（私は「外国語を知らない者は自国語について何も知らない」という有名な言葉を覚えています。）

[161 words] ［161語］

New Words 単語と語句 アクセントの位置に注意して，声に出して発音しよう。

- ☐ directly [diréktli] 副 直接に，じかに
- ☐ hate [héit] 動 ～をひどく嫌う，憎む
- ☐ **depend(s)** [dipénd(z)] 動 頼る，依存する
- ☐ **suppose** [səpóuz] 動 ～だと思う
- ☐ proper [prápər] 形 適切な，ふさわしい
- ☐ **remember** [rimémbər] 動 ～を思い出す
- ☐ hate to ～ ～することを嫌に思う
- ☐ depend on ～ ～に頼る，依存する

Reading 教科書p.58は，教科書p.52の記事に対して寄せられた意見です。A ～ D の投稿文のうち，教科書p.54，p.56の登場人物の意見に近いものはどれでしょう。☐ にそれぞれ記号を書きましょう。

Kota C　　Hajin A　　Ms. Brown D

Writing 教科書p.58の投稿文に対する感想と自分の意見を書きましょう。

1. 下の図で，A ～ D のうち，自分の意見に近いと思ったもの，違うと思ったものの記号を○で囲みましょう。
2. 下の図に自分の意見を整理し，理由や例とともに文章の組み立てを考えましょう。

解答例

自分の考えに近い意見
A (B) C D

自分の考えと違う意見
(A) B C D

自分の意見
We should use translation software when we need it.
(必要なときには，翻訳ソフトウェアを使うべきです。)

その理由
Not all of us are good at speaking foreign languages.
(私たち全員が外国語を話すことが得意というわけではありません。)

例
Kota's uncle (コウタのおじさん)

3. メモをもとに文章を書きましょう。

Mr. Panda says that .... (ミスターパンダは…と言っています。)
I agree / don't agree with .... (私は…に賛成です。/賛成しません。)
I think / don't think .... I think ... because ....
(私は…と思います。/思いません。なぜなら…なので，私は…と思います。)
There are two reasons. First, ... Second, ... (2つの理由があります。まず，…。次に，…。)
For example, ... (たとえば，…。)

▶Your Coach 1 p.24

解答例

Mr. Panda says that translation software is not so bad.
(ミスター・パンダは，翻訳ソフトウェアはそんなに悪いというわけではないと言っています。)
I agree with him. (私は彼に賛成です。)
I think that we should use translation software when we need it.
(私は，必要なときには，翻訳ソフトウェアを使うべきだと思います。)
There are two reasons for this. (これには2つの理由があります。)
First, not all of us are good at speaking foreign languages.
(まず，私たち全員が外国語を話すことが得意というわけではありません。)
For example, Kota's uncle is not good at speaking English, so he uses a translation device. Thanks to it, he can easily interact with foreign customers who come to his restaurant.
(たとえば，コウタのおじさんは英語を話すことが得意ではないので，翻訳機器を使っています。それのおかげで彼の店に来る外国のお客さんと簡単にコミュニケーションをとることができます。)
Second, translation software can translate various languages.
(次に，翻訳ソフトウェアはさまざまな言語を翻訳することができます。)
If we speak various languages, we have to spend much time on learning them.
(もし私たちがさまざまな言語を話すとしたら，習得するのにかなりの時間を費やさなくてはなりません。)

4. グループでお互いの文章を読み合い，それぞれの意見を交換し合いましょう。

ふり返り
CAN-DO 投稿文から，それぞれの意見の要点を読み取ることができる。 ▶▶CAN-DO List (R-3)
CAN-DO 読んだ投稿文について，感想や自分の意見を書くことができる。 ▶▶CAN-DO List (W-3)

教科書 60ページ

Robots Make Dreams Come True ロボットが夢を実現する

Goal **Reading & Speaking** 説明文の要旨を読み取り，自分の考えを伝え合うことができる。

Before You Read 今，さまざまな場所でロボットが活躍しています。あなたは，どんなロボットを知っていますか。
(例) ペット型ロボットや掃除ロボットなど。

➡ 本文の解説はp.94にあります。

① When you hear the word "robot," what kind of robot do you imagine?
「ロボット」という言葉を耳にするとき，あなたはどんな種類のロボットを想像しますか。

② Some people think of anime characters, some people think of the human-like robots that talk to people, and some people think of robots that work in factories.
アニメのキャラクターを思い浮かべる人がいたり，人に話しかける人間のようなロボットを思いつく人がいたり，工場で働くロボットを考えたりする人もいるでしょう。

③ In the modern world, people are supported by robots that have a variety of shapes, sizes, and roles.
現代の世界において，人々は，さまざまな形，大きさ，そして役割をもつロボットによって支えられています。

④ Scientists are continuing to invent more and more useful robots.
科学者たちはより一層役に立つロボットを発明し続けています。

⑤ Now, let's look at some examples.
さて，いくつか例を見てみましょう。

⑥ How do robots make people's dreams come true?
ロボットがどのようにして人々の夢を実現させているのでしょうか。

Talking Robot おしゃべりロボット

⑦ This is a robot that helps you learn English conversation.
これは英会話を学ぶ手助けをするロボットです。

⑧ By talking to it again and again, you can improve your English-speaking skills.
何度もくり返し話しかけることで，英語を話す技術を向上させることができます。

Q. Look at the picture above. What kind of robot is it?
(上（教科書p.60）の写真を見てください。どんな種類のロボットですか。)

A. (例) It's a robot that helps people learn English conversation.
(英会話を学ぶ手助けをするロボットです。)

本文の解説はp.95にあります。

Robot Suit　ロボットスーツ

① This is HAL, a robot suit.
これはHAL（ハル）というロボットスーツです。

② It can help people carry heavy things.
人が重いものを運ぶ手助けをします。

③ It's useful in places such as hospitals and factories.
病院や工場のような場所で役立ちます。

Rescue Robot　レスキューロボット

④ This is a rescue robot.
これはレスキューロボットです。

⑤ It can search areas that are too dangerous for humans.
人間には危険すぎる場所を捜索することができます。

⑥ After the Great East Japan Earthquake in 2011, it was used at the Fukushima Daiichi Nuclear Power Station.
2011年の東日本大震災後に，福島第一原子力発電所で使われました。

Space Robot　スペースロボット

⑦ NASA is developing robots, too.
NASA（米国航空宇宙局）もロボットを開発しています。

⑧ These robots can explore space and work with astronauts.
これらのロボットは宇宙を探査し，宇宙飛行士といっしょに作業することができます。

⑨ Robonaut 2 is a human-like robot that helps astronauts on the ISS (International Space Station).
ロボノート2は，ISS（国際宇宙ステーション）にいる宇宙飛行士を手助けする，人型ロボットです。

⑩ It was sent there in 2011.
2011年にそこへ送られました。

⑪ Another example is Insight.
もう1つの例はインサイトです。

⑫ It is a machine with a robot arm.
ロボットアームのついた機械です。

⑬ It reached Mars in 2018.
2018年に火星に到着しました。

Q. Where was a rescue robot used in 2011?
（2011年にレスキューロボットが使われたのはどこですか。）

A. （例）It was used at the Fukushima Daiichi Nuclear Power Station.
（福島第一原子力発電所で使われました。）

本文の解説はpp.96-97にあります。

Avatar Robot OriHime-D アバターロボット OriHime-D（オリヒメ -D）

① "I want to work like other people."
「私はほかの人々と同じように働きたい。」

② This has been a dream for many people with severe physical disabilities.
これは，重度の身体障害のある多くの人々にとっての夢でした。

③ Now we have a robot that can help.
今や私たちには，助けになる可能性のあるロボットがあります。

④ Its name is OriHime.
名前は OriHime です。

⑤ It's a staff robot at a cafe in Japan that opened in autumn of 2018.
2018 年の秋に開店した，日本のあるカフェにいるスタッフロボットです。

⑥ One of the first OriHime users was Mr. Nagahiro Masato.
最初に OriHime を利用した人々のうちの 1 人は永廣柾人さんでした。

⑦ He is a 25-year-old man who has a serious disease.
彼は，重い病気を患っている 25 歳の男性です。

⑧ He didn't have any job before because he cannot move his body.
彼は自分の身体を動かすことができないため，以前は何も仕事がありませんでした。

⑨ Now OriHime lets him work at a cafe.
現在，OriHime が彼をカフェで働かせてくれています。

⑩ Mr. Nagahiro controls the robot with small movements of his fingers.
永廣さんは指の小さな動きでロボットを操作します。

⑪ He watches a live video that is sent from the robot's eyes, and he talks through a microphone.
彼はロボットの目から送られる生中継の映像を見て，マイクを通して話します。

⑫ This way, he can serve customers who come to the cafe.
このようにして，彼はカフェに来るお客さんに給仕することができます。

⑬ On the first day of his job at the cafe, it was difficult for Mr. Nagahiro to start conversations with customers.
カフェでの仕事の初日，永廣さんにとって，お客さんと会話を始めるのは難しいことでした。

⑭ He didn't have much experience at places like cafes.
彼はカフェのような場所での経験があまりなかったからです。

⑮ He wanted to improve his customer service skills, so he talked to another OriHime user.
彼は，接客の技術を向上させたかったので，ほかの OriHime 利用者に相談しました。

⑯ He asked her to give him some advice.
彼はその彼女にアドバイスをくれるよう頼みました。

⑰ The other OriHime user said, "You should be friendlier. When I serve customers, I always try to make friends with them."
その OriHime 利用者は，「もっと親しみやすくなったほうがよいです。私はお客さんに給仕するとき，いつもお客さんと親しくなろうとします。」と言いました。

⑱ This was the first advice for Mr. Nagahiro at his first job.
これは，永廣さんにとって，初めての仕事での初めてのアドバイスでした。

⑲ "Working is tough, but it's fun," Mr. Nagahiro says.
「働くことは難しいけれど，楽しいです。」と永廣さんは言います。

⑳ Thanks to this experience, he now wants to try more challenges in the future.
この経験のおかげで，彼は今では，将来もっと多くのことに挑戦したいと思っています。

㉑ The person who invented OriHime is Yoshifuji Kentaro.
OriHimeを開発した人物は，吉藤健太朗さんです。

㉒ He has met a lot of people with disabilities.
彼は，障害のある多くの人々に会ってきました。

㉓ When he talked to them, they usually said, "I wish I could connect myself with society."
吉藤さんが彼らと話をするとき，彼らはたいてい「自分を社会とつなぐことができたらいいのに。」と言いました。

㉔ Mr. Yoshifuji heard their wishes and decided to create this new robot.
吉藤さんは彼らの願いを聞いて，この新しいロボットを作ることを決めました。

㉕ Finally, OriHime is making their dreams come true.
ついに，OriHimeが彼らの夢を実現しているのです。

[501 words]　〔501語〕

Q. 1. How does Mr. Nagahiro control OriHime?
（どのようにして永廣さんはOriHimeを操作していますか。）

A. (例) He controls it with small movements of his fingers.
（彼は指の小さな動きでそれを操作します。）

2. What did the other OriHime user give Mr. Nagahiro?
（ほかのOriHimeの利用者は永廣さんに何を与えましたか。）

A. (例) She gave him some advice.　（彼女は彼にアドバイスを与えました。）

After You Read

文章の内容に合うように＿＿に入る語を書き，OriHimeについての要約文を完成させましょう。

OriHime is a robot that can help people with severe disabilities.
Mr. Nagahiro can't move his body, but he can control OriHime with small movements of his fingers. It helps him work at a cafe.
At first, it was difficult for him to start conversations with customers. Mr. Nagahiro now understands that working is tough but fun.
The person who invented OriHime is Yoshifuji Kentaro.
（OriHimeは重度の障害のある人々を助けることができるロボットです。永廣さんは自分の身体を動かすことができませんが，彼は指の小さな動きでOriHimeを操作することができます。それは彼がカフェで働くのを助けます。最初は，彼にとってお客さんと会話を始めるのは難しいことでした。永廣さんは今，働くことは難しいけれど楽しいことがわかっています。OriHimeを開発した人物は吉藤健太朗さんです。）

Think

現代の社会で，どのような人がロボットの助けを得られるとよいと思いますか。
そのためには，どのようなロボットがあればよいと思いますか。話し合ってみましょう。

(例) 高齢者。日々の家事を助けてくれたり，1人で暮らしている高齢者の話し相手になったりするロボット。

New Words 単語と語句 アクセントの位置に注意して，声に出して発音しよう。 教科書 p.60

- □ **imagine** [imǽdʒin] 動 ～を想像する
- □ **character(s)** [kǽriktər(z)] 名 登場人物，キャラクター
- □ **human** [hjúːmən] 名 人，人間
- □ -like ～のような
- □ **factory** [fǽktəri(z)] 名 工場 → factories
- □ modern [mádərn] 形 現代の，最新式の
- □ variety [vəráiəti] 名 多種多様，さまざま
- □ **shape** [ʃéip] 名 形，形状
- □ **improve** [imprúːv] 動 ～を向上させる，～を改善する
- □ **above** [əbʌ́v] 副 上に [の]
- □ come true 実現する
- □ a variety of ～ いろいろの～
- □ more and more ますます
- □ again and again 何度も何度も

New Words 単語と語句 アクセントの位置に注意して，声に出して発音しよう。 教科書 p.61

- □ **suit** [súːt] 名 衣服，～着
- □ HAL 名 ハル
- □ rescue [réskjuː] 名 救助
- □ **dangerous** [déindʒərəs] 形 危険な
- □ the Great East Japan Earthquake 名 東日本大震災
- □ nuclear [njúːkliər] 形 原子力の
- □ **power** [páuər] 名 エネルギー，動力資源
- □ *station* [stéiʃən] 名 …署 [局・所]〔特定の活動を行ったり，サービスを提供したりする施設を指す〕
- □ power station [páuər stèiʃən] 名 発電所
- □ NASA [nǽsə] 名 米国航空宇宙局
- □ develop(ing) [divéləp(iŋ)] 動 ～を開発する
- □ explore [iksplɔ́ːr] 動 ～を探検する，探査する
- □ *with* [wíð] 前 ～がある，～の付いた
- □ Robonaut 2 名 ロボノート2
- □ ISS 名 国際宇宙ステーション
- □ **international** [ìntərnǽʃənl] 形 国際的な
- **send** → □ sent [sént] 動 send の過去形，過去分詞
- □ Insight 名 インサイト
- □ **reach(ed)** [ríːtʃ(t)] 動 ～に着く，到着する
- □ Mars [máːrz] 名 火星

New Words 単語と語句 アクセントの位置に注意して，声に出して発音しよう。 教科書 p.62

- □ avatar [ǽvətàːr] 名 アバター
- □ severe [səvíər] 形（病気・けがなどが）重い，深刻な
- □ physical [fízikəl] 形 身体の
- □ disability [dìsəbíləti(z)] 名（病気などによる）障害（があること）→ disabilities
- □ *open* [óupən] 動（店などが）開く
- □ autumn [ɔ́ːtəm] 名 秋
- □ user [júːzər] 名 使用者，利用者
- □ *man* [mǽn] 名 男性
- □ *serious* [síəriəs] 形（病気・けがなどが）重い，深刻な
- □ disease [dizíːz] 名 病気，疾病
- □ **body** [bádi] 名 体
- □ control [kəntróul] 動 ～を思うように操る
- □ movement [múːvmənt] 名 運動
- □ **live** [láiv] 形 生放送の
- □ microphone [máikrəfòun] 名 マイク
- □ service [sɔ́ːrvis] 名 サービス，接客，応対
- □ advice [ædváis] 名 助言，アドバイス
- □ make friends with ～ ～と友達になる，～と親しくなる

New Words 単語と語句 アクセントの位置に注意して，声に出して発音しよう。 教科書 p.63

- □ *challenge* [tʃǽlindʒ] 名 試練，挑戦
- □ connect [kənékt] 動 ～をつなぐ，関係させる
- □ society [səsáiəti] 名 社会，世間
- □ connect ～ with ... ～を…と関係させる
- □ I wish I could ～. ～できたらいいのに。

本文の解説

教科書 p.60

① **When you hear the word "robot," what kind of robot do you imagine?**

kind は「種類」という名詞の意味で使われ，kind of robot で「ロボットの種類」という意味になります。the word と robot は同格の関係です。

② **Some people think of anime characters, some people think of the human-like robots that talk to people, and some people think of robots that work in factories.**

that に続く語句が「～する…」という意味で，それぞれその前にある名詞を説明（修飾）しています。**think of ～** は「**～を思い浮かべる，～について考える**」という意味で，Some people think of ～, some people think of ～. で「～を思い浮かべる人や，～について考える人がいます。」という意味になります。human-like は「人に似た」という意味です。

③ **In the modern world, people are supported by robots that have a variety of shapes, sizes, and roles.**

are supported by は，〈**be動詞＋動詞の過去分詞＋ by ～**〉の形の受け身の文です。**a variety of** ～は，「**さまざまな～**」という意味です。この文の that は「もの」に説明を加える主語の代わりをする関係代名詞です。that に続く語句は「さまざまな形，大きさ，そして役割をもつ」の意味で，robots を後ろから修飾しています。

④ **Scientists are continuing to invent more and more useful robots.**

〈**be動詞＋動詞の-ing 形**〉の形なので，「**～している**」という現在進行形の文です。この文中の〈**to ＋動詞の原形**〉は「**～すること**」という意味を表す名詞的用法の不定詞です。**more and more** は，「**ますます**」という意味です。

⑤ **Now, let's look at some examples.**

〈**Let's ＋動詞の原形～.**〉は「**～しよう。**」と提案する文です。ここでは，now は「今」という意味ではなく，「さて，それでは」という意味で使われています。

⑥ **How do robots make people's dreams come true?**

make は，〈**make ＋人（もの）＋動詞の原形**〉の形で「**（人・もの）に～させる**」という意味で使われています。**come true** は「**実現する**」という意味で，robots make people's dreams come true で「ロボットが人々の夢を実現させる」という意味になります。

⑦ **This is a robot that helps you learn English conversation.**

that は関係代名詞で，that に続く語句は a robot を後ろから修飾しています。〈**help ＋人＋動詞の原形**〉の形で，「**人が～するのを手伝う**」という意味です。

⑧ **By talking to it again and again, you can improve your English-speaking skills.**

by は，「**～によって，～を使って**」という意味の手段・方法を示す前置詞です。**again and again** は「**何度も何度も**」という意味です。

本文の解説

教科書 p.61

① **This is HAL, a robot suit.**
~ HAL, a robot suit. の HAL と a robot suit は同格で，「HAL というロボットスーツ」という意味になります。

② **It can help people carry heavy things.**
〈**help ＋人＋動詞の原形**〉の形で，「**人が～するのを手助けする**」という意味です。it は前文の HAL を指しています。

③ **It's useful in places such as hospitals and factories.**
such as ... and —で「**…や——のような～**」という意味です。

⑤ **It can search areas that are too dangerous for humans.**
関係代名詞 that は主語の代わりに使われていて，that に続く語句がその前にある名詞（areas）を修飾しています。too は「あまりにも，～すぎる」の意味で，dangerous を強調しています。

⑥ **After the Great East Japan Earthquake in 2011, it was used at the Fukushima Daiichi Nuclear Power Station.**
it was used は〈**be動詞＋動詞の過去分詞**〉の形なので，「使われた」という受け身の文です。

⑦ **NASA is developing robots, too.**
is developing は〈**be動詞＋動詞の-ing 形**〉の形で，現在進行形を表しています。

⑩ **It was sent there in 2011.**
sent は send の過去形，過去分詞です。It was sent ～は，〈**be動詞＋動詞の過去分詞**〉の形で，受け身の文です。

本文の解説

教科書 pp.62-63

① **"I want to work like other people."**
like ～で，「～のような」という意味を表します。

② **This has been a dream for many people with severe physical disabilities.**
this は前文の内容（私はほかの人々と同じように働きたい）を指しています。この文の〈**has[have] ＋過去分詞**〉は，「**(ずっと) ～している**」という継続の意味で使われています。with は「～がある」という意味の前置詞です。

③ **Now we have a robot that can help.**
関係代名詞 that は，主語の代わりに使われていて，that に続く語句（can help）はその前の名詞（a robot）を修飾しています。

⑤ **It's a staff robot at a cafe in Japan that opened in autumn of 2018.**
that は関係代名詞で，that に続く語句がその前の名詞（a cafe）を修飾しています。

⑥ **One of the first OriHime users was Mr. Nagahiro Masato.**
one of ～は，〈**one of ＋名詞の複数形**〉の形で「**～のうちの1人，1つ**」という意味を表します。

⑦ **He is a 25-year-old man who has a serious disease.**
who has a serious disease は，関係代名詞 who に続く語句がその前にある名詞の man に説明を加えています。関係代名詞 who は，「人」のときに使われ，who に続く文の主語の働きをしています。

⑧ **He didn't have any job before because he cannot move his body.**
any は否定文で使うと，「全く～ない」の意味を表すので，didn't have any job は「仕事が全くなかった」という意味になります。

⑨ **Now OriHime lets him work at a cafe.**
〈**let ＋人＋動詞の原形**〉で「**人に～させる**」という意味になります。

⑩ **Mr. Nagahiro controls the robot with small movements of his fingers.**
この文の with は「～を使って，～で」という意味で使われています。

⑪ **He watches a live video that is sent from the robot's eyes, and he talks through a microphone.**
that は関係代名詞で，that に続く is sent from the robot's eyes がその前の名詞 a live video を修飾しています。is sent from ～は〈**be動詞＋動詞の過去分詞**〉の形で，受け身の文です。

⑫ **This way, he can serve customers who come to the cafe.**
this way は「この方法」という意味です。who は関係代名詞で，who come to the cafe は customers を後ろから修飾しています。

⑬ **On the first day of his job at the cafe, it was difficult for Mr. Nagahiro to start conversations with customers.**
〈**It is ～ (for 人) ＋ to ＋動詞の原形**〉の形で，「**(人が) …するのは～です**」の意味を表します。

⑭ He didn't have much experience at places like cafes.

not ～ much で「**あまり～ない**」という否定の意味を表します。like は「～のような」という意味の前置詞で，didn't have much experience at places like cafes で「カフェのような場所での経験があまりない」という意味になります。

⑯ He asked her to give him some advice.

〈**ask ＋人＋ to ＋動詞の原形**〉は「**人に～するよう頼む**」という意味を表します。〈**give ＋目的語① (～に) ＋目的語② (…を)**〉の形で「**～に…をあげる**」の意味を表します。ここでは，him が目的語①，some advice が目的語②になっています。

⑰ The other OriHime user said, "You should be friendlier. When I serve customers, I always try to make friends with them."

should は「**～したほうがよい，～すべきである**」という意味の助動詞で，be は「～になる」という意味で使われています。また，friendlier は friendly の比較級なので，You should be friendlier で「あなたはもっと親しみやすくなったほうがよい」という意味になります。**make friends with** ～は，「**～と友達になる，～と親しくなる**」という意味です。

⑲ "Working is tough, but it's fun," Mr. Nagahiro says.

動名詞 working が主語になっています。

⑳ Thanks to this experience, he now wants to try more challenges in the future.

thanks to ～は「**～のおかげで**」という意味です。

㉑ The person who invented OriHime is Yoshifuji Kentaro.

The person who invented OriHime までが主語です。who は関係代名詞で，who invented OriHime は the person を修飾しています。

㉒ He has met a lot of people with disabilities.

has met は〈**have[has] ＋過去分詞**〉の形で，経験を表す現在完了形です。

㉓ When he talked to them, they usually said, "I wish I could connect myself with society."

I wish I could ～. の形で，「**～できたらいいのに。**」という意味です。**connect ～ with …** は「**～を…と関係させる**」という意味で使われています。

㉔ Mr. Yoshifuji heard their wishes and decided to create this new robot.

decide(d) to ～で「**～することを決心する [決心した]**」という意味を表します。

㉕ Finally, OriHime is making their dreams come true.

OriHime is making ～が，〈**be動詞＋動詞の-ing形**〉の形で現在進行形になっていることに注意しましょう。

出典　NHK ニュースおはよう日本　けさのクローズアップ（2018年12月8日放送）

ポスター

Goal **Reading** ポスターから，必要な情報を読み取ることができる。

街の掲示板にポスターが貼ってあります。どのようなことを呼びかけているのでしょうか。

Beach Clean-Up Day （ビーチ清掃デー）

BE PART OF THE SOLUTION, NOT PART OF THE POLLUTION.
（汚す側ではなく，解決する側になりましょう。）

Ocean trash is a serious pollution problem that affects the health of people and wildlife. Join the volunteer team and save our ocean. All ages are welcome!
（海洋ごみは，人々や野生生物の健康に影響を与える深刻な汚染問題です。ボランティアチームに参加して私たちの海を救ってください。あらゆる年代の方を歓迎します！）

Saturday, September 14 （9月14日土曜日）
9 a.m. – 12 p.m. （午前9時から12時（正午）まで）
Meet at the north end of Columbus Beach.
（コロンブス・ビーチの北端に集合。）

RAIN or SHINE （雨天決行）

- Spend the day and make a difference!
  （1日を使って変化をもたらしましょう！）
- You can have fun, help your community, and make new friends! （楽しんで，地域社会に役立ち，新しい友達も作れます！）
- Please bring work gloves and clothes that can get wet.
  （軍手と濡れてもよい服を持参してください。）
- Trash bags will be provided.
  （ごみ袋は提供されます。）

For more detailed information, please feel free to contact Ted Baker at (123) 456 7890.
（詳細は，電話番号 (123) 456 7890 のテッド・ベイカーまでお気軽にご連絡ください。）

1. このポスターは何を呼びかけているでしょうか。　(例) ビーチの清掃活動への参加。
2. 次のことが書かれている部分に線を引きましょう。
   (1) 当日，どの時間帯にどこへ行けばよいか。(―――)
   (2) 自分で用意する必要があるものは何か。(〰〰〰)
3. ペアになり，上の (1) (2) 以外にポスターから得られる情報を共有しましょう。
   (例) 全年齢参加可能なこと。雨天決行であること。9月14日に行われること。ごみ袋は提供されること。詳細についてはテッド・ベイカーさんまで電話をすればよいこと。

New Words 単語と語句　アクセントの位置に注意して，声に出して発音しよう。

- ☐ solution [səlúːʃən] 名 解決策
- ☐ pollution [pəlúːʃən] 名 汚染
- ☐ **ocean** [óuʃən] 名 海，海洋
- ☐ trash [træʃ] 名 ごみ，くず
- ☐ affect(s) [əfékt(s)] 動 ～に影響する，(人・体を) 冒す
- ☐ **health** [hélθ] 名 健康
- ☐ wildlife [wáildlàif] 名 野生生物
- ☐ *and* [ənd/ǽnd] 接 そうすれば
- ☐ **save** [séiv] 動 ～を救う
- ☐ **shine** [ʃáin] 名 (太陽・明かりなどが) 輝くこと，晴れ
- ☐ **north** [nɔ́ːrθ] 名 北，北方
- ☐ *end* [énd] 名 端，先端
- ☐ community [kəmjúːnəti] 名 地域住民，地域社会の人々
- ☐ trash bag [trǽʃ bæ̀g] 名 ごみ袋
- ☐ provide(d) [prəváid(id)] 動 (必要なもの) を提供する
- ☐ detailed [ditéild] 形 詳細な，細部にわたる
- ☐ *contact* [kántækt] 動 ～と連絡を取る
- ☐ be part of ～　～の一員でいる
- ☐ rain or shine　晴雨にかかわらず
- ☐ make a difference　効果を上げる，差をつける
- ☐ feel free to ～　遠慮なく～する

教科書 65ページ 教科書二次元コード

Unit 5

Goal

Reading
プレゼンテーションから，話の流れを読み取ることができる。

Speaking
読んだプレゼンテーションについて，感想や考えを伝え合うことができる。

プラスチックごみ

Plastic Waste

教科書p.65の写真を見て，ストーリーの話題を予測する

・About You What do you think about this picture?
（あなたはこの写真についてどう思いますか。）

(例) It's shocking. （衝撃的です。）

Word Board
・dirty （汚い，汚れた）
・terrible （ひどい）
・shocking （衝撃的な，ぞっとする）

・What are they talking about in their presentation?
（彼らはこのプレゼンテーションで何について話していますか。）

(例) They're talking about plastic waste. （彼らはプラスチックごみについて話しています。）

ストーリーのおおまかな内容をつかむ

1. 教科書p.65の絵や写真などを見て，音声を聞き，出来事の順に □ に数字を書きましょう。

A 3　B 2　C 1

2. 映像を見て，内容を確かめましょう。

New Words 単語と語句　アクセントの位置に注意して，声に出して発音しよう。

- □ plastic [plǽstik] 形 プラスティック製の，ビニール（製）の
- □ waste [wéist] 名 廃棄物，ごみ
- □ presentation [prèzəntéiʃən] 名 プレゼンテーション，発表
- □ **dirty** [də́ːrti] 形 汚い，汚れた
- □ **terrible** [térəbl] 形 ひどい
- □ shocking [ʃákiŋ] 形 衝撃的な，ぞっとする

教科書 66ページ

Kota のプレゼンテーション

本文の解説はp.106にあります。

Q. Kotaはどんな資料を提示しましたか。

A. (例) ウェブサイトで見つけた，1人当たりのプラスチック包装ごみの量を示すグラフ。

① Hello, everyone. ② Today, I want to talk to you about a familiar topic — it's plastic waste.
みなさん，こんにちは。 今日は，なじみのある話題についてみなさんにお話ししたいと思います。それは，プラスチックごみです。

③ How many plastic bags do you use in a single week?
みなさんは，1週間にどのくらいの数のビニール袋を使いますか。

④ And what happens to them after you throw them away?
そして，みなさんが捨てた後，ビニール袋はどうなるでしょうか。

⑤ Can you imagine? 想像できますか。

⑥ Please look at this photo. ⑦ It's shocking, isn't it?
この写真を見てください。 衝撃的ですよね。

⑧ This is a graph which I found on a website.
こちらは，ぼくがあるウェブサイトで見つけたグラフです。

⑨ It shows the amount of plastic packaging waste per person.
1人当たりのプラスチック包装ごみの量を示しています。

⑩ The U.S. ranks first. ⑪ Japan ranks second.
アメリカは1位になっています。 日本は2位に位置しています。

⑫ Plastic is durable, so it does not break down quickly.
プラスチックは耐久性があり，すぐには分解されません。

⑬ Plastic waste harms the environment, and every year there is more and more of it.
プラスチックごみは環境に害を与えますが，毎年，ますます増えています。

New Words 単語と語句 アクセントの位置に注意して，声に出して発音しよう。

- □ familiar [fəmíljər] 形 よく知られた，なじみの
- □ plastic bag(s) [plǽstik bǽg(z)] 名 ビニール袋
- □ **single** [síŋgl] 形 たった1つの
- □ **throw** [θróu] 動 ～を投げる，放り出す
- □ graph [grǽf] 名 図表，グラフ
- □ *which* [hwítʃ] 関代 〔目的格〕(…が) ～する (もの)，(…が) ～であるもの
- □ amount [əmáunt] 名 総計，合計
- □ packaging [pǽkidʒiŋ] 名 包装，パッケージ
- □ per [pə:r/pər] 前 ～につき
- □ rank(s) [rǽŋk(s)] 動 位置する
- □ durable [djúərəbl] 形 長持ちする，耐久性のある
- □ *break* [bréik] 動 壊れる
- □ harm(s) [há:rm(z)] 動 ～に危害を加える
- □ environment [inváiərənmənt] 名 環境
- □ EU [í:jú:] 名 〔the を付けて〕欧州連合〔European Union の略〕
- □ EU28 名 欧州連合加盟28か国
- □ throw ～ away ～を捨てる
- □ break down 分解される

Hajin が写真を見せながら韓国の文化を紹介します。
教科書p.67を見て，内容に合う写真を選び，▢ に記号を書きましょう。 ➡ 音声の内容はp.109にあります。

(1) D　　(2) A　　(3) B

Hajin : How much do you know about Korean culture?
（あなたは韓国の文化についてどのくらい知っていますか。）

ペアになり，教科書p.67を見て，外国の人に日本の文化を紹介するつもりで，
写真を指して説明し合いましょう。

［例］ (1) の写真
This is a cushion which people in Japan use on a *tatami* floor.
（これは日本の人々が畳の上で使うクッションです。）
It's called a *zabuton*.
（座布団とよばれます。）

解答例 (2) の写真
This is a kimono which people in Japan wear in summer.
（これは日本の人々が夏に着る着物です。）
It's called a *yukata*.
（浴衣とよばれます。）

(3) の写真
This is a card which people in Japan use to send messages.
（これは日本の人々がメッセージを送るのに使うカードです。）
It's called a *hagaki*.
（はがきとよばれます。）

教科書p.67の (1) ～ (3) の写真の中から好きなものを2つ選び，紹介する文を書きましょう。

Speak の解答例参照。

基本文

「～が…する (もの)」と説明を加える。
This is a graph **(which)** I found on a website.
（これは，私があるウェブサイトで見つけたグラフです。）

▶ Active Grammar pp.130-131

New Words 単語と語句 アクセントの位置に注意して，声に出して発音しよう。

- ☐ Korean [kərí:ən] 形 韓国の，韓国人［語］の
- ☐ cushion [kúʃən] 名 クッション

Hajin のプレゼンテーション

教科書 68ページ

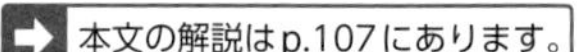

本文の解説はp.107にあります。

Q. バリ島の姉妹の活動は，どのようにバリ全土へ広まりましたか。

A. (例) SNSを通じて広まった。

① So what can we do? それで，ぼくたちは何をすることができるのでしょうか。

② In Bali, plastic bags were thrown away by tourists and residents.
バリでは，観光客や地元住民によって，ビニール袋が捨てられていました。

③ They were polluting the beaches. ビニール袋はビーチを汚染していました。

④ So two young sisters started a movement to ban plastic bags from the island in 2013.
そこで2人の若い姉妹が，島でビニール袋を禁止する運動を2013年に始めました。

⑤ The movement that they started spread through social media.
彼女たちが始めた運動は，SNSを通じて広まりました。

⑥ Finally, the Governor of Bali decided to ban all plastic bags from 2019. ついに，バリの州知事は2019年からすべてのビニール袋を禁止することを決定しました。

⑦ So you see — people can start taking action in their daily lives.
わかりますよね。人々は日常生活の中で行動を起こすことを始められるのです。

⑧ Take your bag when you go shopping.
買い物に行くときは袋を持っていきましょう。

⑨ Recycle plastic properly.
プラスチックをちゃんとリサイクルしましょう。

⑩ And tell other people.
そして，ほかの人々に伝えましょう。

⑪ Don't give up on our beautiful Planet Earth!
私たちの美しい地球を見捨ててはいけません！

New Words 単語と語句

アクセントの位置に注意して，声に出して発音しよう。

- □ *so* [sóu/sə] 接 それでは，では
- □ Bali [bá:li] 名 バリ島〔インドネシアの島〕
- **throw**
  → □ thrown [θróun] 動 throw の過去分詞
- □ resident(s) [rézədənt(s)] 名 住民
- □ pollute [pəlú:t(iŋ)] 動 ～を汚染する
  → polluting
- □ ban [bǽn] 動 ～を禁止する
- □ *that* [ðǽt/ðət] 関代〔目的格〕(…が) ～する (人・もの)，(…が) ～である (人・もの)
- □ *spread* [spréd] 動 spread の過去形，過去分詞
- □ **social** [sóuʃəl] 形 社会の
- □ media [mí:diə]
  名 情報伝達手段〔新聞・ラジオ・テレビなど〕
- □ social media [sòuʃəl mí:diə]
  名 ソーシャル・メディア
- □ governor [gʌ́vərnər] 名 知事
- □ **recycle** [rì:sáikl]
  動 ～を再利用する，～をリサイクルする
- □ properly [prápərli]
  副 きちんと，正しく，適切に
- □ planet [plǽnit] 名 惑星
- □ **bye** [bái] 間 バイバイ，じゃあね
- □ you see
  知ってのとおり，おわかりでしょうが
- □ take action 行動する
- □ give up on ～
  ～に見切りをつける，見捨てる

Tina たちが自分の持ち物について説明します。
それぞれの人と，その人が説明したものを線で結びましょう。

音声の内容はpp.109-110にあります。

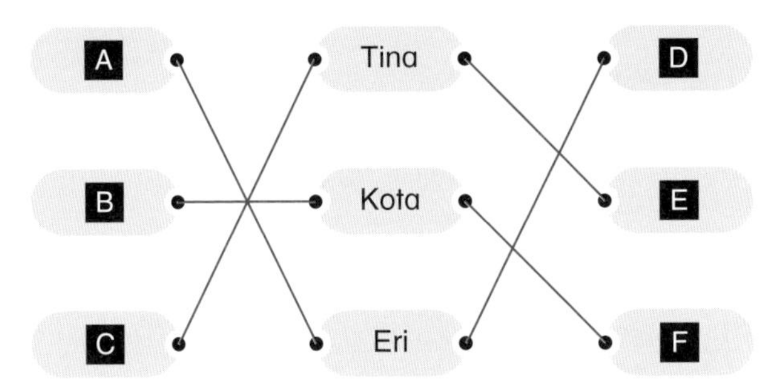

Word Board

- a dictionary （辞書，辞典）
- a handkerchief （ハンカチ）
- a pair of shoes （1足の靴）
- a pencil case （筆箱）
- an eraser （消しゴム）
- an umbrella （傘）

About You ペアになり，Tina たちの説明と同じように，自分の持ち物を説明し合いましょう。
相手の説明を聞いたら，質問や感想を伝えて会話をつなげましょう。

［例］ A：This is a book that Ken lent me the day before yesterday.
（これはおとといケンが私に貸してくれた本です。）
B：What kind of book is it?
（どんな種類の本ですか。）
A：It's a kind of mystery novel.
（推理小説です。）

解答例 A：This is a music player that my mother bought me last year.
（これは去年，母が私に買ってくれたミュージックプレーヤーです。）
B：What kind of music do you listen to?
（どんな種類の音楽を聴きますか。）
A：I listen to pop music.
（ポピュラー音楽を聴きます。）

About You 自分の持ち物について，その説明を書きましょう。

解答例 This is a dictionary that I have used since I was 10 years old.
（これは私が10歳のときから使っている辞書です。）

基本文

「～が…する（もの・人）」と説明を加える。
The movement **(that)** they started spread through social media.
（彼女たちが始めた運動は，SNSを通じて広まりました。）

▶ Active Grammar pp.130-131

New Words 単語と語句 アクセントの位置に注意して，声に出して発音しよう。

- ☐ handkerchief [hǽŋkərtʃif] 名 ハンカチ
- ☐ **pair** [péər] 名（靴・手袋など2つから成るものの）1対，1組
- ☐ **umbrella** [ʌmbrélə] 名 傘
- ☐ **lend** [lénd] 動 ～を貸す
  → ☐ lent [lént] 動 lend の過去形，過去分詞
- ☐ *yesterday* [jéstərdèi] 名 きのう
- ☐ mystery [místəri] 名 推理もの，ミステリー
- ☐ mystery novel [místəri nɑ̀vəl] 名 推理小説
- ☐ a pair of ～ 1組の～
- ☐ the day before yesterday おととい
- ☐ a kind of ～ ～のようなもの

私たちにできること

本文の解説はp.108にあります。

Q. Tinaは3人に何を見せましたか。

A. (例) プラスチックごみの削減を始めた企業に関する記事。

Tina : ① This is an article I found.
ティナ： これは私が見つけた記事です。

② It's about companies that have started to reduce plastic waste.
プラスチックごみの削減を始めた企業に関するものです。

③ A major coffee shop chain has replaced plastic straws with paper straws.
大手コーヒーショップチェーンがプラスチックのストローを紙ストローに取り替えたの。

Kota : ④ Yes. ⑤ I've heard about that.
コウタ： そうだね。 それは聞いたことがあるよ。

Hajin : ⑥ We should make an effort to reduce plastic waste.
ハジン： ぼくたちはプラスチックごみを減らす努力をすべきだよ。

Eri : ⑦ I agree. ⑧ I always go shopping with a canvas bag.
絵里： 賛成。 私はいつもキャンバス地のバッグを持って買い物に行くよ。

Tina : ⑨ I think we can ask stores to change their bags to paper bags.
ティナ： 私たちは，お店に，袋を紙袋に変えるようお願いすることができると思うな。

Kota : ⑩ If we stop using plastic bags and containers, we'll use things which are made from natural materials like cotton or wood.
コウタ： もしぼくたちがビニール袋やプラスチック容器を使うのをやめるなら，綿や木のような天然素材から作られるものを使うよね。

⑪ I think that's cool. それってかっこいいと思うな。

Tina : ⑫ Reducing plastic waste is a creative challenge as well as an environmental one.
ティナ： プラスチックごみを減らすことは，環境的な課題だけでなく発想力を必要とする課題でもあるんだね。

Think あなたなら，環境を守るためにどんなことが提案できるでしょうか。
(例) ペットボトルをなるべく買わないように，水筒を持ち歩くこと。

New Words 単語と語句 アクセントの位置に注意して，声に出して発音しよう。

- ☐ **article** [ɑ́ːrtikl] 名 (新聞・雑誌などの) 記事
- ☐ reduce [ridjúːs] 動 ～を減少させる，～を低減する
- ☐ **major** [méidʒər] 形 主要な
- ☐ chain [tʃéin] 名 チェーン (店)
- ☐ replace(d) [ripléis(t)] 動 ～を取り替える
- ☐ straw(s) [strɔ́ː(z)] 名 (飲み物用の) ストロー
- ☐ **paper** [péipər] 名 紙
- ☐ **effort** [éfərt] 名 努力，労力
- ☐ canvas [kǽnvəs] 名 キャンバス地
- ☐ container(s) [kəntéinər(z)] 名 容器，入れ物
- ☐ material [mətíəriəl(z)] 名 材料，素材，原料
- ☐ cotton [kɑ́tn] 名 木綿
- ☐ *wood* [wúd] 名 木材
- ☐ environmental [invàiərənméntəl] 形 環境の，自然環境への
- ☐ replace ～ with ... ～を…と取り替える
- ☐ make an effort 努力する
- ☐ stop -ing ～するのをやめる
- ☐ be made from ～ ～から作られている〔原料〕
- ☐ ～ as well as ... …だけでなく～も

世界各国の中学生が，環境を守る取り組みについてプレゼンテーションをします。
教科書p.71を見て，それぞれが見せた写真を選び，□に記号を書きましょう。

➡ 音声の内容はp.110にあります。

(1) A　(2) D　(3) C

About You あなたがしている環境に優しい活動に○を付けましょう。
その後ペアでたずね合い，その活動をしている人の名前を書きましょう。

解答例

eco-friendly activities（環境に優しい活動）	You（あなた）	Your friends' names（あなたの友達の名前）
(1) use my own water bottle（自分の水筒を使う）	○	
(2) reuse printed paper（印刷された紙を再利用する）	○	
(3) turn off lights（電気を消す）	○	
(4)（自分で考えて）use my own chopsticks（自分のはしを使う）	○	

[例]
A : What is an eco-friendly activity you do?
（あなたがしている環境に優しい活動は何ですか。）
B : I use my own water bottle.（私は自分の水筒を使います。）
A : Do you always use your own water bottle?（あなたはいつも自分の水筒を使いますか。）
B : Well, not always. I sometimes do it.
（うーん，いつもではありません。私はときどきそうします。）

解答例
A : What is an eco-friendly activity you do?
（あなたがしている環境に優しい活動は何ですか。）
B : I turn off lights.（私は電気を消します。）
A : Do you always turn off lights?（あなたはいつも電気を消しますか。）
B : Yes. I always do it.（はい。私はいつもそうしています。）

About You 自分や友達がしている環境に優しい活動について書きましょう。

Speak の解答例参照。

基本文

「～が…する（もの・人）」と説明を加える。
This is an article **I found.**
（これは私が見つけた記事です。）

▶ Active Grammar pp.130-131

New Words 単語と語句 アクセントの位置に注意して，声に出して発音しよう。

- □ eco-friendly [ékoufréndli] 形 環境に優しい
- □ bottle [bátl] 名 ボトル，びん
- □ reuse [rì:jú:z] 動 ～を再利用する
- □ print(ed) [prínt(id)] 動 ～を印刷する
- □ **light(s)** [láit(s)] 名 明かり，照明
- □ turn off ～ （テレビ・明かりなど）を消す

Part 1

基本文

「～が…する（もの）」と説明を加える。

This is a graph (which) I found on a website.
（これは，私があるウェブサイトで見つけたグラフです。）

学習のポイント！

関係代名詞 which（目的語）

関係代名詞 whichは，whichに続く文の主語の働き（主格）のほかに，目的語の働き（目的格）もします。目的語の働きをするときは，whichの後には，〈**主語＋動詞**〉が続きます。目的語になる関係代名詞はよく省略されます。

This is a graph **(which)** I found on a website.
グラフ ← 私があるウェブサイトで見つけた

本文の解説

教科書 p.66

④ And what happens to them after you throw them away? （→教科書p.66　表現）

What happens to ～? は，「**～はどうなるでしょう。**」という意味を表す表現です。**throw ～ away** は「**～を捨てる**」という意味で，them は前文の plastic bags を指しているので，What happens to them after you throw them away? で，「あなた（たち）が捨てた後，ビニール袋はどうなるでしょう。」という意味になります。

⑤ Can you imagine?

この文の Can you ～? は「～してくれませんか。」と相手に依頼するときに使う言い方ではなく，「～できる」という可能性を表す意味で使われています。

⑦ It's shocking, isn't it?

文末の **isn't it?** は**付加疑問**といい，「ですね」と相手に確認したり同意を求めたりするときに使います。肯定文には，否定の付加疑問を付けます。

⑧ This is a graph which I found on a website.

which I found on a website は，**関係代名詞 which** に続く語句が「**～が…する**」という意味で，その前にある名詞（a graph）に説明を加えています。この関係代名詞 which は，目的語の代わりに使われています。found は find の過去形，過去分詞です。

⑨ It shows the amount of plastic packaging waste per person.

（→教科書p.66　KEY）

it は前文の a graph（グラフ）を指しています。per person は「1人につき」という意味なので，the amount of plastic packaging waste per person で「1人当たりのプラスチック包装ごみの量」という意味になります。

⑫ Plastic is durable, so it does not break down quickly.

so は結果を表す接続詞で，「**それで，だから**」の意味になります。**break down** は「**分解される**」という意味です。

⑬ Plastic waste harms the environment, and every year there is more and more of it.

more and more は「**ますます**」という意味を表します。it は plastic waste を指しているので，there is more and more of it で，「プラスチックごみはますますある→プラスチックごみはますます増えている」という意味になります。

Part 2

「～が…する（もの・人）」と説明を加える。

The movement (that) they started spread through social media.
（彼女たちが始めた運動は，SNSを通じて広まりました。）

学習のポイント

関係代名詞 that（目的語）

関係代名詞 that は，that に続く文の主語の働き（主格）のほかに，目的語の働き（目的格）もします。目的語の働きをするときは，that の後には，〈**主語＋動詞**〉が続きます。目的語になる関係代名詞はよく省略されます。

The movement **(that)** they started spread through social media.
運動　彼女たちが始めた

本文の解説

教科書 p.68

② **In Bali, plastic bags were thrown away by tourists and residents.**
〈**be動詞＋動詞の過去分詞＋ by ～**〉の形で，「**～によって…されている**」という受け身の意味を表します。この文では be動詞が were になっているので，日本語訳は「～されていた」と過去形になります。

③ **They were polluting the beaches.**
〈**be動詞＋動詞の -ing形**〉の形なので，進行形の文です。ここでは be動詞は are の過去形 were になっているので，「～していた」という意味になります。

④ **So two young sisters started a movement to ban plastic bags from the island in 2013.**
to ban は，前にある名詞 a movement を修飾している形容詞的用法の不定詞です。

⑤ **The movement that they started spread through social media.**
この文の主語は，the movement that they started です。**関係代名詞 that** に続く語句が「**～が…する**」という意味で，その前にある名詞（the movement）に説明を加えています。関係代名詞 that は，目的語の代わりに使われています。

⑥ **Finally, the Governor of Bali decided to ban all plastic bags from 2019.**
finally は「ついに，やっとのことで，ようやく」という意味です。**decide to ～**で「**～することに決める，～しようと決心する**」という意味を表します。

⑦ **So you see — people can start taking action in their daily lives.**
〈**start ＋動名詞**〉で「**～し始める**」の意味を表します。**you see** は「**知ってのとおり，おわかりでしょうが**」，**take action** は「**行動する**」という意味です。

⑧ **Take your bag when you go shopping.**
when は，「**～するとき**」の意味で時を表す接続詞です。shopping は動名詞として使われています。

⑪ **Don't give up on our beautiful Planet Earth!** （→教科書p.68　KEY）
give up on ～は「**～に見切りをつける，見捨てる**」という意味です。

Part 3

「～が…する（もの・人）」と説明を加える。

This is an article I found.
（これは私が見つけた記事です。）

学習のポイント

後置修飾（主語＋動詞）

〈**主語＋動詞**〉の形が，「**～が…する**」という意味で，その前にある名詞に説明（修飾）を加えることがあります。日本語では，名詞を説明（修飾）する語句は普通その前に置かれますが，英語では，その名詞の後ろに置かれることが多いので，覚えておきましょう。

This is an article **I found**.
名詞「記事」 ← 〈主語＋動詞〉「私が見つけた」

本文の解説

教科書 p.70

① **This is an article I found.**
I found がその前にある名詞（an article）に後ろから説明（修飾）を加えています。

② **It's about companies that have started to reduce plastic waste.**
that は関係代名詞で主格として使われ，that に続く語句が companies に説明を加えています。〈**have ＋過去分詞**〉の形で現在完了形を表し，また〈**start (ed) ＋ to ＋動詞の原形**〉で「**～を始める［始めた］**」という意味を表すので，have started to reduce plastic waste は「プラスチックごみの削減を始めた」という意味になります。

⑤ **I've heard about that.**
that は③の内容を指しています。I've heard ～は「～を聞いたことがある」と経験を表す現在完了形です。

⑥ **We should make an effort to reduce plastic waste.**
should は「**～したほうがよい，～すべきである**」という意味の助動詞で，後に動詞の原形が続きます。**make an effort** は「**努力する**」という意味です。

⑨ **I think we can ask stores to change their bags to paper bags.**
I think の後に接続詞の that が省略されています。
ask ～ to ... で「**～に…するよう頼む**」という意味を表します。

⑩ **If we stop using plastic bags and containers, we'll use things which are made from natural materials like cotton or wood.**
If we stop ～の **if** は，「**もし～ならば**」と条件を表す接続詞です。**we'll** は **we will** の短縮形，which は「もの」に説明を加える主語の代わりをする関係代名詞です。**be made from ～** は，「**（原料として）～から作られている**」という意味を表します。like は「～のような」という意味の前置詞です。

⑫ **Reducing plastic waste is a creative challenge as well as an environmental one.**
～ as well as ... は，「**…だけでなく～も**」という意味です。an environmental one の one は代名詞として使われていて，a creative challenge as well as an environmental one で「環境的な課題だけでなく創造的な（＝発想力を必要とする）課題も」という意味になります。

Unit 5 音声の内容

Part 1 (教科書 p.67) の音声の内容

解答はp.101にあります。

ポイント 音声の内容は次の通りです。下線部に注意して，内容に合う写真を選び，□に記号を書きましょう。

Hello, everyone. Today, I want to talk to you about culture in my home country.
（みなさん，こんにちは。今日は，母国の文化についてお話ししたいと思います。）

(1)
Do you know anything about traditional musical instruments in Korea? This is a drum which people in Korea play. They play it when they perform traditional Korean music.
（韓国の伝統楽器をご存じですか。これは韓国の人たちが演奏する太鼓です。韓国の伝統音楽を演奏するときに使います。）

(2)
Here's the next picture. Do you know anything about traditional games in Korea? This is a board game which people in Korea often play. It's like Japanese *shogi*. Do you know its name? It's called *changi*. It looks like *shogi*, doesn't it?
（次の写真です。韓国の伝統的な遊びを知っていますか。韓国の人がよくやるボードゲームです。日本の将棋のようなものです。名前を知っていますか。チャンギといいます。将棋に似ていますよね。）

(3)
This is a food which people in Korea love to eat. It's made with different vegetables. It's hot and sour. It's called kimuchi. Have you ever tried it? It's very popular in Japan, too.
（これは，韓国の人が大好きな食べ物です。いろいろな野菜を使っています。辛くて酸っぱいです。キムチとよばれています。みなさんは食べたことがありますか。日本でもとても人気がありますね。）

Part 2 (教科書 p.69) の音声の内容

解答はp.103にあります。

ポイント 音声の内容は次の通りです。下線部に注意して，それぞれの人と，その人が説明したものを線で結びましょう。

Tina : Hey, guys, let's play a game. （みんな，ゲームしようよ。）
Kota : Which game? （どんなゲーム？）
Tina : It's a kind of "explanation game." （「説明ゲーム」みたいなものよ。）
Eri : "Explanation game"? （「説明ゲーム」？）
Tina : You show something that you have, and say something about it. OK, I'll start. Look at this. （自分の持っているものを見せて，それについて何か言うの。よし，始めるよ。これを見て。）
Eri : Oh, a dictionary. （あっ，辞書ね。）
Tina : Yeah. This is a dictionary that I use to find out about new words.
（うん。これは私が新しい単語を調べるのに使う辞書よ。）
Eri : Great. OK, Kota, it's your turn. （いいね。じゃあ，コウタ，あなたの番よ。）
Kota : OK. Let me see .... This is a pencil case that I've been using for a long time.
（いいよ。えーと……。これはぼくがずっと使っている筆箱です。）
Tina : How long have you been using it? （どのくらい使ってるの？）
Kota : Hmmm, for about three years now. （うーん，もう3年くらいかな。）
Tina : Wow. That's a long time. OK, it's your turn, Eri. （へえー。長いね。じゃあ，絵里の番だよ。）
Eri : Let me see .... This is an umbrella that I always have in my bag.
（えーと……。これは私がいつもかばんに入れている傘です。）
Kota : Oh, that's a good idea. （そうなんだ，それはいい考えだね。）
Eri : Thanks. It's your turn, Tina. （ありがとう。次はティナの番だよ。）

Tina : OK. This is an eraser that I bought last week. （うん。これは先週買った消しゴムだよ。）
Kota : Mm ... very nice. OK. It's my turn. This is a pair of shoes that I washed last Sunday.
（う～ん……とてもいいね。ぼくの番だよ。これは先週の日曜日に洗った靴です。）
Eri : Oh, you wash your shoes? Wow, I'm impressed. （えっ，靴を洗うの？ うわー，感心した。）
Kota : It's your turn, Eri. （絵里の番だよ。）
Eri : Let me see .... This is a handkerchief that Hajin gave me.
（えーと……。これはハジンからもらったハンカチです。）
Kota : Oh, it was a present from Hajin, wasn't it? （あっ，ハジンからのプレゼントだったんだね。）
Eri : Uh ... yes, it was, actually. （えっと……そうなの，実は。）

Part 3 (教科書 p.71) の音声の内容

解答はp.105にあります。

ポイント 音声の内容は次の通りです。下線部に注意して，それぞれが見せた写真を選び，□ に記号を書きましょう。

(1)
Hello. I'm Amina. I'm a junior high school student in Nairobi.
（こんにちは。私はアミナです。ナイロビの中学生です。）
I've joined the Green Belt movement Wangari Maathai started in 1977. Do you know Wangari Maathai? （1977年にワンガリ・マータイが始めたグリーンベルト運動に参加したことがあります。ワンガリ・マータイを知っていますか。）
She was the first African woman who won a Nobel Peace Prize. She died in 2011, but we are continuing her work. （アフリカで初めてノーベル平和賞を受賞した女性です。2011年に亡くなりましたが，私たちは彼女の活動を続けています。）
Look at this photo. We are planting trees to fight global warming and save the earth.
（この写真を見てください。私たちは地球温暖化と戦い，地球を救うために木を植えています。）

(2)
Hello. My name is Gaspard. I live in Paris. Look at this photo.
（こんにちは。私の名前はガスパールです。パリに住んでいます。この写真を見てください。）
It's one of the bicycle stations you can see in Paris. There are now more than 20,000 rental bicycles in the city, with 1,700 bicycle stations. （パリで見かける自転車ステーションの1つです。現在，市内には2万台以上のレンタル自転車があり，1,700の自転車ステーションがあります。）
You can rent a bicycle at one station and leave it at another station.
（あるステーションで自転車を借りて，別のステーションで返すことができます。）
We call this system the "Velib." It's cheap and convenient, and it doesn't produce any CO_2.
（私たちはこのシステムを"ヴェリブ"とよんでいます。安くて便利で，CO_2を出しません。）
It's an eco-friendly system. Do you think it's a good idea?
（環境に優しいシステムです。いいアイデアだと思いませんか。）

(3)
Hello. I'm Kota. I live in Japan. The summer in Japan is getting hotter and hotter year by year. （こんにちは。コウタです。日本に住んでいます。日本の夏は年々暑くなってきています。）
How can we protect ourselves against the hot weather? We can use air conditioners, of course, but they need a lot of electricity.
（どうやって暑さ対策をすればいいのでしょうか。もちろんエアコンは使えますが，電気をたくさん使います。）
Look at this photo. A woman is splashing water on the streets.
（この写真を見てください。女性が路上で水をかけています。）
This is the way Japanese people traditionally cool down the streets. We call it *uchimizu*.
（これが日本人の伝統的な涼しくする方法です。私たちはこれを「打ち水」とよんでいます。）
When we do *uchimizu*, we usually use the water we used for a bath. It's a good idea, isn't it?
（「打ち水」をするときは，普通はお風呂で使った水を使います。いいアイデアですよね。）

Unit 5 Goal プレゼンテーションを読んで，感想を伝え合おう

教科書 72ページ

Kota は，バリ島の姉妹Melati と Isabel によるプレゼンテーションの要約を雑誌で見つけました。
1. 段落ごとに切り抜いた記事が，ばらばらになってしまいました。
記事の内容が正しい順につながるよう，A ～ C の □ に1～3の数字を書きましょう。

Our Campaign to Ban Plastic Bags in Bali

バリ島でビニール袋を禁止する私たちの運動

Melati and Isabel Wijsen

メラティとイサベル・ワイゼン

One day, we learned about great people who changed the world, such as Nelson Mandela, Princess Diana, and Mahatma Gandhi. After that, we wanted to change the world, too. We were only ten and twelve years old, but we couldn't wait. We agreed that we had to do something right away.

（ある日，私たちは，ネルソン・マンデラやダイアナ妃，マハトマ・ガンディーなど，世界を変えた偉大な人々について学びました。その後，私たちも世界を変えたいと思いました。私たちはほんの10歳と12歳でしたが，待っていられませんでした。すぐに何かしなければならないと2人で意見が一致しました。）

A 2

Plastic bags have been banned in places such as Hawaii and Rwanda. We had the idea to ban them in Bali, too. From this idea, our movement was born. We called it "Bye Bye Plastic Bags," and we gathered a team of local kids through social media. Next, we picked up plastic bags on the beach, gave presentations around Bali, and collected signatures at the airport. As a result, the Governor of Bali finally promised to ban plastic bags in Bali. The movement we started was a great success.

（ビニール袋は，ハワイやルワンダといった場所で禁止されてきました。私たちは，バリでもビニール袋を禁止にするという考えをもっていました。この考えから，私たちの運動は生まれました。私たちはその運動を「さよなら，ビニール袋」とよび，SNSを通じて地元の子供たちのチームを集めました。次に，私たちは浜辺でビニール袋を拾い，バリ中でプレゼンテーションをし，空港で署名を集めました。その結果，バリの州知事がついにバリでビニール袋を禁止すると約束しました。私たちが始めた運動は，大成功を収めました。）

New Words 単語と語句

アクセントの位置に注意して，声に出して発音しよう。

- □ campaign [kæmpéin] 名 運動，キャンペーン
- □ Melati and Isabel Wijsen 名 メラティとイサベル・ワイゼン〔姉妹の名〕
- □ Nelson Mandela 名 ネルソン・マンデラ (1918－2013)
- □ princess [prínsəs] 名 皇太子妃
- □ Princess Diana 名 ダイアナ妃 (1961－1997)
- □ Mahatma Gandhi 名 マハトマ・ガンディー (1869－1948)
- □ Hawaii [həwáii:] 名 ハワイ〔米国の州〕
- □ **gather** [gǽðər] 動 ～を集める
- □ *kid* [kíd] 名 子ども
- □ **pick(ed)** [pík(t)] 動 ～を取る，取り除く
- □ signature(s) [sígnətʃər(z)] 名 署名
- □ result [rizʌ́lt] 名 結果，結末，なりゆき
- □ success [səksés] 名 成功
- □ pick up ～ ～を拾い上げる
- □ as a result （前文の内容を受けて）その結果（として）

From this success, we learned that even kids can make a difference. With only an idea and friends to help us, we have the power to change the world. Kids are only 25 percent of the world's population, but we are 100 percent of the world's future.

（この成功から，たとえ子供でも変化を生み出すことができるということを私たちは学びました。アイデアと手助けしてくれる仲間さえあれば，私たちには世界を変える力があるのです。子供たちは世界の人口のたった25パーセントですが，私たちは世界の未来の100パーセントなのです。）

Then we discussed the various problems in Bali. We found that one huge problem was plastic waste. However, that was a problem we couldn't solve so easily. Instead, we decided to focus on something we use every day: plastic bags.

（それから私たちはバリのさまざまな問題について話し合いました。1つのとても大きな問題は，プラスチックごみだとわかりました。しかしながら，それは自分たちではそう簡単に解決できない問題でした。そうではなく，私たちは毎日使うものに焦点を合わせることに決めました。つまり，ビニール袋です。）

[227 words] 〔227 語〕

Reading 2. 音声を聞き，正しい順番と内容を確かめましょう。

Speaking プレゼンテーションの要約を読んで，感じたことや考えたことを伝え合いましょう。

1. 文章を読んで，印象に残った部分に線を引きましょう。
2. ペアになり，それぞれ下線を引いた部分を読み上げましょう。
   また，その部分を選んだ理由を伝え合いましょう。

A： "We were only ten and twelve years old, ..." （私たちはほんの10歳と12歳でしたが，…。）
B： I think they are .... （私は彼女たちは…と思います。）

解答例 "We agreed that we had to do something right away."
（すぐに何かしなければならないと2人で意見が一致しました。）
Because I thought it was important to take action.
（行動することが大切だと思ったからです。）

New Words **単語と語句** アクセントの位置に注意して，声に出して発音しよう。

- □ **even** [íːvən] 副 ～でさえ
- □ *power* [páuər] 名 能力，才能
- □ percent [pərsént] 名 パーセント
- □ discuss(ed) [diskʌ́s(t)] 動 ～を話し合う
- □ **solve** [sálv] 動（困難・課題など）を解決する，～を打開する
- □ **instead** [instéd] 副 その代わりに
- □ focus [fóukəs] 動 注意［努力］を集中させる，重点的に取り扱う
- □ focus on ～ ～を重点的に取り扱う

CAN-DO プレゼンテーションから，話の流れを読み取ることができる。 ▶▶CAN-DO List (R-2)
CAN-DO 読んだプレゼンテーションについて，感想や考えを伝え合うことができる。 ▶▶CAN-DO List (SI-3)

ニュース

Goal Listening & Speaking ニュースを聞いて要点を捉え，おおまかな内容を説明することができる。

ラジオの英語番組で，ある会議に関するニュースが流れます。
いつ，どこで，どんな話し合いがされたのかに注意して，聞き取りましょう。

1. どんな会議が，いつ，どこで開かれましたか。正しいものに ✓ を付けましょう。

会議の名前	✓ 地球環境のための世界学生会議	○ 伝統文化の継承を考える世界学生会議	
いつ	○ 10月12～13日	✓ 10月20～23日	○ 10月22～30日
どこで	○ 東京	○ 名古屋	✓ 京都

2. 会議の参加者の出身国とそれぞれの話の内容を聞き取り，正しいほうに ✓ を付けましょう。

参加者	出身国	話の内容
(1) Mary メアリー	○ Australia（オーストラリア）	✓ the sea-level rise that is caused by climate change（気候変動による海面上昇）
	✓ Tuvalu（ツバル）	○ the waste that people throw away in the sea（人々が海へ捨てるごみ）
(2) Fernando フェルナンド	✓ Brazil（ブラジル）	○ lungs which are hurt by the dirty air in a city（街の汚れた空気によって傷つけられた肺）
	○ Spain（スペイン）	✓ rain forests that have become smaller and smaller（小さくなっていく熱帯雨林）
(3) Anna アンナ	○ the U.S.（アメリカ）	○ to find a good way to recycle plastic products（プラスチック製品をリサイクルするよい方法を見つけること）
	✓ Japan（日本）	✓ to find a good way to reduce plastic waste（プラスチックごみを減らすよい方法を見つけること）

3. もう1度ニュースを聞いてメモを取り，(1) ～ (3) の参加者がどんな意見を述べたかを説明しましょう。

[例] Mary is from ～.
（メアリーさんは～の出身です。）
She said that ～.
（彼女は～ということを言いました。）
She told the audience that ～.
（彼女は聴衆に～ということを話しました。）
She asked them to ～.
（彼女は彼らに～するように頼みました。）

解答例 Fernando said that it is important to protect the rain forests to save all the living things on the Earth.
（フェルナンドさんは，地球上の全ての生き物を救うために，熱帯雨林を守ることが大切だと話しました。）

Word Board

- sea-level rise（海面上昇）
- rain forests（熱帯雨林）
- lungs（肺）
- breathe in ～（～を吸い込む）
- breathe out ～（～を吐き出す）
- digest（消化する）

ポイント 音声の内容は次の通りです。

1.
Good morning. This is HWG Morning News. We bring you all the news from Tokyo. The World Student Conference for the Global Environment was held in Japan for the first time last week. This conference was first held in Paris in 2011 and has since been held once a year in different parts of the world. This year, it was held in Kyoto from October 20 to 23. About two hundred students from many different countries came together in Kyoto and talked about the future of the global environment. （おはようございます。HWGモーニングニュースです。東京からのニュースをお届けします。先週，日本で初めて「地球環境のための世界学生会議」が開催されました。この会議は2011年にパリで開催されて以来，年に一度，世

界各地で開催されています。今年は10月20日から23日まで京都で開催されました。京都にはさまざまな国から約200人の学生が集まり，地球環境の未来について語り合いました。）

2.

(1)

Mary Pita is a junior-high-school girl from Tuvalu. Tuvalu is an island country in the Pacific Ocean. It was formerly known as Ellice islands. It consists of several small islands. Those islands are very beautiful. However, they say that these beautiful islands will sink into the sea in the future. One of the reasons is the sea-level rise that is caused by climate change. Mary's country will be lost if we can't stop climate change. Mary asked the audience to help her country. （メアリー・ピタさんはツバルの女子中学生です。ツバルは太平洋に浮かぶ島国です。以前はエリス諸島とよばれていたところで，それはいくつかの小さな島々で構成されています。それらの島々はとても美しいです。しかし，これらの美しい島々は将来，海に沈んでしまうと言われています。その理由の1つは，気候変動による海面上昇だそうです。気候変動を止められなければ，メアリーさんの国は失われてしまいます。メアリーさんは，自分の国を助けて欲しいと会場によびかけました。）

(2)

Fernando Sánchez is a junior-high-school boy from Brazil. He asked the audience to help his country save its rain forests. There is a very large area of rain forests along the Amazon River in Brazil. But the area of rain forests has become smaller and smaller year by year. This is because people have been changing the rain forests into farmland. Farmland is necessary to produce food, but the rain forests are also necessary to keep the global environment healthy. Fernando told the audience that rain forests were like the lungs of the Earth. The rain forests breathe in a lot of CO_2 and breathe out a lot of oxygen. He said that it is important to protect the rain forests to save all the living things on Earth. （フェルナンド・サンチェスさんはブラジルの男子中学生です。彼は，自分の国の熱帯雨林を救うために，聴衆に協力を求めました。ブラジルのアマゾン川沿いには，とても広い範囲の熱帯雨林があります。しかし，熱帯雨林の面積は年々狭くなっています。それは，人々が熱帯雨林を農地に変えてしまったからです。農地は食料を生産するために必要ですが，熱帯雨林もまた地球環境を健全に保つために必要なのです。フェルナンドさんは，熱帯雨林は地球の肺のようなものだと話していました。熱帯雨林はたくさんのCO_2を吸い込み，たくさんの酸素を吐き出します。彼は，地球上の全ての生き物を救うためにも，熱帯雨林を守ることが大切だと話しました。）

(3)

Aoki Anna is a high-school girl from Japan, the host country. She told the audience that they should help reduce plastic waste. People use many products which are made from plastics. Some of them are recycled, but most of them are not. All this plastic waste has been having a bad influence on the environment. For example, plastic waste is dangerous to sea animals. When you throw away plastic waste, it often ends up in the sea. Sea animals mistake it for food and eat it. But they can't digest it, so the sea animals can't eat other food and they die. Anna was afraid that plastic waste would become a cause of animal extinction. Anna told us that we have to find a good way to reduce plastic waste. At the end of the conference, the students adopted a Declaration of Students for the Global Environment, and they promised to work hard together for the future of the global environment. （アオキアンナさんは開催国である日本の女子高生です。彼女は聴衆に，プラスチックごみの削減に協力すべきだと話しました。人々はプラスチックから作られた多くの製品を使っています。その中にはリサイクルされているものもありますが，ほとんどはリサイクルされていません。このようなプラスチックごみは，環境に悪い影響を与えています。たとえば，プラスチックごみは海の動物にとって危険です。プラスチックごみを捨てると，たいていの場合，海に行き着きます。海の動物は，それを食べ物と勘違いして食べてしまいます。でも消化できないので，海の動物はほかの食べ物を食べられなくなって死んでしまうのです。アンナさんは，プラスチックごみが動物の絶滅の原因になるのではないかと心配していました。アンナさんは，プラスチックごみを減らすよい方法を見つけなければならないと話しました。会議の最後には「地球環境のための学生宣言」を採択し，地球環境の未来のためにいっしょにがんばろうと約束しました。）

New Words **単語と語句** アクセントの位置に注意して，声に出して発音しよう。

- □ Tuvalu [túːvəlùː] 名 ツバル〔太平洋南西部の国〕
- □ sea-level [síːlèvəl] 名 海抜，海面の高さ
- □ lung(s) [lʌ́ŋ(z)] 名 肺
- □ *hurt* [hə́ːrt] 動 ～を傷つける
  - → □ *hurt* [hə́ːrt] 動 hurt の過去形，過去分詞
- □ rain forest(s) [réin fɔ̀ːrist(s)] 名 熱帯雨林
- □ **product(s)** [prɑ́dʌkt(s)] 名 製品，生産物
- □ audience [ɔ́ːdiəns] 名 聴衆，観客，聞き手
- □ **breathe** [bríːð] 動 呼吸する，息をする
- □ digest [daidʒést] 動 ～を消化する

教科書 75ページ

教科書二次元コード

Goal

Listening
絵の説明から，場面や状況を聞き取ることができる。

Speaking
絵にふさわしいせりふを考えて，発表することができる。

合唱コンクール

The Chorus Contest

教科書p.75の絵を見て，ストーリーの話題を予測する

- About You What school event do you remember the best?
  (あなたがいちばん覚えている学校行事は何ですか。)

  (例) I remember the school trip the best.
  (修学旅行をいちばん覚えています。)

- What is the problem they have before the chorus contest?
  (合唱コンクール前に彼らが抱えている問題は何ですか。)

  (例) Their rehearsals were not going well.
  (練習がうまくいっていませんでした。)

Word Board
- chorus contest (合唱コンクール)
- entrance ceremony (入学式)
- school festival (文化祭)
- school trip (修学旅行)
- sports day (体育祭)

ストーリーのおおまかな内容をつかむ

1. 教科書p.75の絵を見て，音声を聞き，出来事の順に □ に数字を書きましょう。

2. 映像を見て，内容を確かめましょう。

New Words 単語と語句 アクセントの位置に注意して，声に出して発音しよう。

- □ **chorus** [kɔ́ːrəs] 名 合唱，合唱部
- □ **contest** [kántest] 名 コンテスト，競争
- □ *best* [bést] 副 最もよく，いちばん

もうすぐ合唱コンクール

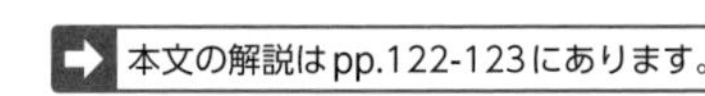

本文の解説はpp.122-123にあります。

Q. Kota はどんな提案をしましたか。

A. （例）1台のピアノを2人で弾く提案。

Kota : ① What's the matter? ② Are you in trouble?
コウタ： どうかしたの？ 何か困っている？

Eri : ③ I twisted my wrist while I was playing basketball.
絵里： バスケットボールをしている間に手首をひねってしまったの。

④ I don't think I can play the piano at the chorus contest.
私，合唱コンクールでピアノを弾けないと思う。

Tina : ⑤ What should we do?
ティナ： どうすればいいんだろう。

⑥ We have only a few days until the contest.
コンクールまであと数日しかないよ。

Kota : ⑦ I have an idea. ⑧ Look at this video.
コウタ： ぼくに考えがある。 この動画を見て。

⑨ There are two people playing one piano.
1台のピアノを弾いている2人の人がいるよ。

⑩ We could try that.
ぼくたちはこれを試せるんじゃないかな。

Tina : ⑪ Who can play the piano with Eri?
ティナ： 誰が絵里といっしょにピアノを弾けるの？

Hajin : ⑫ I can play a little bit.
ハジン： ぼく，少し弾けるよ。

Eri : ⑬ Really? ⑭ Can you help me? ⑮ We can play together.
絵里： 本当？ 私を助けてくれる？ 私たち，いっしょに弾けるかも。

Hajin : ⑯ OK. ⑰ I'll do my best.
ハジン： わかった。 できる限りやってみるよ。

New Words 単語と語句 アクセントの位置に注意して，声に出して発音しよう。

- □ **matter** [mǽtər] 名 事柄，問題，事件
- □ **trouble** [trʌ́bl] 名 困難，困った状況
- □ twist(ed) [twíst(id)] 動 ～をねじる，ひねる
- □ wrist [ríst] 名 手首
- □ **while** [*h*wáil] 接 ～している間に
- □ **few** [fjúː] 形 少数の，いくつかの
- □ **until** [əntíl] 前 ～まで（ずっと）
- □ be in trouble 困ったことになっている
- □ a few ～ 少数の～，いくつかの～

Nick がホームパーティーを手伝っています。
教科書p.77の絵を見て，Nick とMs. Rios の会話に出てきた人を探し，□ に番号を書きましょう。

➡ 音声の内容はp.125にあります。

・いちばん左の本を持っている女性 1
・右下の電話で話している男性 2
・ピアノの隣にいる写真を撮っている女性 3

記憶ゲームをしましょう。ペアになり，教科書p.77の絵の中の人物についてたずね合いましょう。
答える人は絵を見ずに，記憶で答えましょう。

[例] ・Who is the woman holding a book? —Ms. Green （グリーンさん）
（本を持っている女性は誰ですか。）
・Who is the man eating a piece of cake? —Mr. Chiba （チバさん）
（ケーキを食べている男性は誰ですか。）
・Who is the man sitting beside Mr. Chiba? —Dr. Kang （カン先生）
（チバさんの隣に座っている男性は誰ですか。）

解答例 ・Who is the man talking on the phone? —Dr. Oka （オカ先生）
（電話で話している男性は誰ですか。）

教科書p.77の絵の人物を説明する文を３つ書きましょう。

[例] The man talking with two women is Mr. Rios.
（2人の女性と話している男性はリオスさんです。）

解答例 The woman taking a picture is Ms. Kato.
（写真を撮っている女性はカトウさんです。）
The man talking on the phone is Dr. Oka.
（電話で話している男性はオカ先生です。）
The woman holding a book is Ms. Green.
（本を持っている女性はグリーンさんです。）

基本文

「～している（もの・人)」と説明を加える。
There are two people **playing one piano**.
（1台のピアノを弾いている2人の人がいます。）

▶ Active Grammar pp.130-131

New Words 単語と語句 アクセントの位置に注意して，声に出して発音しよう。

□ Dr. [dáktə*r*]
名〔医者や博士の前に付けて〕～先生，～博士
□ **woman** [wúmən] 名 女性
→ □ women [wímin] 名 woman の複数形
□ **piece** [píːs] 名 1つ，1個，1枚
□ beside [bisáid]
前 ～のそばに［の］，～の隣りに［の］
□ a piece of ～ 1つ［個・枚］の～

合唱コンクール当日

本文の解説はp.123にあります。

Q. Nick は，Kota たちのクラスの衣装について，何と説明しましたか。

A. (例) ティナがデザインしたTシャツだと説明した。

① ***Tina has invited her parents to the contest:***
ティナは，コンクールに両親を招待しました：

Nick : ② Tina's class is next.
ニック： ティナのクラスは次だね。

Mr. Rios : ③ What are they going to sing?
リオスさん： 何を歌うのかな？

Nick : ④ "Heal the World."
ニック： 「ヒール・ザ・ワールド」だよ。

Ms. Rios : ⑤ Here they are.
リオスさん： 出てきたわ。

Nick : ⑥ Look! ⑦ They're wearing T-shirts designed by Tina.
ニック： ほら見て！ ティナがデザインしたTシャツを着ているよ。

Mr. Rios : ⑧ Kota is the conductor, and Tina will sing a solo part.
リオスさん： コウタが指揮者で，ティナはソロパートを歌うんだね。

Nick : ⑨ The boy playing the piano with Eri is Hajin.
ニック： 絵里とピアノを演奏している男子はハジンだよ。

⑩ Eri hurt her wrist, so Hajin is helping her.
絵里が手首を痛めたから，ハジンが手伝っているんだ。

Ms. Rios : ⑪ That's really nice.
リオスさん： それは本当にすてきね。

New Words **単語と語句** アクセントの位置に注意して，声に出して発音しよう。

- ☐ **invite(d)** [inváit(id)] 動 ～を招く，～を招待する
- ☐ heal [híːl] 動 ～を治す，～を癒す
- ☐ T-shirt(s) [tíːʃəːrt(s)] 名 Tシャツ
- ☐ **design(ed)** [dizáin(d)] 動 ～をデザインする
- ☐ conductor [kəndʌ́ktər] 名 指揮者
- ☐ solo [sóulou] 名 独唱，ソロ

Mr. Rios がパーティーに来たお客さんと話しています。
教科書p.79の写真を見て，話に出てきた順に，□に番号を書きましょう。

音声の内容はp.126にあります。

A [3]　B [1]　C [2]

ペアになり，下の情報を参考にして，日本のことを紹介してみましょう。

解答例

紹介するもの	情報
(1) *The Tale of Genji* （『源氏物語』）	Murasaki Shikibu wrote this novel. （紫式部がこの小説を書いた。）
(2) Kairakuen Park （偕楽園）	Tokugawa Nariaki made this park. （徳川斉昭がこの庭を造った。）
(3) Kinkaku-ji Temple （金閣寺）	Ashikaga Yoshimitsu built this temple. （足利義満がこの寺を建てた。）
(4) (自分で考えて) *Gunkeizu* （『群鶏図』）	(自分で調べて) Ito Jakuchu painted this picture. （伊藤若冲がこの絵を描いた。）

[例]　A： Do you know anything about *The Tale of Genji*?
（あなたは『源氏物語』について何か知っていますか。）
B： Yes. It's a famous novel written by Murasaki Shikibu.
（はい。それは紫式部によって書かれた有名な小説です。）

解答例　A： Do you know anything about Kinkaku-ji Temple?
（あなたは金閣寺について何か知っていますか。）
B： Yes. It's a temple built by Ashikaga Yoshimitsu.
（はい。それは足利義満によって建てられた寺です。）

上の (1) ～ (4) から3つ選んで，紹介する文を書きましょう。

[例]　*Hatsukoi* is a poem written by Shimazaki Toson.
（『初恋』は島崎藤村によって書かれた詩です。）

解答例　Kairakuen Park is a park made by Tokugawa Nariaki.
（偕楽園は徳川斉昭によって造られた庭です。）
Kinkaku-ji Temple is a temple built by Ashikaga Yoshimitsu.
（金閣寺は足利義満によって建てられた寺です。）
Gunkeizu is a picture painted by Ito Jakuchu.
（『群鶏図』は伊藤若冲によって描かれた絵です。）

基本文

「～された (もの・人)」と説明を加える。
They're wearing T-shirts **designed by Tina**.
（彼らはティナがデザインしたTシャツを着ています。）

▶Active Grammar pp.130-131

New Words **単語と語句** アクセントの位置に注意して，声に出して発音しよう。

- □ tale [téil] 名 話，物語
- □ *The Tale of Genji* 名『源氏物語』〔作品名〕
- □ poem [póuəm] 名 詩，韻文

コンクールの結果は

教科書 80ページ

教科書二次元コード

本文の解説はp.124にあります。

Q. Kota はTina に何をたずねましたか。

A. (例) 日本を離れる理由。

① ***After the contest:***
コンクールの後：

Eri : ② Unbelievable! ③ We won.
絵里： 信じられない！ 私たち，優勝したよ。

Kota : ④ Eri, Hajin, you two sounded awesome together.
コウタ： 絵里，ハジン，2人の演奏はとても息が合っていたよ。

⑤ And Tina, your solo was amazing.
それにティナ，ソロがすばらしかったね。

Eri : ⑥ You look strange, Tina. ⑦ Aren't you happy?
絵里： ティナ，変だよ。 うれしくないの？

Tina : ⑧ I am, but I also have bad news. ⑨ I have to leave Japan.
ティナ： うれしいよ。だけど，悪い知らせもあるの。 日本を離れなければいけないの。

Kota : ⑩ What? ⑪ Tell us why you're leaving.
コウタ： 何だって？ どうして離れるのかぼくたちに教えてよ。

Tina : ⑫ My family is moving to London because of my father's job.
ティナ： 私の家族が，お父さんの仕事のためにロンドンに引っ越す予定なの。

Hajin : ⑬ Do you know when you're leaving?
ハジン： いつ出発するかわかっているの？

Tina : ⑭ At the beginning of March.
ティナ： 3月の初めに。

Think Tinaはどんな気持ちでソロパートを歌っていたと思いますか。
(例) 日本での最後の思い出になるので，最高のステージにしたいという気持ち。

New Words 単語と語句 アクセントの位置に注意して，声に出して発音しよう。

- □ unbelievable [ʌ̀nbilíːvəbl] 形 信じがたい，驚くべき
- □ **strange** [stréindʒ] 形 変な，いつもと違う，奇妙な
- □ news [njúːz] 名 知らせ，新情報，便り
- □ *move* [múːv] 動 引っ越す
- □ beginning [bigíniŋ] 名 (期間・出来事・物語などの) 初め，最初
- □ move to ～ ～に引っ越す
- □ at the beginning of ～ ～の初めに

学校新聞を作成中の Kota が，Ms. Brown と Mr. Hoshino に新任の ALT の Mr. Lee のことをたずねます。
それぞれが知っていたことには○，知らなかったことには×を付けましょう。 音声の内容はp.127にあります。

	出身国	誕生日	好きな食べ物	趣味	日本に来た理由
Ms. Brown	○	○	×	×	×
Mr. Hoshino	○	×	○	○	×

あなたの学校の新任の先生について知っている情報に○を付けた後，ペアになり，情報を交換しましょう。

解答例

情報	You（あなた）	Your friend（あなたの友達）	Answer（答え）
(1) Where is he / she from?（彼 / 彼女はどこの出身ですか。）	○	○	New Zealand（ニュージーランド）
(2) When is his / her birthday?（彼 / 彼女の誕生日はいつですか。）	×	○	October 10（10月10日）
(3) What kind of food does he / she like?（彼 / 彼女が好きな食べ物は何ですか。）	○	×	*sukiyaki*（すきやき）
(4) Why did he / she come to Japan?（彼 / 彼女はなぜ日本に来ましたか。）	○	○	to study Japanese（日本語を勉強するため）
(5)（自分で考えて）What is his / her hobby?（彼 / 彼女の趣味は何ですか。）	○	○	cooking（料理）

［例］ A：I don't know where he's from. Do you know?
（私は彼がどこの出身なのか知りません。あなたは知っていますか。）
B：Yes, I know where he's from. He's from New Zealand.
（はい，私は彼の出身を知っています。彼はニュージーランド出身です。）

解答例 A：I don't know when his birthday is. Do you know?
（私は彼の誕生日を知りません。あなたは知っていますか。）
B：Yes, I know when his birthday is. It's October 10.
（はい，私は彼の誕生日を知っています。10月10日です。）

About You あなたの学校の新任の先生について知りたいことを書きましょう。

［例］ I want to know what kind of food she likes.（私は彼女の好きな食べ物を知りたいです。）

解答例 I want to know why she came to Japan.（私は彼女がなぜ日本に来たのかを知りたいです。）

基本文

「なぜ～か」「いつ～か」などと言う。

Why are you leaving?（あなたはなぜ離れるのですか。）
Tell us **why you're leaving**.（どうして離れるのか私たちに教えてください。）
When are you leaving?（あなたはいつ離れますか。）
Do you know **when you're leaving**?（あなたはいつ出発するか知っていますか。）

New Words 単語と語句 アクセントの位置に注意して，声に出して発音しよう。

□ New Zealand [njùː zíːlənd] 名 ニュージーランド

本文の解説

Part 1

「～している（もの・人）」と説明を加える。

There are two people playing one piano.
（1台のピアノを弾いている2人の人がいます。）

学習のポイント

後置修飾（動詞の -ing形）

playing のような**動詞の -ing形**が，**「～している（もの・人）」**という意味で名詞に説明（修飾）を加えることがあります。

この動詞の -ing形は，語句を伴って後ろから名詞を修飾しています。

There are two people **playing one piano**.

名詞句「2人」← 〈動詞の -ing形＋語句〉「1台のピアノを弾いている」

本文の解説

教科書 p.76

① **What's the matter?** (→教科書p.76　表現)

What's the matter? は，**「どうしたの。」**と相手にたずねる表現です。

② **Are you in trouble?**

be in trouble で，**「困ったことになっている」**という意味です。

③ **I twisted my wrist while I was playing basketball.**

while は**「～している間に」**という意味の接続詞です。while に続く文は〈**be動詞＋動詞の-ing形**〉で進行形になっているので，while I was playing basketball で「バスケットボールをしている間に」という意味になります。

④ **I don't think I can play the piano at the chorus contest.**

I don't think の後には接続詞 that が省略されていて，**I don't think (that) ～.** で**「～と思いません。」**という意味を表します。

⑥ **We have only a few days until the contest.**

a few ～は**「少数の～，いくつかの～」**という意味です。**until** は**「～まで（ずっと）」**と時間の終わりを示す前置詞で，until the contest は「コンクールまで」という意味になります。

⑦ **I have an idea.** (→教科書p.76　表現)

I have an idea. は，**「考えがある。」**と自分の意見や考えを提案する表現です。

⑨ **There are two people playing one piano.**

playing は名詞（two people）を説明（修飾）する動詞の-ing形で，後ろから名詞を修飾します。**There are[is] ～.** は**「～があります。」「(人が) います。」**という存在を表す文です。

⑩ **We could try that.**

この文の could は can の過去形としてではなく，低い可能性を表す助動詞として使われています。that は前文の内容を指しています。

⑭ **Can you help me?** (→教科書p.76　KEY)

Can you ～? は，**「～してくれませんか。」**と相手に依頼をするときに使う言い方です。**Can you help me?** は，**「助けてくれませんか。」**という意味で，助けを求めるときに使います。

⑰ **I'll do my best.**
I'll は **I will** の短縮形です。will は意志を表す助動詞で，後に動詞の原形が続いて，「～しよう」の意味を表します。

Part 2

基本文

「～された（もの・人）」と説明を加える。

They're wearing T-shirts designed by Tina.
（彼らはティナがデザインしたTシャツを着ています。）

学習のポイント

後置修飾（過去分詞）

designedのような**過去分詞**が，「**～された（もの・人）**」という意味で名詞に説明（修飾）を加えることがあります。
この過去分詞は，動詞の -ing形と同様に，語句を伴って後ろから名詞に説明（修飾）を加えています。

They're wearing T-shirts **designed by Tina.**
名詞「Tシャツ」↑ 〈過去分詞＋語句〉「ティナがデザインした」

本文の解説

教科書 p.78

① **Tina has invited her parents to the contest:**
has invited は，「招待した」という完了を表す現在完了形です。to は対象を示して「～に［へ］，～に対して」という意味を表しています。

③ **What are they going to sing?**
are they going to は，to の後に動詞の原形が続いて，「～する（予定だ）」と未来を表します。

⑤ **Here they are.**
Here they are. は複数のものを差し出して「はい，（こちらを）どうぞ。」と言うときに使いますが，ここでは，Tina たちがステージに出てきたことを指しています。

⑦ **They're wearing T-shirts designed by Tina.**
designed は「デザインされた」という意味で，名詞（T-shirts）に後ろから説明（修飾）を加えている過去分詞です。過去分詞が by Tina のように語句を伴っている場合は，後ろから名詞に説明を加えます。

⑧ **Kota is the conductor, and Tina will sing a solo part.**
この文の助動詞 **will** は「**～だろう**」という単純未来を表しています。

⑨ **The boy playing the piano with Eri is Hajin.** （→教科書p.78 KEY）
playing は名詞（the boy）を説明（修飾）する動詞の -ing形です。the piano with Eri のように語句を伴っている場合は，後ろから名詞に説明を加えます。The boy playing the piano with Eri がこの文の主語です。

⑩ **Eri hurt her wrist, so Hajin is helping her.** （→教科書p.78 KEY）
so は「**それで，だから**」という意味で結果を表す接続詞です。Eri hurt her wrist（絵里が手首を痛めた）を受けて，so が使われています。is helping は〈**be動詞＋動詞の -ing形**〉の形で，「**～している**」という現在進行形の文です。

⑪ **That's really nice.**
that は直前に相手が言ったことを指しています。really は「本当に」の意味で，nice を強調しています。

Part 3

基本文

「なぜ～か」「いつ～か」などと言う。

① **Why are you leaving?**（あなたはなぜ離れるのですか。）
② **Tell us why you're leaving.**（どうして離れるのか私たちに教えてください。）
③ **When are you leaving?**（あなたはいつ離れますか。）
④ **Do you know when you're leaving?**（あなたはいつ出発するか知っていますか。）

学習のポイント

間接疑問文

why や when などの疑問詞で始まる疑問文が，別の文の一部に組み込まれるとき，この文を**間接疑問文**といいます。このとき，疑問詞以下の語順は肯定文と同じになり，〈**疑問詞＋主語＋動詞**〉の形になります。

〈疑問詞の後がbe 動詞のとき〉

I know. ＋ **What is this** ?（これは何ですか。）
⬇ 主語とbe 動詞を入れ替える。
I know **what this is** .（これが何か，私は知っています。）

〈疑問詞の後が一般動詞のとき〉

I don't know. ＋ **Where** does **he live** ?（彼はどこに住んでいますか。）
⬇ 主語＋一般動詞にする。
I don't know **where he lives** .（彼がどこに住んでいるのか，私は知りません。）

〈疑問詞の後が助動詞のとき〉

Do you know? ＋ **When will this train start** ?（この電車はいつ出発しますか。）
⬇ 主語と助動詞を入れ替える。
Do you know **when this train will start** ?（この電車がいつ出発するか，あなたは知っていますか。）

＊疑問詞が後の文の主語になるときは，語順は変わりません。

I know. ＋ **What is** in this box?（この箱の中に何がありますか。）
⬇ 語順はそのまま。
I know **what is** in this box.（この箱の中に何があるのか，私は知っています。）

本文の解説

教科書 p.80

② **Unbelievable!**（→教科書p.80 表現）
Unbelievable! は「**信じられない。**」というときに使う表現です。

④ **Eri, Hajin, you two sounded awesome together.**
you two の two は主語である you と同格で「あなたたち２人」という意味になります。two が置かれる位置に注意しましょう。

⑪ **Tell us why you're leaving.**
この文は間接疑問文で，why のような疑問詞で始まる疑問文が tell のような動詞の目的語として別の文の一部になっています。

⑬ **Do you know when you're leaving?**
when 以下の文は〈**疑問詞＋主語＋動詞**〉の形で間接疑問文になっています。

Unit 6

音声の内容

Part 1 (教科書 p.77) の音声の内容

解答はp.117にあります。

ポイント 音声の内容は次の通りです。下線部に注意して，Nick とMs. Rios の会話に出てきた人を探し，□に番号を書きましょう。

(1)

Ms. Rios : Nick. Ms. Green wants some orange juice. Please take her this glass.
（ニック。グリーンさんはオレンジジュースが欲しいそうよ。このグラスを持って行ってくれるかしら。）

Nick : Ms. Green? Who is she?
（グリーンさん？　どなたのことかな。）

Ms. Rios : Can you see the woman talking with your dad? That's Ms. Green.
（お父さんと話している女性が見える？　あれがグリーンさんよ。）

Nick : But there are two women with him. Which one is Ms. Green?
（でも，２人の女性がいるよ。どちらがグリーンさんなの？）

Ms. Rios : She's the woman holding a book.
（本を持っている女性がそうよ。）

Nick : Oh, OK.
（ああ，わかったよ。）

(2)

Nick : Mom, do you have a pen? The man talking on the phone says he needs a pen.
（ママ，ペンを持ってる？　電話で話している男の人が，ペンが必要だと言ってるよ。）

Ms. Rios : The man talking on the phone? Oh, that's Dr. Oka.
（電話で話している人？　ああ，オカ先生ね。）

Nick : Oh, Dr. Oka. I've heard his name.
（ああ，オカ先生なの。名前を聞いたことがあるよ。）

Ms. Rios : Yes, I've told you about him before. Anyway, you can give him this pen.
（ええ，前に話したことがあるわ。とにかく，このペンを渡してちょうだい。）

Nick : OK. （わかったよ。）

(3)

Nick : Mom, the woman standing by the piano is asking for some water.
（ママ，ピアノのそばに立っている女性が，水が欲しいと言っているよ。）

Ms. Rios : OK .... Here you are. Do you mean the woman playing the piano?
（わかったわ……。はい，どうぞ。ピアノを弾いている女性のことかしら？）

Nick : No, no. The woman next to the piano. The woman taking a picture.
（ううん，違うよ。ピアノの隣にいる，写真を撮っている女性だよ。）

Ms. Rios : Oh, that's my friend, Ms. Kato. She likes taking pictures. She especially loves taking picture of animals. （ああ，それは私の友達のカトウさんよ。彼女は写真を撮るのが好きなの。特に動物の写真を撮るのが好きなのよ。）

Nick : Really? I'd like to see her pictures.
（そうなの？　彼女の撮った写真を見てみたいなあ。）

Ms. Rios : OK. Let's ask her later. I think she'll enjoy showing us her pictures.
（わかったわ。後で聞いてみましょう。喜んで写真を見せてくれると思うわよ。）

Nick : Great. （やった。）

Part 2 (教科書 p.79) の音声の内容

解答はp.119にあります。

ポイント 音声の内容は次の通りです。下線部に注意して，話に出てきた順に，□ に番号を書きましょう。

(1)

Ms. Green : Are you enjoying your life in Japan, Mr. Rios?
（リオスさん，日本での生活を楽しんでいますか。）

Mr. Rios : Yes, I like it here very much. How about you, Ms. Green?
（ええ，とっても。グリーンさんはどうですか。）

Ms. Green : Oh, yes. I've been in Japan for more than five years now. I'm getting more and more interested in Japanese culture. I'm reading a very interesting book about Japanese art.
（ええ，もちろん。日本に来てもう5年以上になるけれど，ますます日本の文化に興味をもつようになりました。今，日本の芸術についてのとてもおもしろい本を読んでいるのよ。）

Mr. Rios : Wow. I love the picture on this page. The colors of that mountain are fantastic.
（わあ。私はこのページの絵が大好きです。山の色がすばらしいですね。）

Ms. Green : Yes. This is a famous *ukiyoe* painted by Katsushika Hokusai.
（そうなの。これは，葛飾北斎が描いた有名な浮世絵なのよ。）

Mr. Rios : Hokusai? Yes, I know his name. That picture's great.
（北斎？　ああ，名前は知っています。その絵はすばらしいですね。）

(2)

Mr. Rios : How about you, Mrs. Garcia? Are you interested in Japanese culture?
（ガルシアさんはどうですか。日本文化に興味はありますか。）

Mrs. Garcia : Yes, of course. Last month, I went to Kyoto, Osaka, and Hyogo. I saw some castles and visited some old temples and shrines. They were wonderful.
（はい，もちろんです。先月，京都，大阪，兵庫に行きました。お城を見たり，古いお寺や神社を訪れたりしました。すばらしかったです。）

Mr. Rios : What did you like best? （何がいちばん気に入りましたか。）

Mrs. Garcia : I liked a castle I saw in Hyogo best. I don't remember the name, but it's a famous castle built in the Edo Period. It's registered as a World Heritage Site.
（兵庫で見たお城がいちばん気に入りました。名前は覚えていませんが，江戸時代に建てられた有名なお城です。世界遺産に登録されています。）

Ms. Green : Oh, I know that one. There's a picture of it in this book. Look. Is it this one?
（ああ，知っています。この本に写真が載っているんですよ。見てください。これじゃない？）

Mrs. Garcia : Oh, yes, that's it. You know a lot about Japan, don't you?
（そうそう，これです。日本のことをよくご存じなんですね。）

(3)

Ms. Green : Yeah, I love learning about Japan. I especially like old Japanese stories. My favorite is a story written more than a thousand years ago.
（ええ，日本について学ぶのが大好きなんです。特に日本の古いお話が好きで，お気に入りは千年以上前に書かれた物語です。）

Mr. Rios : Ah, I know it. It's a story written by Murasaki Shikibu, right?
（ああ，知っています。紫式部が書いた物語でしょう？）

Ms. Green : That's right ... *The Tale of Genji*. Did you know it's one of the oldest novels in the world?
（その通り……『源氏物語』です。世界最古の小説の1つだと知っていましたか。）

Part 3（教科書 p.81）の音声の内容

➡ 解答はp.121にあります。

ポイント 音声の内容は次の通りです。下線部に注意して，それぞれが知っていたことには○，知らなかったことには×を付けましょう。

Kota : Hello, Ms. Brown. Hello, Mr. Hoshino. Could you help me?
（こんにちは，ブラウン先生。こんにちは，ホシノ先生。助けてくれませんか。）

Ms. Brown : Sure. What's the matter, Kota? （いいわよ。どうしたの，コウタ？）

Kota : I have to write an article for the school newspaper to introduce Mr. Lee. But I don't know much about him. Do you know anything?
（学校新聞にリー先生を紹介する記事を書かなくてはいけないんです。でも，彼のことをほとんど知らなくて。2人は何か知っていますか。）

Ms. Brown : Well, I know where he's from. He's from Singapore.
（えっと，彼がどこから来たかは知っているわ。彼はシンガポール出身よ。）

Mr. Hoshino : That's right!
（その通り！）

Kota : Yeah, I knew that already. Do you know anything else about him?
（そう，それはもう知っているんです。彼についてほかに何か知っていますか。）

Mr. Hoshino : Well, what do you want to know about him, Kota?
（うーん，コウタ，彼の何が知りたいの？）

Kota : Well, first I want to know when his birthday is.
（えーと，まず彼の誕生日がいつなのか知りたいです。）

Mr. Hoshino : His birthday? I think it's in the fall, but I'm not sure. Do you know, Ms. Brown?
（誕生日？ 秋だと思うけど，よくわからないな。ブラウン先生，知ってる？）

Ms. Brown : Yeah. It's September twelfth. （うん。9月12日よ。）

Kota : Oh, thank you. And do you know what kind of food he likes?
（ありがとうございます。じゃあ，好きな食べ物は何か知っていますか。）

Ms. Brown : Hmm, I'm not sure. Do you know what kind of food he likes, Mr. Hoshino?
（うーん，わからないわね。ホシノ先生は彼が好きな食べ物は何か知ってる？）

Mr. Hoshino : Yes. He loves *ramen*. He knows several good *ramen* places near here.
（うん。彼はラーメンがとても好きだよ。近くのおいしいラーメン屋さんをいくつか知っているんだ。）

Kota : Great. （いいですね。）

Mr. Hoshino : I also know what his hobby is. He likes singing. We went to karaoke last weekend.
（彼の趣味も知ってるよ。彼は歌うことが好きなんだ。先週2人でカラオケに行ってきたよ。）

Ms. Brown : Oh, I didn't know that.
（へえ，知らなかったわ。）

Kota : That's an interesting piece of information! By the way, do you know why he came to Japan?
（それはおもしろい情報ですね！ そういえば，彼が日本に来た理由を知っていますか。）

Mr. Hoshino : Mm ... I'm not sure. How about you, Ms. Brown?
（うーん……ぼくはわからないな。ブラウン先生はどう？）

Ms. Brown : I don't know either. Maybe he just likes Japan.
（私も知らないわ。ただ日本が好きなだけじゃないかな。）

Kota : OK. I'll ask him about that myself. Anyway, thank you so much.
（わかりました。それは自分で聞いてみます。とにかく，ありがとうございました。）

Ms. Brown : You're welcome. I'm looking forward to reading your article.
（どういたしまして。あなたの記事を読むのを楽しみにしているわ。）

Unit 6

教科書 82～83ページ

教科書二次元コード

Goal 絵にふさわしいせりふを考えて発表しよう

Listening Ms. Brown が「鳥獣人物戯画」の説明をしています。
説明に出てきた順に，□ に数字を書きましょう。

Ms. Brown : Let me describe my favorite artwork.
（私のお気に入りの芸術作品を説明させてください。）

A 3　B 1　C 2

Speaking 4人のグループになって，「鳥獣人物戯画」を使ったクイズを出し合いましょう。

1. 教科書p.82の絵の場面から動物を選び，ふさわしいせりふを考えましょう。

［例］ *monkey :* Thanks. That feels so good.
（サル）（ありがとう。とても気持ちがいいよ。）
rabbit : Ouch. Hey, you, don't bite my ears.
（ウサギ）（いたっ。ねえ，君，私の耳をかまないでよ。）
frog : He did it. Catch him.
（カエル）（彼がやったんだ。彼を捕まえてくれ。）

解答例 C の右端のサル
monkey : You can't catch me!
（サル）（ぼくを捕まえることはできないよ！）

2. 順番に考えたせりふやヒントを発表して，自分がどの動物になっているかを友達に当ててもらいましょう。

A： "Hey, frog. Are you OK?" （「やあ，カエル。大丈夫かい。」）
I'm in picture C. Can you find me? （私はCの絵の中にいます。私を見つけられますか。）
B： Yes! You're the rabbit taking care of the frog.
（はい！　あなたはカエルの世話をしているウサギです。）

解答例 A： "You can't catch me!" （「ぼくを捕まえることはできないよ！」）
I'm in picture C. Can you find me?
（私はCの絵の中にいます。私を見つけられますか。）
B： Yes! You're the monkey running away.
（はい！　あなたは逃げているサルです。）

ポイント 音声の内容は次の通りです。

Hello. I'm Ms. Brown. I love Japanese culture. I've always wanted to learn about Japanese art. That's why I came to Japan.
Do you know the picture called *Choju-giga*? It is a famous set of pictures drawn about nine hundred years ago.
You can see all kinds of animals, like rabbits, monkeys, and frogs, in this picture. I'll show you a few scenes.
（こんにちは。ブラウンです。私は日本文化が大好きです。私はいつも日本の芸術を学びたいと思っていました。それが日本に来た理由です。

『鳥獣戯画』という絵を知っていますか。約900年前に描かれた有名な絵です。
この絵には，ウサギやサル，カエルなど，いろいろな動物が描かれています。いくつかの場面をご紹介しましょう。)

(1)
This is the first scene. You can see rabbits and monkeys playing around in a river.
There is a monkey sitting on a rock. Another monkey and a rabbit are washing its back.
There's also a rabbit riding on a deer. Another rabbit is in front of them, and there's a monkey behind them.
(これが最初の場面です。川の中でウサギやサルが遊んでいるのが見えます。
岩の上に座っているサルがいます。もう1匹のサルとウサギが背中を洗っています。
シカの上に乗っているウサギもいます。それらの前にはもう1羽のウサギがいて，それらの後ろにはサルがいます。)

(2)
This is the second scene. On the right of the picture, you can see a monkey running away. A rabbit and two frogs are chasing it.
On the left, there is a frog lying on the ground. Two rabbits are taking care of it. Maybe the monkey running away did something that hurt the frog. There are several animals standing around and looking at the frog on the ground.
(2つ目の場面です。絵の右側には，サルが逃げているのが見えます。それをウサギとカエル2匹が追いかけています。
左側には，地面に横たわっているカエルがいます。それを2羽のウサギが世話をしています。もしかしたら，逃げ出したサルがカエルを傷つけるようなことをしたのかもしれません。何匹かの動物が立っていて，地面に倒れているカエルを見ています。)

(3)
This is the last scene. You can see a frog and a rabbit doing sumo. The frog is biting the rabbit's ears. There are two rabbits watching them.
To the left of that, you can see a frog that has just thrown a rabbit down. The rabbit is upside down. There are three frogs laughing at the rabbit.
(最後の場面です。カエルとウサギが相撲をとっています。カエルがウサギの耳をかんでいます。それを見ているウサギが2羽います。
その左には，ちょうどウサギを投げ飛ばしたところのカエルが見えます。ウサギは逆さまになっています。3匹のカエルがウサギを見て笑っています。)

New Words **単語と語句** アクセントの位置に注意して，声に出して発音しよう。

- ☐ **describe** [diskráib] 動 ～の特徴を述べる
- ☐ artwork [ɑ́ːrtwə̀ːrk] 名 アートワーク，芸術作品
- ☐ **monkey** [mʌ́ŋki] 名 サル
- ☐ ouch [áutʃ] 間 あうっ，痛いっ
- ☐ bite [báit] 動 ～をかむ，かみつく
- ☐ **ear(s)** [íər(z)] 名 耳
- ☐ frog [frɑ́g] 名 カエル

CAN-DO 絵の説明から，場面や状況を聞き取ることができる。 ▸▸CAN-DO List (L-2)
CAN-DO 絵にふさわしいせりふを考えて，発表することができる。 ▸▸CAN-DO List (SP-2)

Active Grammar ❷

後置修飾 （名詞の後ろに説明を追加する言い方）

● 場面と意味

(1) *Nick :* Look! They're wearing T-shirts designed by Tina.
（ほら見て！　ティナがデザインしたTシャツを着ているよ。）

Mr. Rios : Kota is the conductor, and Tina will sing a solo part.
（コウタが指揮者で，ティナはソロパートを歌うんだね。）

Nick : The boy playing the piano with Eri is Hajin.
（絵里とピアノを演奏している男子はハジンだよ。）

(2) *Tina :* This is an article I found. It's about companies that have started to reduce plastic waste.
（これは私が見つけた記事です。プラスチックごみの削減を始めた企業に関するものです。）

Think （例）(1) 合唱コンクール会場で，ティナのクラスの衣装や人について説明している。
(2) プレゼンテーションの後で，自分が見つけた記事について説明している。

● 文の形

1　名詞の後ろに語句を置いて説明を追加する

(1) 前置詞を使って

I'm going to visit [my cousins | **in** Okinawa] .
（私は沖縄にいる私のいとこたちに会いに行きます。）

(2) 不定詞〈to ＋動詞の原形〉を使って

Let's get [something | **to eat**] .
（何か食べましょう。）

(3)〈動詞の -ing 形〉を使って ▶ Unit 6-1

[The student | **singing** the solo] is my sister.
（ソロパートを歌っている生徒は私の姉です。）

(4) 過去分詞を使って ▶ Unit 6-2

I decided to use [a bag | **made** of cotton] .
（私は綿で作られたかばんを使うことに決めました。）

2　名詞の後ろに文を置いて説明を追加する

(1) 文（主語＋動詞）を使って　▶ Unit 5-3

I'll show you [some photos | I took during the school trip] .

（あなたに私が修学旅行の間に撮ったいくつかの写真を見せましょう。）

(2) 関係代名詞which, that（目的語）を使って　▶ Unit 5-1 5-2

This is [a graph | (which) | I found on the Internet] .

（これは私がインターネットで見つけたグラフです。）

These are [the photos | (that) | she took during the school trip] .

（これらは彼女が修学旅行の間に撮った写真です。）

(3) 関係代名詞which, who, that（主語）を使って　▶ Unit 4-1 4-2 4-3

関係代名詞の which は「もの」，who は「人」，that は「もの・人」に説明を加えることができます。

This is [a robot | **which** | can communicate with people] .

（これは人々とコミュニケーションをとることができるロボットです。）

I have [an uncle | **who** | runs a Japanese restaurant] .

（私には日本料理店を経営しているおじがいます。）

[Robots | **that** | can clean your house] have become popular.

（家を掃除できるロボットは人気になってきています。）

● 比べてみよう

名詞に説明を加えるとき，英語と日本語でどんな違いがあるか，比べてみましょう。

people dancing on the stage

ステージで踊っている人たち

a photo I took in a park yesterday

私が昨日公園で撮った写真

（例）日本語では説明される名詞が最後にくるが，英語では名詞が最初にきて，説明が後に続いている。

Grammar Hunt　Unit 4，5，6のストーリーを読み，名詞に後ろから説明を追加している表現がある文に○印を付けましょう。また，それらがどんな意味を表しているかを確かめましょう。

解答例　Unit 4　Part 1

Smartphones which respond to voice commands are common these days.

関係代名詞 which を使って，「Smartphones」に説明を加えている。

Words　**単語と語句**　アクセントの位置に注意して，声に出して発音しよう。

□ be made of ～　～から作られている〔材料〕

You Can Do It ! ②

教科書 86～87ページ 教科書二次元コード

学校に必要なものを考えて意見を伝えよう

あなたは世界中の中学生が集うウェブサイトを読んでいます。
そこに，「これからの学校に必要なものを考えよう」という掲示板がありました。
あなたも議論に参加して，自分の意見を述べましょう。

Reading 以下の２人の提案に対し，Agree / Disagree のどちらかを選び，✓ を付けましょう。
また，理由となりそうな部分に線を引きましょう。

解答例

We need school uniforms. （私たちには制服が必要です。）

Hi. I'm Tamara. I'm a junior high school student in the U.S. I've seen Japanese school uniforms on the Internet. They're really cute! I want a uniform like that for my school life. They're convenient to wear every day. They save time, too. I think it's better for all of us to wear uniforms at school. It's an attractive idea.
What do you think? [64 words] ［64語］

（こんにちは。私はタマラです。アメリカの中学生です。インターネットで，日本の学校の制服を見たことがあります。本当にかわいいです！　私の学校生活にも，あんな制服が欲しいです。毎日着るのに便利です。時間も節約できます。私たちみんなが学校で制服を着たほうがいいと思います。それは魅力的な考えです。
あなたはどう思いますか。）

 Agree （賛成） 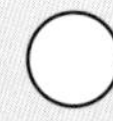 Disagree （反対）

We need nap time. （ぼくたちには昼寝の時間が必要です。）

Hi. I'm Koji. My family moved to Taiwan two years ago, and I go to a local school here. I found some differences between the schools in Taiwan and the schools in Japan. For me, the most surprising difference is "nap time." In Taiwan, the students have a short sleep after lunch. They have to sleep about 15 to 20 minutes at their desk. The teacher says, "It's important for us to take a nap after lunch. It's really good for our health." I agree with him. Nap time makes me relaxed.
Some of my friends are against nap time because they want to play sports, read books, or use the Internet. They think they don't need nap time at school.
What do you think? [125 words] ［125語］

（こんにちは。ぼくはコウジです。ぼくの家族は2年前に台湾に引っ越し，ぼくはこちらで地元の学校に行っています。台湾の学校と日本の学校の違いをいくつか見つけました。ぼくにとっていちばん驚いた違いは，「昼寝の時間」です。台湾では，生徒は昼食の後，短い睡眠をとります。約15分から20分，机で眠らなければいけません。先生は，「昼食の後に昼寝をすることは私たちにとって大切なことだ。私たちの健康に本当にいい。」と言います。ぼくは彼に賛成です。昼寝の時間はぼくをリラックスさせてくれます。
ぼくの友達の何人かは，スポーツをしたり，本を読んだり，インターネットを使ったりしたいため，昼寝の時間には反対です。彼らは，学校で昼寝の時間はいらないと考えています。
あなたはどう思いますか。）

 Agree （賛成）  Disagree （反対）

New Words **単語と語句** アクセントの位置に注意して，声に出して発音しよう。

- □ Tamara 名 タマラ〔女性の名〕
- □ *save* [séiv] 動 ～を節約する
- □ attractive [ətrǽktiv] 形（提案などが）興味をそそる，関心を引く
- □ Taiwan [tàiwɑ́:n] 名 台湾
- □ *sleep* [slí:p] 名 睡眠，眠り
- □ relaxed [rilǽkst] 形 落ち着いた，くつろいだ
- □ against [əgénst] 前（提案など）に反対して
- □ take a nap 昼寝をする

Thinking グループになり，Tamara か Koji の提案のどちらかを議題として選びましょう。
Agree / Disagree のどちらかを自分の意見として選んで下に ✓ を付け，相手に伝わるように理由を整理しましょう。

解答例 **Our Group's Topic :** We need nap time.
（私たちのグループの議題）

✓ Agree（賛成）　○ Disagree（反対）

Reasons（理由）: Because it is really good for our health to take a nap. Nap time makes us relaxed.
（なぜなら，昼寝は私たちの健康に本当によいから。昼寝の時間は私たちをリラックスさせてくれる。）

Speaking 「Agree 派」と「Disagree 派」に分かれて，上で整理した自分の意見を伝え合いましょう。
初めに，それぞれの人数を確かめ，意見を伝え合った後に改めて人数を確かめましょう。

BEFORE（前）

A ☐ 人　D ☐ 人

AFTER（後）

A ☐ 人　D ☐ 人

ふり返り 学校に必要なものを考えて意見を伝えることができるかな。

○ まだできない　○ 助けがあればできる　○ ひとりでできる　○ 自信をもってできる

CAN-DO List (R-3) (SP-3)

Your Coach ❷ まとまりのある英文を書こう

Q 長い英文を書くときには，どうすればいいですか。

A1 アイデアを出しましょう。

ここでは「世界の人たちに宮城県のよさを伝える」ための英文を書いてみます。
まず，自由にアイデアを出してみましょう。日本語でも構いません。

宮城県のよさを伝えるためのアイデア
- すばらしい景色がある▶松島，蔵王
- 歴史好きにもおすすめ▶青葉城，白石城
- おいしい食べ物がたくさんある▶牛たん，石巻焼きそば

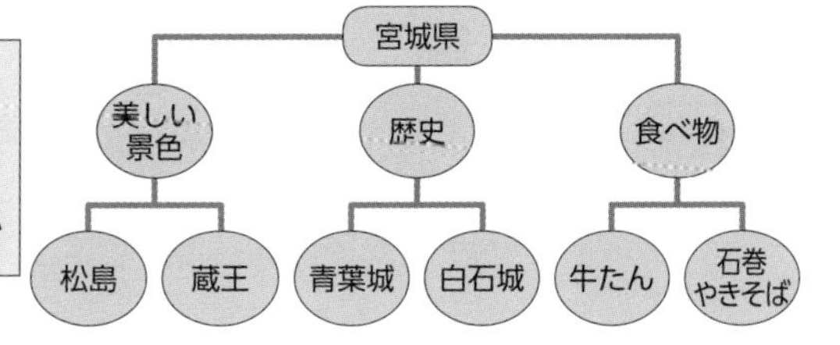

A2 全体の構成を考え，英語でメモを作りましょう。

「伝えたいこと」「具体的な説明」「まとめ」を要素に入れましょう。

伝えたいこと	Miyagi is a great place to visit. （宮城県は訪れるのにとてもよい場所です。）
具体的な説明	① wonderful views — Matsushima, Zao *juhyo* (frosted trees) （すばらしい景観—松島，蔵王の樹氷（霜が付いた木々）） ② historic places — Aoba Castle, Shiroishi Castle （史跡—青葉城，白石城） ③ good food — *gyutan* (grilled beef tongue), Ishinomaki *yakisoba* (fried noodles) （おいしい食べ物—牛たん（焼いた牛の舌），石巻焼きそば（炒めた麺））
まとめ	Please come to Miyagi. （宮城県へ来てください。） Enjoy your vacation. （あなたの休暇を楽しんでください。）

A3 「つなぎ言葉」を使って，文をまとめよう。

列挙する first (of all), ... second, ... third, ...
（第一に，…第二に，…第三に，…）

順番を示す first, ... then, ... finally ...
（最初に，…それから，…最後に…）

例を示す for example, / such as ～ / like ～
（たとえば，/たとえば～/～のような）

理由を示す ～ because ...
（～なぜなら…）

Miyagi is a great place to visit. There are three reasons for this.
First, Miyagi has lots of wonderful views. Matsushima is famous for its nice view. In winter, you can see beautiful frosted trees in Zao. Second, there are some famous historic places. For example, you can visit fantastic castles like Aoba Castle and Shiroishi Castle. They are very beautiful and you can get wonderful views from the top of each castle. Third, you can have lots of good local food, such as grilled beef tongue and Ishinomaki fried noodles.
Please come to Miyagi to enjoy your vacation. You'll have a great time!
（宮城県は訪れるのにとてもよい場所です。これには3つの理由があります。第一に，宮城県はすばらしい景観がたくさんあります。松島はすてきな眺めで有名です。冬には，蔵王で美しい樹氷を見ることができます。第二に，有名な史跡がいくつかあります。たとえば，青葉城や白石城など，壮観な城を訪れることができます。それらはとても美しく，それぞれの城の上からはすばらしい景観が得られます。第三に，牛たんや石巻焼きそばといった，おいしい地元の食べ物を食べることができます。ぜひ休暇を楽しみに宮城に来てください。とてもすてきな時間を過ごせることでしょう！）

教科書 89ページ　教科書二次元コード

Goal

Listening
スピーチから，話し手がいちばん伝えたいことを聞き取ることができる。

Speaking
今の自分の様子を伝える，スピーチをすることができる。

ティナのスピーチ

Tina's Speech

教科書p.89の絵を見て，ストーリーの話題を予測する

- About You What will you talk about if you make a speech?
（もしあなたがスピーチをするなら，何について話しますか。）

(例) I'll talk about my school life.
（私の学校生活について話します。）

- How about Tina? What is she talking about?
（ティナはどうですか。彼女は何について話していますか。）

(例) I think she is talking about her friends.
（彼女は友達について話していると思います。）

ストーリーのおおまかな内容をつかむ

Watch

1. 音声を聞き，下の問いに答えましょう。

(1) 3年前，日本に行くことになったTina は，どんな気持ちだったと言っていますか。当てはまるものに ✓ を付けましょう。

○ excited（わくわくした）　☑ worried（心配した）　○ surprised（驚いた）

(2) Tina は，日本でどんなことを学んだと言っているでしょうか。

(例) 文化が違っても，人は基本的に同じだということ。
お互いを尊重し，お互いを理解しようと努めることが重要だということ。

2. 映像を見て，内容を確かめましょう。

New Words 単語と語句　アクセントの位置に注意して，声に出して発音しよう。

☐ **speech** [spíːtʃ] 名 スピーチ，演説　☐ make a speech　スピーチをする

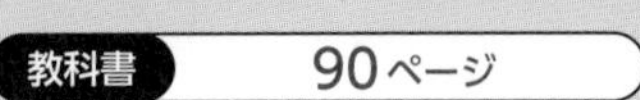

Tina のスピーチ

本文の解説は p.140 にあります。

Q. Tina はアメリカで，日本に引っ越すことを聞いたとき，どう思いましたか。

A. （例）先がどうなるか見当がつかず，不安に思った。

① One day, my father suddenly said, “We’re moving to Japan!”
ある日，父が突然，「みんなで日本に引っ越すよ！」と言いました。

② That was three years ago. それが3年前のことです。

③ I didn’t really know anything about Japan.
私は日本についてはあまりよく知りませんでした。

④ I didn’t know what to expect when I got there.
そこに着いたとき，先がどうなるか見当がつきませんでした。

⑤ I thought maybe I should learn how to use chopsticks.
はしの使い方を学ぶべきかもしれないと思いました。

⑥ I was full of anxiety. 私は不安でいっぱいでした。

⑦ Fast forward three years, and here I am with you.
はや3年がたち，私は今みんなとここにいます。

⑧ Soon, I’ll graduate from this junior high school.
もうすぐ，この中学校から卒業します。

⑨ This was all possible thanks to my friends, teachers, and my family.
これができたのは全て，私の友達，先生方，そして家族のおかげです。

⑩ They have always supported me. みんながいつも私を支えてくれました。

⑪ At first, I had culture shock and sometimes felt down.
最初は，カルチャーショックを受け，ときどき落ち込んでいました。

⑫ But my new friends planned a surprise birthday party for me.
ですが，新しくできた友達が私のためにサプライズの誕生日パーティーを計画してくれました。

⑬ They let me know that I was important to them.
私が彼らにとって大切な存在なのだと教えてくれたのです。

New Words 単語と語句 アクセントの位置に注意して，声に出して発音しよう。

- ☐ **suddenly** [sʌ́dnli] 副 突然，急に
- ☐ expect [ikspékt] 動 ～を予期する
- ☐ chopstick(s) [tʃɑ́pstìk(s)] 名〔複数形で〕はし
- ☐ **full** [fúl] 形 いっぱいの
- ☐ anxiety [æŋzáiəti] 名 心配，不安
- ☐ fast forward [fǽst fɔ́ːrwərd] 動 ～を早送りする
- ☐ **graduate** [grǽdʒuèit] 動 卒業する
- ☐ **possible** [pɑ́səbl] 形 可能な
- ☐ shock [ʃɑ́k] 名 衝撃的な出来事，（精神的な）打撃，ショック
- ☐ *plan* [plǽn] 動 ～の計画を立てる
- ☐ not really それほどでもない
- ☐ how to ～ ～する方法
- ☐ be full of ～ ～でいっぱいである
- ☐ feel down 落ち込む

Tina は日本を出発する前にいろいろとしてみたいことがあるようです。
教科書p.91の写真を見て，Eri との会話を聞き，やり方を知っていることには○，
知らないことには×を付けましょう。

音声の内容はpp.142-143にあります。

	(1)	(2)	(3)
Tina	×	×	○
Eri	×	○	×

About You ペアになり，それぞれのやり方を知っているかどうかをたずね合いましょう。

解答例

Do you know how to ～?（あなたは～のしかたを知っていますか。）	You（あなた）	Your friend（あなたの友達）
(1) fold a paper crane （折り鶴を折る）	○	○
(2) build a fire （火を起こす）	×	○
(3) make *chawanmushi* （茶碗蒸しを作る）	×	×
(4) (自分で考えて) put on a kimono （着物を着る）	○	×

[例] A: Do you know how to fold a paper crane?
（あなたは折り鶴の折り方を知っていますか。）
B: No, I don't. How about you? （いいえ，知りません。あなたはどうですか。）
A: No. I don't know, either. / Yes. I can fold one.
（いいえ。私も知りません。/はい。折ることができます。）

解答例 A: Do you know how to build a fire?
（あなたは火の起こし方を知っていますか。）
B: No, I don't. How about you? （いいえ，知りません。あなたはどうですか。）
A: Yes. I can build a fire. （はい。火を起こすことができます。）

About You あなたがやり方を知りたいものについて書きましょう。

[例] I want to know how to draw manga.
（私は漫画の描き方を知りたいです。）

解答例 I want to know how to play the guitar.
（私はギターの弾き方を知りたいです。）

基本文

「何を [が] ～するか」「～のしかた」などと言う。
I didn't know **what to expect** when I got there.
（そこに着いたとき，先がどうなるか見当がつきませんでした。）
I thought I should learn **how to use chopsticks**.
（はしの使い方を学ぶべきかもしれないと思いました。）

New Words 単語と語句 アクセントの位置に注意して，声に出して発音しよう。

- ☐ fold [fóuld] 動 ～を折る
- ☐ crane [kréin] 名 ツル
- ☐ build a fire 火を起こす

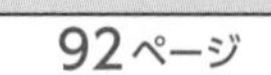

Part 2 Tinaが学んだこと

本文の解説はp.141にあります。

Q. Tinaは昔の自分に何をしたいと言っていますか。

A. (例)「何の心配もいらないよ。あなたは日本ですばらしい冒険をするんだよ。」と言ってあげたい。

① My own culture is different from Japanese culture, but the truth is that people are basically the same everywhere.
私自身の文化は日本の文化とは異なります。しかし，実は，どこでも人は基本的に同じなのです。

② I found that out in Japan. 私は日本でそれがわかりました。

③ We feel happy when we're with friends and family.
私たちは，友達や家族といるときは幸せな気持ちになります。

④ We feel sad when we're lonely. 孤独なときは悲しい気持ちになります。

⑤ It's important to respect each other and try to understand each other.
お互いを尊重し，お互いを理解しようと努めることが重要です。

⑥ I learned this from my experiences in Japan.
私はこれを日本での体験から学びました。

⑦ If I could speak to that worried girl of three years ago, I would say, "There's no need to worry. You're going to have a wonderful adventure in Japan!"
3年前の，あの心配していた女の子にもし話しかけることができるのなら，私は「何の心配もいらないよ。あなたは日本ですばらしい冒険をするんだよ！」と言ってあげるでしょう。

⑧ Now, I'm getting ready for another adventure: going to high school in London.
今は，ロンドンの高校に行くという，別の冒険の準備をしているところです。

⑨ But I have no worries, because I know I can always come back and see you all.
でも，私は何の心配もありません。なぜなら，私はいつでもここに戻ってきて，みんなに会えるということがわかっているからです。

Think Tinaの言うa wonderful adventureとはどのようなことでしょうか。
(例) さまざまな新しい経験をすること。

New Words **単語と語句** アクセントの位置に注意して，声に出して発音しよう。

- □ truth [trúːθ] 名 真実，事実
- □ basically [béisikəli] 副 基本的に
- □ **everywhere** [évrihwèər] 副 どこでも
- □ respect [rispékt] 動 ～を尊重する，～を重んじる
- □ *if* [íf] 接 現在の事実に反する仮定，実現可能性の低い仮定を表す。
- □ *need* [níːd] 名 必要性，理由
- □ *worry* [wə́ːri] 名 心配，気苦労
- □ adventure [ədvéntʃər] 名 冒険，はらはらする経験
- □ be different from ～ ～と違っている
- □ The truth is (that) ～. 実は～である。
- □ find ～ out ～を知る，得る

Kota たちが,「もしも」の話をしています。
会話を聞いて,それぞれが言った内容に合うように線で結びましょう。 音声の内容はp.143にあります。

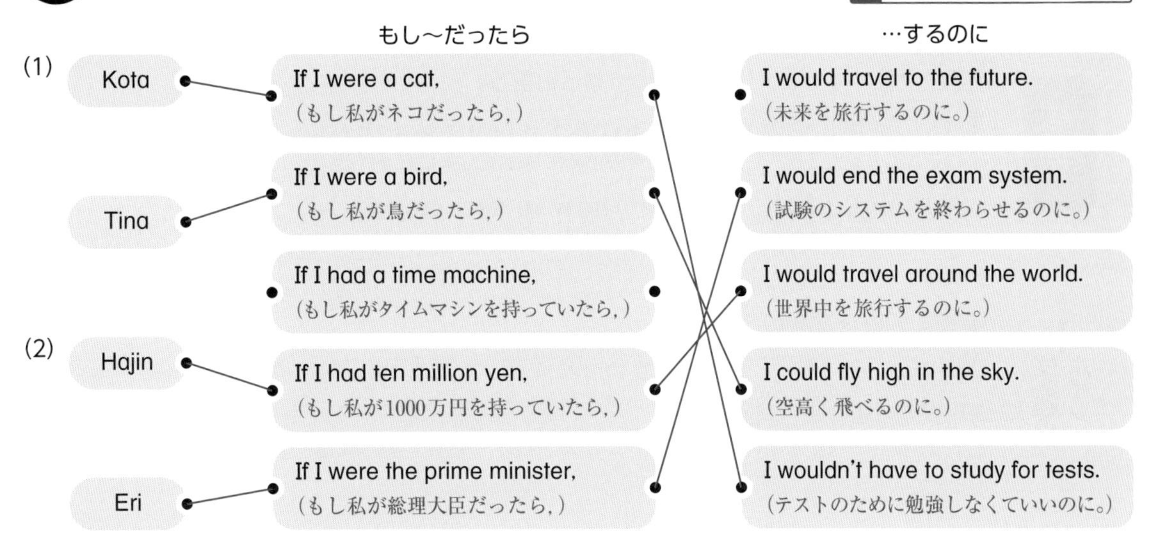

ペアになり,「もし～だったら」どうするかをたずね合いましょう。
「もし～だったら」は上に示された表現を使ったり,自分で考えたりしてみましょう。

[例] A: If you had ten million yen, what would you do?
(もしあなたが1000万円を持っていたら,何をしますか。)
B: I would use it to protect the environment.
(私はそれを環境を守るために使うでしょう。)

解答例 A: If you were a cat, what would you do?
(もしあなたがネコだったら,何をしますか。)
B: I would sleep all day. (私は1日中寝るでしょう。)

About You 友達とたずね合ったことをもとに,自分の考えを書きましょう。

[例] If I had ten million yen, I would use it to protect the environment.
(もし私が1000万円を持っていたら,それを環境を守るために使うでしょう。)

解答例 If I were a cat, I would sleep all day. (もし私がネコだったら,1日中寝るでしょう。)

基本文

現実とは違う仮定の話をする。
If I **could** speak to that worried girl,
I **would** say, "There's no need to worry."
(あの心配していた女の子にもし話しかけることができるのなら,
私は「何の心配もいらないよ。」と言ってあげるでしょう。)

New Words 単語と語句 アクセントの位置に注意して,声に出して発音しよう。

- ☐ *were* [wə́ːr/wər] 動 仮定法単数・複数全人称のbe 動詞の過去形
- ☐ *end* [énd] 動 ～を終わらせる
- ☐ *could* [kúd/kəd] 助 〔仮定法過去:if 節を伴う場合〕(もし～すれば)…できるだろうに
- ☐ *high* [hái] 副 高く
- ☐ prime minister [práim mínəstər] 名 総理大臣
- ☐ test(s) [tést(s)] 名 テスト

本文の解説

Part 1

基本文

「何を［が］～するか」「～のしかた」などと言う。

① **I didn't know what to expect when I got there.**
（そこに着いたとき，先がどうなるか見当がつきませんでした。）

② **I thought I should learn how to use chopsticks.**
（はしの使い方を学ぶべきかもしれないと思いました。）

学習のポイント

疑問詞＋ to ＋動詞の原形

〈what ＋ to ＋動詞の原形〉の形で，「**何を［が］～するか**」という意味を表します。また，**〈how ＋ to ＋動詞の原形〉**の形で，「**～のしかた**」という意味を表します。

この〈what ＋ to ＋動詞の原形〉や〈how ＋ to ＋動詞の原形〉は，名詞と同じ働きをして，動詞の目的語になっています。

I didn't know **what to expect when I got there**.
know：動詞　what to expect when I got there：目的語（what ＋ to ＋動詞の原形）

I thought I should learn **how to use chopsticks**.
learn：動詞　how to use chopsticks：目的語（how ＋ to ＋動詞の原形）

本文の解説

教科書 p.90

① **One day, my father suddenly said, "We're moving to Japan!"**
We're moving to Japan! は「今，引っ越している」という動作を意味しているのではなく，「これから引っ越す」という予定を意味しています。このように，現在進行形ではっきり決まっている予定を述べることがあります。

④ **I didn't know what to expect when I got there.**
what to expect は〈**what ＋ to ＋動詞の原形**〉の形で，「**何を［が］～するか**」という意味を表します。when I got there は「私がそこに着いたとき」という意味なので，what to expect when I got there で「私がそこに着いたとき，どうなるか」という意味になります。

⑤ **I thought maybe I should learn how to use chopsticks.**
I thought の後には接続詞 that が省略されていて，**I thought (that)～.** で，「**～と思いました。**」という意味を表します。〈**how ＋ to ＋動詞の原形**〉は「**～のしかた**」という意味を表し，how to use chopsticks「はしの使い方」は learn の目的語になっています。

⑦ **Fast forward three years, and here I am with you.** （→教科書p.90　表現）
Fast forward three years, ～. は「**はや3年がたち，～。**」という意味の表現です。

⑨ **This was all possible thanks to my friends, teachers, and my family.**
（→教科書p.90　KEY）
thanks to ～ は「**～のおかげで**」という意味です。this was all possible の all は「全て～のおかげ」と強調しています。

⑪ **At first, I had culture shock and sometimes felt down.**
felt は feel の過去形，過去分詞です。**feel down** は「**落ち込む**」という意味で，had も felt down も主語は I です。

⑬ **They let me know that I was important to them.**
they let me know は〈**let ＋人・もの＋動詞の原形**〉の形で，「**人・ものに～させる**」という意味です。that は接続詞で，「～ということ」という意味を表します。

Part 2

現実とは違う仮定の話をする。

If I could speak to that worried girl,
I would say, “There's no need to worry.”
（あの心配していた女の子にもし話しかけることができるのなら，
私は「何の心配もいらないよ。」と言ってあげるでしょう。）

学習のポイント！

If I could ...（仮定法）

if は「**もし〜ならば**」と条件を表す接続詞で，if の後ろに動詞や助動詞の過去形を使うと，「**もしも（今）〜だったら，…だろうに**」と仮定を表します。
be動詞は，基本的に were を使います。

If I **could** speak to that worried girl,
If　助動詞「can」の過去形

I **would** say, “There's no need to worry.”
助動詞「will」の過去形

本文の解説

教科書 p.92

① **My own culture is different from Japanese culture, but the truth is that people are basically the same everywhere.**
be different from〜 は「**〜と違っている**」という意味で，**The truth is (that) 〜 .** は「**実は〜である。**」という意味です。

② **I found that out in Japan.**
find 〜 out は，「**〜がわかる**」という意味です。that は前文の the truth is that people are basically the same everywhere（実は，どこでも人は基本的に同じ）を指しています。

⑤ **It's important to respect each other and try to understand each other.**
〈**It is 〜 (for 人) + to ＋動詞の原形**〉の形で，「**(人が) …するのは〜です**」の意味を表します。It は respect と try の両方にかかっていて，「お互いを尊重すること，お互いを理解しようと努めることが重要だ」という意味になります。

⑦ **If I could speak to that worried girl of three years ago, I would say, “There's no need to worry. You're going to have a wonderful adventure in Japan!”** （→教科書p.92　表現）
if の後ろに動詞や助動詞の過去形を使うと，「**もしも（今）〜だったら，…だろうに**」と仮定を表します。would は will の過去形で，if は I could と I would にかかっています。**there's** は **there is** の短縮形で，There's no need to worry. は「何の心配もいりません。」という意味です。

⑧ **Now, I'm getting ready for another adventure: going to high school in London.**
〈**be動詞＋動詞の -ing形**〉の形なので，「**〜している**」という意味を表す現在進行形の文です。**get ready** は「**準備をする**」という意味です。:（コロン）に続く文はその前の another adventure を説明していて，「別の冒険＝ロンドンの高校に行くこと」を表しています。このときの going は動名詞です。

⑨ **But I have no worries, because I know I can always come back and see you all.**
you all の all は you と同格で「あなたたちみんな」という意味です。

Unit 7 音声の内容

Part 1 (教科書 p.91) の音声の内容

解答はp.137にあります。

ポイント 音声の内容は次の通りです。下線部に注意して，やり方を知っていることには○，知らないことには×を付けましょう。

(1)

Eri : Tina, I can't believe you're leaving Japan.
(ティナ，あなたが日本を離れるなんて信じられないよ。)

Tina : Me, neither. There are still so many things that I want to try.
(私もよ。まだまだやってみたいことがたくさんあるのに。)

Eri : Like what? (どんなこと？)

Tina : Well, I want to learn how to put on a kimono. Do you know?
(そうね，えーと，着物の着方を習いたいの。知ってる？)

Eri : Me? No way. I have no idea.
(私？　まさか。わからないよ。)

Tina : But you were wearing a *yukata* when we went to the summer festival.
(でも，夏祭りに行ったとき，浴衣を着ていたよね。)

Eri : Yes, but putting on a *yukata* and putting on a kimono are very different. Putting on a kimono is much more difficult.
(そうだけど，浴衣を着るのと着物を着るのは全然違うの。着物を着るのはもっと難しいんだよ。)

Tina : Really? (そうなの？)

Eri : Yes, it is. Anyway, I can tell you how to put on a *yukata* before you leave.
(そうなの。とにかく，日本を離れる前に浴衣の着方を教えてあげるね。)

Tina : Thanks. (ありがとう。)

(2)

Tina : And if we have time, can you tell me how to fold a paper crane?
(それと，時間があれば，折り鶴の折り方を教えてもらえる？)

Eri : Paper crane? Yes, of course. I'm good at *origami*. I'll show you.
(折り鶴？　うん，もちろん。折り紙は得意なの。教えてあげるよ。)

Tina : Thanks, Eri. Then I'll be able to teach my new friends in London how to fold a paper crane.
(ありがとう，絵里。そうしたら，ロンドンの新しい友達に折り鶴の折り方を教えてあげられるよ。)

Eri : I'm sure they'll enjoy that. (きっと喜んでくれるね。)

(3)

Eri : Anything else? How about cooking Japanese food?
(ほかに何かある？　和食を作るのはどう？)

Tina : I did some of that last week. My father's friend taught me how to make *datemaki*.
(先週少しやったよ。父の友達に伊達巻きの作り方を教えてもらったの。)

Eri : Wow! You made *datemaki*? (へえ！　伊達巻きを作ったの？)

Tina : Yes. It's not that difficult. （そうだよ。そんなに難しくないよ。）

Eri : Well, I don't know how to do it. （いや，私は作り方を知らないよ。）

Tina : You don't? I'll show you. Why don't you come to my house this weekend?
（知らないの？　教えてあげるよ。今週末，私の家に来ない？）

Eri : I'd like that. Thanks, Tina. （そうしたいな。ありがとう，ティナ。）

Part 2 (教科書 p.93) の音声の内容

➡ 解答はp.139にあります。

ポイント 音声の内容は次の通りです。下線部に注意して，それぞれが言った内容に合うように線で結びましょう。

(1)

Tina : You look sleepy, Kota. （眠そうな顔してるね，コウタ。）

Kota : Yeah. I was studying for my test until late last night. I'm always feeling tired these days. （うん。昨日は夜遅くまでテスト勉強してたからね。最近いつもだるいんだ。）

Tina : That's too bad. You should relax more. （それは大変だ。もっとリラックスしたほうがいいよ。）

Kota : I know, but I can't. Maybe I should be a cat.
（わかっているんだけどね。ネコになったほうがいいのかもしれないね。）

Tina : A cat? What do you mean? （ネコ？　どういう意味？）

Kota : If I were a cat, I wouldn't have to study for tests.
（ネコだったらテスト勉強をしなくていいのにね。）

Tina : Oh, I know what you mean. （ああ，言いたいことはわかるよ。）

Kota : Yeah. So what would you like to be, Tina? （そうなんだよ。で，ティナは何になりたい？）

Tina : I'd like to be a bird. If I were a bird, I could fly high in the sky. That would be such fun! （鳥になりたいな。鳥だったら，空高く飛べるのにね。それはとても楽しいだろうね！）

(2)

Hajin : Hey, guys. Why don't we talk about what-if? （ねえ，みんな。what-ifについて話そうよ。）

Kota : What if? What's that? （what-if？　それは何？）

Hajin : Well, you should talk about a story that is not real. Like this: If I had ten million yen, I would travel around the world.
（えーと，現実とは違うことについて話すんだ。1000万円あったら世界中を旅行するのに，とか。）

Eri : OK, I got it. （いいよ，わかった。）

Hajin : Who can come up with the most interesting story?
（誰がいちばんおもしろい話を思いつくかな？）

Eri : It's my turn .... I know. （私の番ね……。よし。）

Hajin : Go ahead, Eri. （どうぞ，絵里。）

Eri : Well, if I were the prime minister of Japan ...
（えっと，私がもし日本の総理大臣だったら……）

Hajin : Wow! What would you do? （うわあ！　何をするの？）

Eri : I would end the exam system! （試験制度を終わらせるの！）

Kota : Great idea! （名案だね！）

Eri : Thanks, Kota. It's your turn. （ありがとう，コウタ。あなたの番だよ。）

教科書 94~95ページ

Goal 今の自分を伝えるスピーチをしよう

Listening Kota たちが，それぞれのテーマでスピーチをします。

1. 取り上げた話題や言葉を下から選んで，表に記号を書きましょう。

	(1) Hajin	(2) Kota	(3) Eri
テーマ	my treasure （私の宝物）	my best memory （私のいちばんの思い出）	my favorite words （私のお気に入りの言葉）
話題・言葉	B	C	E

A a uniform （制服）
B a pair of shoes （1足の靴）
C school trip （修学旅行）
D school festival （文化祭）
E "If you can dream it, you can do it." （もし夢を見ることができたら，それはかなう。）
F "Fill your heart with dreams." （夢で心を満たせ。）

2. もう1度スピーチを聞いて，質問に答えましょう。

(1) Hajin は，それが宝物である理由を2つ言っています。どんなことですか。
- 理由1 (例) They are the first things he bought with his own money. （初めて自分のお金で買ったものである。）
- 理由2 (例) They remind him of happy times at school. （学校での楽しい時間を思い出させてくれる。）

(2) Kota の中学校でのいちばんの思い出は何ですか。印象に残ったことは何でしょう。
- いちばんの思い出 (例) The school trip to Hiroshima. （広島への修学旅行。）
- 印象に残ったこと (例) The Peace Memorial Park. （平和記念公園。）

(3) Eri が紹介したのは何をした人の言葉ですか。また，その人の夢は何でしたか。
- 何をした人の言葉か (例) The man who made the most famous amusement park in the world. （世界一有名な遊園地をつくった人。）
- その人の夢 (例) To make an amusement park that both children and adults can enjoy. （子供も大人も楽しめる遊園地をつくること。）

Speaking 今の自分を伝えるスピーチをしましょう。
3年前の自分に何か言えるとしたら，どんなことを伝えたいか，考えてスピーチに加えましょう。

1. テーマを決め，マッピングをしてアイデアを整理しましょう。 ▶Your Coach 2 p.134
2. グループになり，それぞれ「今の自分」を伝えるスピーチをしましょう。

[例] A : Do you have a treasure? For me, it's my guitar.
（あなたは宝物を持っていますか。私にとって，それはギターです。）
My father .... （私の父が…。）
I practiced playing it every day and .... （私は毎日それを練習しました。そして…。）
If I could speak to myself of three years ago, I would say ....
（もし私が3年前の自分に話すことができるとしたら，私は…と言うでしょう。）

解答例 Do you have a treasure? For me, it's my tennis racket.
（あなたは宝物を持っていますか。私にとって，それはテニスラケットです。）
My grandmother bought it for me three years ago.
（私の祖母が3年前に買ってくれました。）
I practiced tennis every day with it and I won the spring tournament this year.
（私はそれを使って毎日テニスの練習をしました。そして今年，春の大会で優勝しました。）
If I could speak to myself of three years ago, I would say, "Sometimes the practice is hard, but the effort is important." （もし3年前の自分に話すことができるとしたら，「練習がつらいときもあるけれど，その努力は大事だよ。」と言うでしょう。）

3. 自分がしたスピーチへの自己評価を付け，コメントを書きましょう。
(例) I made some mistakes. （いくつか間違えてしまった。）

ポイント 音声の内容は次の通りです。

(1) *Hajin :*
Hello, everyone. Today, I'd like to talk about a treasure that I have. This is it. Yes ... my basketball shoes! Can you guess why this pair of shoes is my treasure? There are two reasons. First of all, they're the first thing I bought with my own money. One day, I found these shoes at a sporting goods

store. I thought they looked great. They were very expensive, but I really wanted them. So I saved all the money my parents gave me for pocket money. After a few months of saving, I was able to buy them at last. I was so happy to finally get them. Second, these shoes remind me of happy times at school. When I was in my second year, our class won the school basketball tournament. I was wearing these shoes at that time and got twenty points in the final game. I'm sure my shoes brought me good luck. Now they're so old, and I can't really wear them any longer. But I'm going to keep them as my treasure. Thank you for listening.

（みなさん，こんにちは。今日は，ぼくが持っている宝物についてお話ししたいと思います。これですね。そう……ぼくのバスケットシューズです！　なぜこの靴がぼくの宝物なのかわかりますか。理由は2つあります。まず，ぼくが自分のお金で初めて買ったものだからです。ある日，ぼくは，スポーツ用品店でこの靴を見つけました。すごく格好いいなと思ったんです。とても高価だったけど，本当に欲しかった。だから，親からもらったお小遣いを全部貯金しました。貯金をして数ヶ月後，やっと買うことができました。やっと手に入れることができて，とてもうれしかったです。次に，この靴を履いていると，学校での幸せな時間を思い出すからです。2年生のとき，ぼくたちのクラスは学校のバスケットボール大会で優勝しました。そのときこの靴を履いていて，決勝戦で20点取ったんです。きっとこの靴がぼくに幸運をもたらしてくれたのでしょう。今では古すぎて，本当に履けなくなってしまいました。でも，これからも宝物として大切にしていきたいと思います。ご清聴ありがとうございました。）

(2) *Kota :*

Hello, everyone. What's your best memory of the three years in junior high school? My best memory is our school trip to Hiroshima. I had some great experiences there. I was very impressed by Itsukushima Jinja Shrine. It was like a palace floating on the sea. I also liked the *okonomiyaki* I ate there. But the most impressive thing was the Peace Memorial Park. The museum and the exhibition that showed us the horrors of the A-bombing are things I will never forget. It was shocking, and it made me feel very sad. But it was important to learn about that time. I also listened to a story that a peace volunteer told us. I realized how important it is to make a world without nuclear weapons. I've been thinking about it since then. But I'm not sure what to do now. I guess I need to learn more first. Thank you for listening.

（みなさん，こんにちは。中学3年間のいちばんの思い出は何ですか。ぼくのいちばんの思い出は，修学旅行で広島に行ったことです。広島ではすばらしい経験をしました。ぼくは厳島神社にとても感動しました。海に浮かぶ宮殿のようでした。そこで食べたお好み焼きもおいしかったです。でも，いちばん印象的だったのは平和記念公園です。原爆の恐ろしさを教えてくれた資料館や展示は，ぼくにとって忘れられないものです。衝撃的で，とても悲しい気持ちになりました。でも，当時のことを知るのは大切なことでした。ぼくはまた，ピースボランティアの方のお話を聞きました。核兵器のない世界をつくることの大切さを実感しました。それ以来，このことをずっと考えています。でも，今はどうしたらいいのかわかりません。まずはもっと勉強しないといけないのかな，と思っています。ご清聴ありがとうございました。）

(3) *Eri :*

Hello, everyone. Have you heard of Walt Disney? He was the man who made the most famous amusement park in the world. He said, "If you can dream it, you can do it." I love those words. Today, I want to talk about them. Walt Disney was a maker of animated movies. He created many famous characters. One day, he took his children to an amusement park. His children enjoyed playing there, but all he could do was watch them. There was nothing else for him to do at the amusement park. He said to himself, "It would be very nice if there were an amusement park that both children and adults could enjoy." At first, the people around him didn't like his idea because it seemed like just a dream. But he kept thinking about his dream, and in the end it came true. He made an amusement park that both children and adults could enjoy. He dreamed it, so he did it. His actions were based on his dreams. By the way, do you have a dream for the future? I have several, but I'm not sure which to follow. Sometimes I want to be an actor; other times I want to be a teacher. Anyway I do believe Disney's words: If you can dream it, you can do it. OK, thank you for listening.

（みなさん，こんにちは。みなさんはウォルト・ディズニーをご存じでしょうか。世界一有名な遊園地をつくった人です。彼は言いました，「夢を見ることができれば，それは実現できる。」と。 私はこの言葉が大好きです。今日はその言葉についてお話ししたいと思います。ウォルト・ディズニーはアニメ映画のつくり手でした。彼は多くの有名なキャラクターを生み出しました。ある日，彼は子供たちを遊園地に連れて行きました。彼の子供たちはそこで遊んでいましたが，彼にできることは子供たちを見ていることだけでした。彼が遊園地でできることはほかに何もありませんでした。彼は，「子供も大人も楽しめる遊園地があればすばらしいのに。」とつぶやきました。初めは，夢のような話だと周りの人たちからは反対されました。しかし，夢を考え続けた結果，ついに実現したのです。子供も大人も楽しめる遊園地をつくったのです。彼は夢見て，それをかなえました。彼の行動は夢に基づいたものだったのです。ところで，みなさんは将来の夢はありますか。私はいくつかありますが，どれにしたらいいかわかりません。俳優になりたいときもあれば，先生になりたいときもあります。とにかく，私はディズニーの言葉を信じています。「夢を見ることができれば，それを実現できる。」という言葉を。聞いてくれてありがとう。）

New Words **単語と語句** アクセントの位置に注意して，声に出して発音しよう。

□ **memory** [mémәri] 名 思い出，記憶に残っていること［人］

□ fill [fíl] 動 ～を満たす

□ fill ～ with ... ～を…で満たす

ふり返り

CAN-DO スピーチから，話し手がいちばん伝えたいことを聞き取ることができる。 ▶▶CAN-DO List (L-3)

CAN-DO 今の自分の様子を伝える，スピーチをすることができる。 ▶▶CAN-DO List (SP-1)

How Do We Live? 世界の現状を知ろう

Read 1. これは，世界の現状を「100 人の村」に例えて紹介する雑誌の記事です。
下の文章から，図中の □ に合う数字を読み取り，書きましょう。

Gender（性別） Women（女性） 50 Men（男性） 50

Geography（地理） North and South America（南北アメリカ） 14
Europe（ヨーロッパ） 10 Africa（アフリカ） 16 Asia（アジア） 60

Education（教育） Be able to read and write（読み書きができる） 86
Not be able to read and write（読み書きができない） 14

Food（食べ物） Overweight（太りすぎ） 22 Undernourished（栄養不足） 11
Starvation（飢餓） 1

Safety（安全） Don't have clean water（きれいな飲料水が手に入らない） 9

Technology（科学技術） Internet users（インターネット利用者） 47
Non-Internet users（インターネット非利用者） 53

If the World Were a Village of 100 People （もし世界が100人の村だったら）
In the world today, there are more than 7.5 billion people. If this world were a small village, what would it look like? **Gender** If 100 people lived in the village, 50 would be women, 50 would be men. **Geography** 60 would be from Asia, 16 would be from Africa, 14 would be from North and South America, and 10 would be from Europe. **Education** 86 people in the village would be able to read and write, but 14 wouldn't. 7 would have a college degree in this village. **Food** 1 would be dying from starvation, and another 11 would be undernourished, while 22 would be overweight. **Safety** 22 people would have no shelter from the wind and rain. 9 people wouldn't have access to clean, safe drinking water. **Technology** 47 people would be Internet users. 53 people would never see anything online.
In order to change the world for the better, we have to understand what the world is like today. [162 words] ［162語］
（今日の世界には，75億人以上の人々がいます。もし，この世界が小さな村だったら，どんなふうに見えるでしょうか。性別 もし村に100人の人が住んでいたら，50人が女性で，50人が男性でしょう。地理 60人はアジア出身，16人はアフリカ出身，14人は南北アメリカ出身，そして10人がヨーロッパ出身でしょう。教育 村の86人は読み書きができますが，14人はできないでしょう。この村では7人が大学の学位をもっているでしょう。食べ物 1人は飢えで死にそうで，ほかの11人は栄養失調でしょう。一方で，22人は太りすぎでしょう。安全 22人は，雨風をしのぐ住まいがないでしょう。9人は，きれいで安全な飲料水を利用できないでしょう。科学技術 47人はインターネット利用者でしょう。53人は，オンラインで何も見ることがないでしょう。世界をよりよいほうへと変えるために，今日の世界がどのようなものかを私たちは理解しなければなりません。）

2. もう１度文章を読み，気になった部分や驚いた部分に線を引き，友達と話し合いましょう。
（例）下線部参照。

Think あなたはこの村の現状をどう思いますか。また，これからどのような村にしたいと思いますか。他の人と話し合ってみましょう。
（例）今のままではよくないと思う。平等に教育を受けられ，十分な食べ物や清潔な水を確保でき，全ての人が安全に暮らせる村にしたい。

New Words 単語と語句 アクセントの位置に注意して，声に出して発音しよう。

- □ billion [bíljən] 名 形 10億（の）
- □ gender [dʒéndər] 名（文化的・社会的役割としての）性，ジェンダー
- □ geography [dʒiágrəfi] 名 地形，地勢
- □ Asia [éiʒə] 名 アジア
- □ America [əmérikə] 名 アメリカ
- □ Europe [júərəp] 名 ヨーロッパ
- □ education [èdʒukéiʃən] 名 教育
- □ **college** [kálidʒ] 名 大学
- □ *degree* [digríː] 名 学位
- □ dying [dáiiŋ] 形 瀕死の，死にかけている
- □ starvation [staːrvéiʃən] 名 飢餓
- □ *another* [ənʌ́ðər] 形〔数詞・数量詞の前に置いて〕さらに～の
- □ undernourished [ʌ̀ndərnə́ːriʃt] 形 栄養不足の
- □ *while* [hwáil] 接 だが一方
- □ overweight [òuvərwéit] 形 太りすぎの
- □ shelter [ʃéltər] 名（雨，危険，攻撃からの）保護，避難
- □ access [ǽkses] 名（面会・利用などの）権利，機会
- □ *better* [bétər] 名 よりよいもの［こと・人］
- □ non- [náːn-] 非～
- □ look like ～ ～のように見える
- □ have access to ～ ～を利用できる，～が手に入る
- □ in order to ～ ～するために

教科書 98～99ページ

教科書二次元コード

Changing the World　Severn Cullis-Suzuki

世界を変えていくこと　セヴァン・カリス・スズキ

Goal　Reading & Speaking　スピーチから話し手の主張を読み取り，自分の考えを伝え合うことができる。

Before You Read　この少女はどのようなことを話したと思いますか。
次の語の意味や具体的な事例などを確かめながら，考えてみましょう。

・holes in the ozone （オゾンホール）
・chemicals in the air （空気中の化学物質）
・extinct （絶滅した）
・desert （砂漠）
・street children （ストリートチルドレン）

(例) 地球の環境破壊が進んでいることへの不安を話したと思う。

本文の解説はpp.152-153にあります。

① I am here to speak for all future generations to come.
私は未来に生きる全ての世代を代表して話すためにここにいます。

② I am here to speak for starving children around the world.
世界中で飢えに苦しむ子供たちに代わって話すためここにいます。

③ I am here to speak for animals dying across this planet.
この惑星の至るところで息絶えようとしている動物たちに代わって話すためここにいます。

④ I am afraid to go out in the sun now because of the holes in the ozone layer. 私は今，オゾンホールのせいで日の当たる場所へ出かけるのがこわいです。

⑤ I am afraid to breathe the air because I don't know what chemicals are in it. 空気中にどんな化学物質が含まれているかわからないから，空気を吸うのもこわいです。

⑥ And now we hear about animals and plants going extinct every day — vanishing forever. そして今，私たちは動物や植物が日々絶滅しつつある，言い換えれば永久に姿を消しつつあるということを耳にします。

⑦ Did you have to worry about these little things when you were my age?
みなさんが私の年齢だった頃，これらのばかげたことを心配する必要があったでしょうか。

⑧ All this is happening before our eyes, and yet we act as if we have all the time we want and all the solutions.
これらは全て，私たちのすぐ目の前で起きているというのに，私たちにはいくらでも時間があって，あらゆる解決策をもっているかのように振る舞っているのです。

⑨ I'm only a child and I don't have all the solutions, but I want you to realize, neither do you!
私はほんの子供で，全ての解決策があるわけではありませんが，みなさんも同じように解決策をもっていないということに気がついてほしいのです。

⑩ You don't know how to fix the holes in the ozone layer.
みなさんはオゾン層の穴を修復する方法を知りません。

⑪ You don't know how to bring salmon back to a dead stream.
みなさんは死んだ川にサケをよび戻す方法を知りません。

⑫ You don't know how to bring back an animal now extinct.
みなさんは今や絶滅してしまった動物をよみがえらせる方法を知りません。

⑬ And you can't bring back the forests that once grew in areas that are now desert.
それに，みなさんは今や砂漠になってしまったところにかつて生い茂っていた森を取り戻すことはできません。

⑭ If you don't know how to fix it, please stop breaking it!
直し方を知らないのなら，どうか壊すのをやめてください！

⑮ Here, you may be delegates of your governments, business people, organizers, reporters, or politicians.
ここにいるみなさんは，政府の代表や，実業家，組織の設立者，記者，あるいは政治家なのかもしれません。

⑯ But really you are mothers and fathers, brothers and sisters, aunts and uncles — and all of you are somebody's child.
でも，みなさんは，実際は母親や父親，兄弟や姉妹，そしておばやおじです。そして全員が誰かの子供なのです。

⑰ I'm only a child, yet I know we are all part of a family.
私はほんの子供にすぎませんが，私たちみんなが1つの家族の一員だということを知っています。

⑱ I'm only a child, yet I know we should act as one single world toward one single goal.
私はほんの子供ですが，ただ1つの目標に向かうただ1つの世界として行動するべきだということを知っています。

⑲ In my country, we make so much waste.
私の国では，みんなが大量のごみを生み出しています。

⑳ We buy and throw away, buy and throw away.
買っては捨て，買っては捨てています。

㉑ And yet northern countries will not share with the needy.
それなのに，北（半球）の国々は貧しい人々と分かち合おうとしません。

㉒ Even when we have more than enough, we are afraid to lose some of our wealth, afraid to share.
必要以上のものがあるときでさえ，自分の富の一部を失うことを恐れています。すなわち，分かち合うことを恐れているのです。

Q. 1. Who did Severn make this speech for?
（セヴァンさんは誰のためにスピーチをしましたか。）

A.（例）For all future generations, starving children around the world, and animals dying across this planet.
（未来に生きる全ての世代，世界中で飢えに苦しむ子供たち，そして，この惑星の至るところで息絶えようとしている動物たちのため。）

2. Why did Severn repeat "I'm only a child" again and again?
（なぜセヴァンさんは「私はほんの子供だ」と何度もくり返したのですか。）

A.（例）In order to tell adults that even children know the truth and the right things to do.
（子供でも真実や正しいことを知っているということを大人に伝えるため。）

本文の解説はpp.153-154にあります。

① Two days ago here in Brazil, we were shocked when we spent time with some children living on the streets.
2日前にここブラジルで，私たちは路上で暮らす子供たちと過ごして衝撃を受けました。

② One child told us:
1人の子供が私たちにこう言ったのです。

③ "I wish I was rich.
「私がお金持ちだったらいいのに。

④ And if I were, I would give all the street children food, clothes, medicine, shelter, and love and affection."
もしそうだったら，全てのストリートチルドレンに食べ物，着るもの，薬，雨をしのげる場所，そして愛や優しさをあげるのに。」

⑤ If a child on the street who has nothing is willing to share, why are we who have everything still so greedy?
何ももっていない路上で暮らす子供が分かち合おうとしているのに，なぜ何もかもをもっている私たちはなおもこんなに強欲なのでしょうか。

⑥ At school, even in kindergarten, you teach us how to behave in the world.
学校で，幼稚園でさえ，あなたたちは子供に世の中でどう振る舞うべきかを教えます。

⑦ You teach us:
みなさんはこう教えます。

⑧ not to fight with others 他人と争わないように
⑨ to work things out 物事をうまく解決するように
⑩ to respect others 他人を尊重するように
⑪ to clean up our mess 散らかしたら片づけるように
⑫ not to hurt other creatures ほかの生き物を傷つけないように
⑬ to share, not be greedy 欲張らないで，分かち合うように

Q. 1. What shocked her two days before the speech?
(スピーチの2日前，彼女は何に衝撃を受けましたか。)

A. (例) The words said by a child living on the streets.
(路上で暮らす1人の子供の言葉。)

2. From her speech, why do you think we are greedy?
(彼女のスピーチから，なぜ私たちは欲張りだと思いますか。)

A. (例) Because we are afraid to lose some of our wealth and afraid to share.
(なぜなら，自分の富の一部を失うこと，分かち合うことを恐れているから。)

本文の解説はp.154にあります。

① Then why do you go out and do the things you tell us not to do?
それでは，なぜ大人たちは私たちにしてはいけないと言うことを外でするのでしょうか。

② Parents should be able to comfort their children by saying, "Everything's going to be all right," "We're doing the best we can," and "It's not the end of the world."
親たちはこう言って子供たちを安心させることができて当然です，「全てうまくいくよ」「私たちは最善を尽くしているよ」「世界が終わるわけではないよ」と。

③ But I don't think you can say that to us anymore.
でも，もはやそんなことは私たちに言えないでしょう。

④ My father always says, "You are what you do, not what you say."
私の父はいつも言います，「何を言うかではなく，何をするかで人の値打ちは決まるんだ」と。

⑤ You grown-ups say you love us.
大人のみなさんは私たち（子供）を愛していると言います。

⑥ I challenge you, please make your actions reflect your words.
やってみせてください。どうかみなさんの言葉を行動に反映させてください。

⑦ Thank you for listening.
ご清聴ありがとうございました。

[517 words] ［517語］

After You Read

セヴァンさんが聞いている人にいちばん伝えたかったのは，どのようなことだと思いますか。
文章を参考に，＿＿に入る語句を書きましょう。

解答例 I want you to make your actions reflect your words. （言葉を行動に反映させて欲しい。）

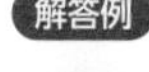

1. セヴァンさんのスピーチで共感できる部分と共感できない部分はどこですか。
グループになり，自分の考えを伝え合いましょう。

(例) 私もセヴァンさんのように，世界の危機的状況について問題意識をもたなければいけないと思った。一方，何でも大人のせいにしようとしているように思えた発言には共感できなかった。

Think 2. あなたが "Changing the World" という題名でスピーチするとしたら，どのような内容について話してみたいですか。

(例) 「クリーンエネルギー」について話してみたい。

New Words 単語と語句 アクセントの位置に注意して，声に出して発音しよう。

教科書 p.98

- □ Severn Cullis-Suzuki [sévərn kʌ́lissuzúki] 名 セヴァン・カリス・スズキ
- □ the ozone layer [ði óuzoun lèiər] 名 オゾン層
- □ chemical(s) [kémikəl(z)] 名 化学物質
- □ desert [dézərt] 名 砂漠
- □ be afraid to ～ ～するのがこわい

New Words 単語と語句 アクセントの位置に注意して，声に出して発音しよう。

教科書 p.99

- □ vanish(ing) [vǽniʃ(iŋ)] 動 消える
- □ **forever** [fɔ:révər] 副 ずっと，いつまでも，永久に
- □ *yet* [jét] 接 けれども，それにもかかわらず
- □ neither [ní:ðər] 副 ～もまた（…し）ない〔neither ＋（助）動詞＋主語の語順で用いる〕
- □ salmon [sǽmən] 名 サケ
- □ **dead** [déd] 形 死んでいる，枯れている
- □ stream [strí:m] 名 小川
- □ *break* [bréik] 動 ～を壊す，破壊する
- □ delegate(s) [déligət(s)] 名 代表
- □ **government(s)** [gʌ́vərnmənt(s)] 名 政府
- □ organizer(s) [ɔ́:rgənàizər(z)] 名 主催者
- □ **reporter(s)** [ripɔ́:rtər(z)] 名 記者，ニュースレポーター
- □ politician(s) [pɑ̀lətíʃən(z)] 名 政治家
- □ **somebody** [sʌ́mbɑ̀di] 代 誰か，ある人
- □ **toward** [tɔ́:rd] 前 ～の方へ，～に向かって
- □ **goal** [góul] 名 目標，目的
- □ northern [nɔ́:rðərn] 形 北の，北にある
- □ needy [ní:di] 形 非常に貧乏な
- □ *enough* [inʌ́f] 代 十分（な量，数）
- □ wealth [wélθ] 名 富，財産
- □ as if ～ まるで～であるかのように
- □ bring ～ back ～を（元の状態に）戻す［回復させる］
- □ the needy 貧しい人々

New Words 単語と語句 アクセントの位置に注意して，声に出して発音しよう。

教科書 p.100

- **spend** → □ spent [spént] 動 spendの過去形，過去分詞
- □ *wish* [wíʃ] 動 ～すれば［であれば］よいのだが
- □ affection [əfékʃən] 名 愛情
- □ willing [wíliŋ] 形 いとわない，自発的な
- □ greedy [grí:di] 形 欲深い
- □ behave [bihéiv] 動 振る舞う
- □ **fight** [fáit] 動 争う，戦う
- □ *work* [wə́:rk] 動 ～をうまくいかせる
- □ mess [més] 名 乱雑，めちゃくちゃな状態
- □ creature(s) [krí:tʃər(z)] 名 生き物
- □ be willing to ～ ～するのをいとわない，～してもかまわない
- □ teach ～ not to ... ～に…しないように教える
- □ work ～ out ～を解決する，～をうまくいかせる

New Words 単語と語句 アクセントの位置に注意して，声に出して発音しよう。

教科書 p.101

- □ comfort [kʌ́mfərt] 動 ～を慰める
- □ grown-up(s) [gróunʌ̀p(s)] 名 大人
- □ *challenge* [tʃǽlindʒ] 動 ～に異議を唱える
- □ do the best 最善を尽くす，がんばる
- □ "You are what you do, not what you say." 何を言うかではなく，何をするかで人の値打ちは決まる。

本文の解説

教科書 pp.98-99

① **I am here to speak for all future generations to come.**

I am here to ～. は「私は～するためにここにいます。」という意味を表し，この to ～は，目的を表す副詞的用法の不定詞です。

③ **I am here to speak for animals dying across this planet.**

dying は die（死ぬ）の -ing 形で，語句を伴って animals を後ろから修飾しています。across は「～の至るところで」という意味で使われていて，animals dying across this planet は「この惑星の至るところで死にかかっている（＝息絶えようとしている）動物たち」の意味になります。

④ **I am afraid to go out in the sun now because of the holes in the ozone layer.**

be afraid to ～は「**～するのがこわい**」，**go out** は「**外出する**」，**because of** ～は「**～の理由で，～が原因で**」という意味を表します。

⑤ **I am afraid to breathe the air because I don't know what chemicals are in it.**

I don't know what chemicals are in it は間接疑問文で，「空気中にどんな化学物質が含まれているか私はわからない」という意味になります。

⑥ **And now we hear about animals and plants going extinct every day — vanishing forever.**

going は，語句を伴って animals and plants を後ろから修飾しています。animals and plants going extinct every day は「日々絶滅しつつある動物や植物」の意味になります。

⑧ **All this is happening before our eyes, and yet we act as if we have all the time we want and all the solutions.**

yet は「それでもなお」という意味で使われています。**as if** ～で「**まるで～であるかのように**」という意味を表します。we act as if ～は「私たちは，まるで～であるかのように行動する」の意味になります。

⑨ **I'm only a child and I don't have all the solutions, but I want you to realize, neither do you!**

not ～ all ... は，「**全ての…を～というわけではない**」という意味の部分否定を表します。want you to ～は，〈**want ＋人＋不定詞**〉の形で，「**(人) に～して欲しい**」という意味を表します。neither do you は，〈**neither ＋ (助) 動詞＋主語**〉の形で，「**～もまた (…し) ない**」の意味を表し，ここでは「あなたたち（＝みなさん）ももっていない」という意味になります。

⑩ **You don't know how to fix the holes in the ozone layer.**

how to ～は「**～する方法**」という意味を表し，how to fix the holes in the ozone layer は「オゾン層の穴を修復する方法」の意味になります。

⑫ **You don't know how to bring back an animal now extinct.**

bring ～ back で「**～を（元の状態に）戻す［回復させる］**」という意味を表します。how to ～以下は，「今や絶滅してしまった動物を元の状態に戻す（＝よみがえらせる）方法」の意味になります。

⑬ **And you can't bring back the forests that once grew in areas that are now desert.**

どちらの that も主語の代わりをする関係代名詞で，that once grew は「かつて生い茂っていた」の意味で the forests を，that are now desert は「今や砂漠である」の意味で areas を修飾しています。

⑰ **I'm only a child, yet I know we are all part of a family.**
I know の後には接続詞 that が省略されていて，I know（that）～. は「私は～ということを知っています。」という意味になります。

⑱ **I'm only a child, yet I know we should act as one single world toward one single goal.**
act は「行動する」の意味の動詞，as は「～として」の意味の前置詞で，act as one single world は「ただ１つの世界として行動する」という意味になります。

⑳ **We buy and throw away, buy and throw away.**
throw ～ away は「**～を捨てる**」という意味で，buy and throw away で「買っては捨てる」の意味になります。同じ言葉を反復することで，その行為が繰り返されていることを表しています。

㉑ **And yet northern countries will not share with the needy.**
yet は「**けれども，それにもかかわらず**」という意味の接続詞です。northern countries は「北半球の国々」を表しています。セヴァンさんは南北問題を意識して，この言葉を使っていると思われます。will は意志を表す助動詞で，**will not** ～で「**～しようとしない**」という意味を表します。**share with** ～は「**～と分かち合う**」，the needy は「貧しい人々」の意味を表し，will not share with the needy は「貧しい人々と分かち合おうとしない」という意味になります。

㉒ **Even when we have more than enough, we are afraid to lose some of our wealth, afraid to share.**
even when ～は「**～するときでさえも**」の意味を表し，**enough** は「**十分（な量，数）**」の意味の代名詞で，Even when we have more than enough は「私たちは十分すぎるものをもっているのに」という意味になります。**be afraid to** ～で「**～するのがこわい**」の意味を表します。we are afraid to lose some of our wealth は「私たちは自分の富の一部を失うことを恐れている」の意味になります。

本文の解説

教科書 p.100

① **Two days ago here in Brazil, we were shocked when we spent time with some children living on the streets.**
when は「～するとき」という意味で，時を表す接続詞です。spent は動詞 spend の過去形，過去分詞で，spent time with ～は「～といっしょに時を過ごした」の意味になります。living は live の -ing形で，語句を伴って some children を後ろから修飾しています。some children living on the streets は「路上で暮らす（何人かの）子供たち」という意味になります。

④ **And if I were, I would give all the street children food, clothes, medicine, shelter, and love and affection."**
And if I were は前文の I wish I was rich. を受けて，「そして，もし私がお金持ちだったら」という意味を表しています。would は助動詞 will の過去形で，前文の I wish から続いて〈**I wish ＋主語＋（助）動詞の過去形**〉の形で，「**もしも（今）～だったらいいのに**」という意味を表しています。〈**give ＋目的語①（～に）＋目的語②（…を）**〉の形で，「**～に…をあげる**」の意味を表します。ここでは，all the street children が目的語①，food 以下が目的語②になっています。

⑤ **If a child on the street who has nothing is willing to share, why are we who have everything still so greedy?**
who は「人」に説明を加える主語の代わりをする関係代名詞です。who has nothing は「何ももっていない」の意味で，a child on the street を後ろから修飾しています。**be willing to** ～で，「**～するのをいとわない，～してもかまわない**」という意味を表します。

⑥ At school, even in kindergarten, you teach us how to behave in the world.

even は「**～でさえ**」の意味で直後の語句を強調する副詞で，At school, even in kindergarten は「学校だけでなく，幼稚園でさえ」という意味を表しています。teach us how to ～は，〈**teach ＋人＋ how to ～**〉の形で「**(人) に～する方法を教える**」という意味を表します。

⑧ not to fight with others

not to ～は You teach us に続き，**teach ～ not to ...** で「**～に…しないように教える**」という意味を表します。**fight with** ～は「**～と争う**」という意味です。

⑨ to work things out

work ～ out は「**～をうまく解決する**」という意味です。

本文の解説

教科書 p.101

① Then why do you go out and do the things you tell us not to do?

you tell us not to do は，直前の the things を〈**主語＋動詞**〉の形で修飾しています。the things you tell us not to do で「あなたたち（＝大人）が私たちにしてはいけないと言うこと」という意味になります。

② Parents should be able to comfort their children by saying, "Everything's going to be all right," "We're doing the best we can," and "It's not the end of the world."

be able to ～は「～することができる」という可能の意味で，should は「～するはず」と推定を表す意味で使われていて，**should be able to** ～で「**～できるはず，～できて当然**」という意味になります。助動詞を続けることはできないので，ここでは can は使えません。"It's not the end of the world." （世界が終わるわけではないよ。）は，人を安心させたり，慰めるときに使う言葉です。doing は動詞 do の -ing形で，**do the best** で「**最善を尽くす，がんばる**」という意味です。

③ But I don't think you can say that to us anymore.

I don't think の後に接続詞 that が省略されていて，**I don't think (that)～.** は「**～とは思いません。**」という意味になります。that は，②の by saying 以下で述べられていることを指しています。

④ My father always says, "You are what you do, not what you say."

You are what you do, not what you say. は「何を言うかではなく，何をするかで人の値打ちは決まる。」という意味になります。

教科書 103ページ

Goal

Reading

手紙から，書き手のいちばん伝えたいことを読み取ることができる。

Writing

自分の気持ちを伝える，手紙を書くことができる。

さよなら，ティナ

Goodbye, Tina

Thank you Tina （ありがとう，ティナ）
You can be a great singer. Good luck. Riku （あなたはすばらしい歌手になるよ。頑張ってね。リク）
I don't like goodbyes. So, no goodbyes! Kota （さよならは好きじゃないからしないよ！ コウタ）
Thank you for everything! Take care of yourself. Kumi
（これまでありがとう！ 体に気をつけてね。クミ）
Climb every mountain! Masami （どんな山でも登れ！ マサミ）
I'm also getting ready for my new adventure. Haruyo
（私も新しい冒険へ向けて準備をしているよ。ハルヨ）
Tina, you're AWESOME! Enjoy your new life in London. Yuka
（ティナ，あなたは最高だよ！ ロンドンでの新しい生活を楽しんでね。ユカ）
I hope your dreams come true. Hajin （あなたの夢がかなうように願うよ。ハジン）
I'll miss you. Don't forget me. Hitomi （寂しくなるな。私のことを忘れないでね。ヒトミ）
Girls, be ambitious! Eri （少女よ，大志を抱け！ 絵里）

教科書p.103の絵や言葉を見て，ストーリーの話題を予測する

- About You What do you want to say to your friends when you graduate?
  （卒業するとき，あなたは友達へ何を言いたいですか。）
  (例) I want to say to them, "thank you." （私は彼らへ「ありがとう」と言いたいです。）
- How about Kota? What will he say to Tina?
  （コウタはどうですか。彼はティナに何を言うでしょうか。）
  (例) He will say to her, "thank you." （彼は彼女に「ありがとう」と言うでしょう。）

ストーリーのおおまかな内容をつかむ

1. 教科書p.103の絵を見て，音声を聞き，出来事の順に □ に数字を書きましょう。
   A [2]　B [3]　C [1]
2. 映像を見て，内容を確かめましょう。

New Words 単語と語句 アクセントの位置に注意して，声に出して発音しよう。

□ **goodbye** [gùdbái] 間 さようなら，じゃあまたね 名 別れの挨拶
□ ambitious [æmbíʃəs] 形 野心のある，大望のある

お別れの日

教科書二次元コード

本文の解説はpp.159-160にあります。

Q. Eri とTina はどんなことを願っていますか。

A. (例) ティナが日本にとどまること。

① ***Tina and her friends gather at the airport:***
ティナと友人たちが空港に集まりました:

Tina : ② All the usual faces are here. ③ I'm so happy!
ティナ: いつもの顔がそろってるね。 とってもうれしいな!

Hajin : ④ I can't believe you're leaving within an hour.
ハジン: 1時間もしないで行っちゃうなんて信じられないよ。

Eri : ⑤ Me, neither. ⑥ I wish you weren't leaving.
絵里: 私も信じられない。 行かなければいいのに。

Tina : ⑦ I know. ⑧ I wish I could stay.
ティナ: わかるよ。 ずっといられたらよかったんだけどね。

⑨ I will miss you guys so much.
みんながいなくてすごく寂しくなると思う。

Kota : ⑩ Tina, here's something for you.
コウタ: ティナ, 君にあげるものがあるんだ。

⑪ Open it if you get bored on the plane.
飛行機で退屈したら開けてみて。

Tina : ⑫ Thanks, Kota. ⑬ I will.
ティナ: ありがとう, コウタ。 そうする。

Hajin : ⑭ Promise to keep in touch?
ハジン: 連絡を取り合うって約束するよね?

Tina : ⑮ Of course, I will.
ティナ: もちろん, 連絡する。

Kota : ⑯ Have a safe trip! ⑰ Don't forget us!
コウタ: 気をつけてね! ぼくたちを忘れないで!

Tina : ⑱ I won't ever forget you.
ティナ: 絶対に忘れないよ。

New Words **単語と語句** アクセントの位置に注意して, 声に出して発音しよう。

- ☐ usual [jú:ʒuəl] 形 いつもの
- ☐ *face* [féis] 名 (~の) 人
- ☐ **within** [wiðín] 前 ~以内に [で]
- ☐ **bored** [bɔ́:rd] 形 退屈した, うんざりした
- ☐ get bored 退屈する, 飽きる
- ☐ keep in touch 連絡を取り合う

Kota が Tina に贈るアルバムのための写真を集めています。

音声の内容はp.161にあります。

1. それぞれが選んだ写真を教科書p.105の A ～ D から選び，□ に記号を書きましょう。
2. それぞれが言った言葉を線で結びましょう。

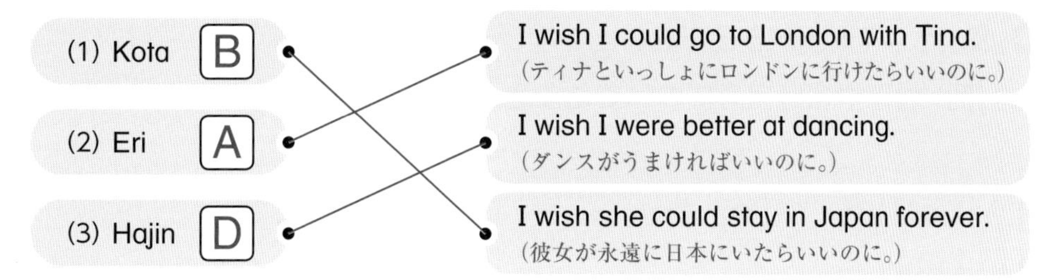

About You 表の下線に書いた後，ペアになり，自分が「～だったらいいのに」と思うことを，理由も含めて伝え合いましょう。

解答例

I wish (～だったらいいのに)	(1) I lived in Italy . (イタリアに住んでいたらいいのに。) (2) I had a time machine . (タイムマシンを持っていたらいいのに。) (3) I were better at cooking . (料理がうまければいいのに。) (4) (自分で考えて) I spoke French. (フランス語が話せたらいいのに。)

[例] A：I wish I lived in Hawaii. (ハワイに住んでいたらいいのに。)
B：Why? (どうしてですか。)
A：If I lived in Hawaii, I could enjoy swimming all year round.
(もし私がハワイに住んでいたら，1年中泳ぎを楽しめるのに。)

解答例 A：I wish I lived in Italy. (イタリアに住んでいたらいいのに。)
B：Why? (どうしてですか。)
A：If I lived in Italy, I could eat a lot of delicious pizzas.
(もし私がイタリアに住んでいたら，おいしいピザをたくさん食べられるのに。)

About You 上の (1) ～ (4) について，自分の願いとその理由を書きましょう。

解答例 (1) I wish I lived in Italy. (イタリアに住んでいたらいいのに。)
If I lived in Italy, I could eat a lot of delicious pizzas.
(もし私がイタリアに住んでいたら，おいしいピザをたくさん食べられるのに。)

(2) I wish I had a time machine. (タイムマシンを持っていたらいいのに。)
If I had a time machine, I could travel to the future.
(もし私がタイムマシンを持っていたら，未来に行けるのに。)

(3) I wish I were better at cooking. (料理がうまければいいのに。)
If I were better at cooking, I could bake a cake for my boyfriend.
(もし私が料理がうまければ，ボーイフレンドにケーキを焼いてあげられるのに。)

(4) I wish I spoke French. (フランス語が話せたらいいのに。)
If I spoke French, I could live in France.
(もし私がフランス語を話せたら，フランスに住めるのに。)

基本文

かなわない願望を言う。
I wish you **weren't** leaving. (あなたが行かなければいいのに。)
I wish I **could** stay. (いられたらいいのに。)

New Words **単語と語句** アクセントの位置に注意して，声に出して発音しよう。

□ **round** [ráund] 副 初めから終わりまで　□ all year round 1年中

Kota からの手紙

本文の解説はp.160にあります。

Q. Kota はTina からどんなことを学びましたか。

A. (例) 世界や自分自身についてたくさんのことを学んだ。

MEMORIES 思い出

① Dear Tina,
ティナへ

② The three years that we spent together were amazing.
ぼくたちがいっしょに過ごした3年間はすばらしかったよ。

③ We did so many things together, remember?
とてもたくさんのことをいっしょにしたね，覚えてる？

④ Thanks to you, I learned so much about the world and about myself.
君のおかげで，世界について，そして自分自身についてすごくたくさんのことを学んだよ。

⑤ When I entered junior high school, I was feeling lost.
中学校に入学したとき，ぼくは迷子みたいな気分だった。

⑥ But now I'm excited about the future.
でも，今は未来に向かってわくわくしているよ。

⑦ And that's because of you! そしてそれは君のおかげなんだ！

⑧ I promise to visit you soon.
すぐ会いにいくって約束するよ。

⑨ Until then take care!
そのときまで，元気でね！

⑩ Your friend, 君の友達
Kota コウタ

Think Tina にKota のどんな気持ちが伝わったと思いますか。
(例) ティナへの感謝の気持ち。

In New York (ニューヨークで)
At Your Birthday Party (あなたの誕生日パーティーで)
At the Basketball Tournament (バスケットボールの大会で)
In Miyajima (宮島で)
On the Stage (ステージで)

Words 単語と語句 アクセントの位置に注意して，声に出して発音しよう。

□ *enter* [éntər] 動 ～に入学［加入，入会］する

□ *lost* [lɔ́:st] 形 途方にくれた

Unit 8 本文の解説

Part 1

基本文

かなわない願望を言う。

① **I wish you weren't leaving.**
（あなたが行かなければいいのに。）

② **I wish I could stay.**
（いられたらいいのに。）

学習のポイント

I wish you were .... (仮定法)

〈I wish ＋主語＋動詞（助動詞）の過去形〉の形で，「**もしも（今）～だったらいいのに**」というかなわない願望を表します。

このとき，be動詞は基本的に were を使います。

本文の解説

教科書 p.104

④ **I can't believe you're leaving within an hour.**

I can't believe の後に接続詞の that が省略されていて，I can't believe (that) ～. は「～ということを信じることができません。」の意味になります。you're leaving within an hour は〈**be動詞＋動詞の -ing形**〉の形の現在進行形で，「**～する（予定だ）**」という未来を表す意味で使われています。

⑤ **Me, neither.**

Me, neither. は，「**私もそうではありません。**」と相手と同じように否定するときに使います。

⑥ **I wish you weren't leaving.**

〈I wish ＋主語＋動詞（助動詞）の過去形〉の形で，「**もしも（今）～だったらいいのに**」というかなわない願望を表します。you weren't leaving は，〈**be動詞＋動詞の -ing形**〉の形で，「**～する（予定だ）**」という未来を表します。現在進行形の be動詞が過去形になっています。

⑧ **I wish I could stay.** （→教科書p.104　KEY）

〈I wish ＋主語＋動詞（助動詞）の過去形〉の形で，「**もしも（今）～だったらいいのに**」というかなわない願望を表します。

⑨ **I will miss you guys so much.**

この文の助動詞 **will** は「**～だろう**」という単純未来を表していて，⑬と⑮の will は意志を表しています。

⑩ **Tina, here's something for you.** （→教科書p.104　表現）

Here's [Here is] ～. は「**ここに～があります。**」の意味で，**Here's something for you.** は，贈り物を差し出すときに使う言い方です。ここで，something for you（あなたへの何か）としているのは，ティナに中身がわからないようにするためです。

⑪ **Open it if you get bored on the plane.**

it は，前文の something for you を指しています。if 以下は，「もし～ならば」の意味で条件を表しています。〈**get ＋形容詞**〉の形で「**～（の状態）になる**」という意味を表し，**get bored** は，「**退屈する，飽きる**」という意味です。if 以下は「あなたが飛行機の中で退屈したら」という意味になります。

⑭ **Promise to keep in touch?**

keep in touch で，「**連絡を取り合う**」の意味を表します。

⑯ **Have a safe trip!** (→教科書p.104　表現)

Have a safe trip! は，遠くへ出発する人へ「**気をつけて。**」と挨拶する表現です。

⑱ **I won't ever forget you.**

won't は **will not** の短縮形で，「**～しないつもり**」という意志を表します。I won't ever ～. で「私は決して～しません。」という意味になります。

Part 2

学習のポイント

that に続く語句が「―が～する…」という意味で，その前にある名詞を説明（修飾）することがあります。この that のように接続詞のような働きをする代名詞を，**関係代名詞**といいます。**関係代名詞 that** は，説明される名詞が「人」でも「もの」でも使われます。ここでは，この関係代名詞 that は，目的語の代わりに使われています。

The three years **that** we spent together were amazing.

3年間　　私たちがいっしょに過ごした（that は目的語の代わり：目的格）

本文の解説

教科書 p.106

② **The three years that we spent together were amazing.**

The three years that we spent together までが主語です。that に続く語句が the three years に説明を加えていて，The three years that we spent together で「私たちがいっしょに過ごした3年間」という意味になっています。

③ **We did so many things together, remember?**

～, remember? は，「～，覚えていますか。」と相手が覚えているか確認するときに使います。**so** は接続詞ではなく，「**とても，非常に**」の意味の副詞で，形容詞 many を強調しています。

④ **Thanks to you, I learned so much about the world and about myself.**

thanks to ～ は「**～のおかげで**」という意味です。

⑤ **When I entered junior high school, I was feeling lost.**

when は，「**～するとき**」の意味で時を表す接続詞です。I was feeling は〈**be動詞＋動詞の -ing形**〉で進行形の文です。

⑦ **And that's because of you!** (→教科書p.106　表現)

because of ～ は「**～の理由で，～が原因で**」という意味で，**That's because of you!** は「**君のおかげだよ。**」という意味の表現です。

⑧ **I promise to visit you soon.**

この文中の〈**to ＋動詞の原形**〉は，「**～すること**」という意味を表す名詞的用法の不定詞です。

⑨ **Until then take care!**

until then「そのときまで（ずっと）」の then は，「Tina のところ（ロンドン）に行くとき」を指しています。**Take care.** は「**じゃあ，また。**」といった意味を表す挨拶に使う言葉です。

Unit **8** # 音声の内容

Part 1 (教科書 p.105) の音声の内容

解答はp.157にあります。

ポイント 音声の内容は次の通りです。下線部に注意して，それぞれが選んだ写真を選び，□ に記号を書きましょう。また，それぞれが言った言葉を線で結びましょう。

(1)

Kota : Have you brought your photos, guys? （みんな，写真は持ってきた？）
Eri : Yes, of course. （うん，もちろん。）
Hajin : We wouldn't forget them. What have you brought, Kota?
（ぼくたちみんな忘れなかったね。コウタ，何を持ってきたの？）
Kota : This one. It's a photo of the school trip. Have a look. （これだよ。修学旅行の写真。ほら見て。）
Hajin : We saw a beautiful sunset, right? （きれいな夕焼けを見たよね。）
Kota : And I ran to catch a tram. （そうだね。そして，路面電車に乗るために走ったよ。）
Eri : You ran very fast. I was really impressed. （すごく速く走ったね。本当に感動したよ。）
Kota : Thanks, Eri. By the way, I discovered I had lots of photos of Tina. We were always together. I'll miss her. I wish she could stay in Japan forever.
（絵里，ありがとう。そういえば，ティナの写真をたくさん持っていることに気がついた。いつもいっしょだったのに。彼女がいなくなるのは寂しいよ。彼女がいつまでも日本にいてくれたらいいのに。）
Eri : Me, too. But we have to make sure she's happy when she leaves.
（私もだよ。でも，彼女が日本を離れるときには，幸せでいてもらわないとね。）

(2)

Eri : Kota, you went to New York with Tina. You're so lucky!
（コウタ，ティナといっしょにニューヨークに行ったんだね。すごくラッキーだよね！）
Kota : Yeah, I know. It was really exciting. （そうだよね。すごく刺激的だったよ。）
Eri : I envy you. I would love to take a trip abroad. I wish I could go to London with Tina.
（うらやましい。私も海外旅行に行きたいな。ティナといっしょにロンドンに行きたいな。）
Hajin : Cheer up, Eri. You'll be able to go abroad someday. Let's go together.
（元気を出して，絵里。いつか海外に行けるようになるよ。いっしょに行こうよ。）
Eri : Oh, Hajin, really? （ハジン，ほんとに？）
Hajin : Yeah, why not? （うん，もちろん。）
Eri : Wow. I'm glad to hear that. （うわー。うれしいよ。）
Kota : OK, OK. Anyway, Eri, what photo have you brought?
（わかった，わかった。それはともかく，絵里，何の写真を持ってきたの？）
Eri : I've brought this one. Have a look. （これを持ってきたよ。見て。）
Hajin : It's a photo of one of the ball game tournaments, isn't it? （球技大会の写真だね。）
Eri : Yes. We won the championship, remember? It's a great memory.
（うん。私たち，優勝したんだよ，覚えてる？　いい思い出だよね。）
Kota : Yeah, I think so, too. Thanks, Eri. （うん，ぼくもそう思うよ。絵里，ありがとう。）

(3)

Kota : How about you, Hajin? What photo have you brought?
（ハジンはどう？　何の写真を持ってきたの？）
Hajin : I've brought this one. Have a look. （これを持ってきた。見てよ。）
Eri : Oh, Tina and I are dancing. We're staging the musical.
（あっ，ティナと私が踊ってる。ミュージカルをやったときだね。）
Kota : I remember it. Practicing was hard. You were very strict, Eri.
（覚えてるよ。練習が大変だった。絵里は厳しかったよね。）
Eri : Was I? Anyway, I think we had fun. And you helped us a lot. I have to say thank you.
（そうだった？　とにかく，楽しかったと思うよ。そして，たくさん助けてくれたね。ありがとうって言わなくちゃね。）
Hajin : You're welcome. It was a great experience for all of us. I wish I were better at dancing, though.
（どういたしまして。みんなにとっていい経験になったよ。ダンスがもっとうまければなあ，と思ったけどね。）
Eri : You're great, Hajin. （ハジン，あなたはすごいよ。）
Hajin : Really? Thanks, Eri. That makes me so happy! （そう？　絵里，ありがとう。とてもうれしいよ！）

教科書 108～109ページ

Goal 大切な人に宛てて手紙を書こう

Reading Eri，Tina，Hajin が卒業を前にして，大切な人に宛てて手紙を書きました。
手紙を読んで，書いた人の気持ちがよく伝わると思う部分に線を引きましょう。

Dear Kota,
I don't know how to thank you. My best memory is singing in the musical with you in the second grade. We practiced so hard and long. You were not good at dancing, but you did your best. I was glad you helped us.
I hope we can be good friends forever.

Your friend,
Eri

（コウタへ
コウタにはどんなふうに感謝したらいいかわからないな。いちばんの思い出は，2年生のときにいっしょにミュージカルで歌ったこと。私たち，すごく一生懸命，長く練習したよね。踊りはあまり上手じゃなかったけど，全力を尽くしてくれたね。助けてくれてうれしかったよ。
これからもずっといい友達でいられますように。
あなたの友達
絵里）

[57 words] ［57語］

Dear Ms. Brown,
Thank you for everything. You helped me with so many things. When I came to Japan, I had culture shock and felt down. You showed me how to accept and respect other cultures. I'll miss you. I'll keep in touch.

Sincerely,
Tina

（親愛なるブラウン先生へ
何もかも，ありがとうございました。先生には，いつもとてもたくさんのことで助けていただきました。日本に来たとき，私はカルチャーショックを受けて，落ち込みました。先生は，どうやって異文化を受け入れ，尊重するかを示してくださいました。会えなくなると寂しくなります。またご連絡いたします。
敬具
ティナ）

[45 words] ［45語］

Dear Mom,
You're always busy with not only working but also taking care of our family. You get up early in the morning and go to bed at midnight. However, you're always cheerful and try to make us laugh.
I'm proud of you. You always help me do my best. Thank you.

Love,
Hajin

（お母さんへ
お母さんは，仕事だけじゃなくて，家族の面倒を見るので，いつも忙しくしているね。朝早く起きて，夜中に寝ている。それでも，いつも明るくて，ぼくたちを笑わせようとしてくれる。
お母さんのことを誇りに思うよ。ぼくが最善を尽くすためにいつも助けてくれる。ありがとう。
愛を込めて
ハジン）

[54 words] ［54語］

Writing 中学校生活を振り返り，大切な人に宛てて手紙を書きましょう。

1. あなたなら，誰にどのような気持ちを伝えたいですか。どんなことを書くと，気持ちが伝わるでしょうか。以下を参考にして，手紙のアイデアを広げましょう。

You smile. I smile.
（あなたが笑うと私も笑う。）

All I can say is "thank you."
（私が言えることはただ「ありがとう」。）

Please remember me!
I'll remember you!
（私を覚えていてね！
私はあなたを覚えてるよ！）

You've been so helpful.
（あなたはとても親切だった。）

Thanks for being there for me.
（私の支えになってくれてありがとう。）

You are the best!
（あなたがいちばん！）

Our friendship is forever!
（私たちの友情は永遠だよ！）

Thank you for always being on my side.
（いつも私の味方でいてくれてありがとう。）

2. あなたの気持ちを伝える手紙を書きましょう。

解答例

Dear Mom,
Thank you for everything. You always take care of me. You always encourage me. You always smile. One day, I was very tired after practicing tennis and studying. But when I saw your face, I felt better. I'll kept on studying hard and doing my best, I promise!

Love,
Yuri

（ママへ
いろいろありがとうございます。ママはいつも私の面倒を見てくれます。ママはいつも私を励ましてくれます。ママはいつも笑顔でいてくれます。ある日，私はテニスの練習と勉強でとても疲れていました。でも，ママの顔を見て元気が出ました。勉強も一生懸命続け，全力を尽くし続けることを約束します！

愛を込めて
ユリ）

New Words 単語と語句 アクセントの位置に注意して，声に出して発音しよう。

- □ **accept** [æksépt] 動 ～を受け入れる
- □ midnight [mídnàit] 名 夜の12時
- □ *all* [ɔ́:l] 代 〔関係詞節を伴って〕唯一のもの[こと]
- □ **helpful** [hélpfəl] 形 助けになる
- □ friendship [fréndʃip] 名 友情，友人関係
- □ be there for ～ ～の助け〔支え〕となる

ふり返り
CAN-DO 手紙から，書き手のいちばん伝えたいことを読み取ることができる。 ▶▶CAN-DO List (R-3)
CAN-DO 自分の気持ちを伝える，手紙を書くことができる。 ▶▶CAN-DO List (W-2)

You Can Do It! ③

3年間を締めくくる言葉を考えよう

教科書 110～111ページ

あなたの中学校3年間が，まもなく終わろうとしています。
どのような3年間だったか，ふさわしい単語を選び，英語の詩を作りましょう。

Reading 以下の4人の詩を読みましょう。それぞれ，どんな3年間を過ごしたのでしょうか。

"WONDERFUL" Uchida Makoto
（すばらしい）　（ウチダ　マコト）

W … What a wonderful three years!
（なんてすばらしかった3年間！）
O … Old friends, （昔からの友達）
N … new friends, （新しい友達）
D … don't forget me.
（ぼくのことを忘れないでね）
E … Everything （全てが）
R … reminds me of （思い起こさせるよ）
F … fantastic days. （すばらしい日々を）
U … Up to the sky, friends,
（友たちよ，さあ空へ）
L … let's fly together. （いっしょに飛び立とう）

"HARD" Kimura Daigo （キムラ　ダイゴ）
（難しい）

H … How many tests （どれだけのテストと）
A … and math lessons were there?
（数学の授業があったんだろう）
R … Remembering them makes me cry.
（思い出すと泣けてくるよ）
D … Dear friends, how about you?
（友たちよ，みんなはどう？）

"FANTASTIC" Nakamura Yukari （ナカムラ　ユカリ）
（すばらしい）

F … Family and friends （家族と友達が）
A … are my treasure. （私の宝物）
N … Nothing is so precious as them.
（それより大切なものなんてない）
T … Thank you very much for （どうもありがとう）
A … a lot of happy memories, and
（たくさんの楽しい思い出と）
S … some sad memories. （少しの悲しい思い出たち）
T … They all taught me the （その全てが私に教えてくれたよ）
I … importance of love. （愛の大切さを）
C … Cheers! （じゃあね！）

"MEMORY" Catherine Barnes （キャサリン・バーンズ）
（思い出）

M … Many thanks to my friends.
（友達にいっぱいの感謝）
E … Enjoy your new lives! （新生活を楽しんでね！）
M … My wish is keeping （私の願いは）
O … our friendship forever. （友情を一生保つこと）
R … Remember I'll always be
（覚えておいてね，私はずっと）
Y … your friend. （友達だよ）

[101 words] ［101語］

New Words 単語と語句 アクセントの位置に注意して，声に出して発音しよう。

- □ precious [préʃəs] 形 （記憶・所持品などが）大切な
- □ importance [impɔ́ːrtəns] 名 重要性
- □ *cheer* [tʃíər] 名 歓呼，かっさい
- □ *cry* [krái] 動 涙を流して泣く
- □ Cheers! ありがとう。さようなら。

Thinking 辞書や教科書から，使ってみたい単語を選びましょう。いくつか候補を挙げて，下に書きましょう。

解答例 exciting （胸をわくわくさせる）　tough （たくましい）　difficult （難しい）

Writing 辞書や巻末のWord List を利用して，教科書p.110 の作品を参考に，単語のそれぞれの文字から始まる言葉を考え，用紙1枚にまとめましょう。クラスで回覧し，作品に感想やコメントを書きましょう。

解答例 詩："GRATEFUL" （感謝して）

G … Good to see you all. （みんなに会えてよかった）
R … Remember I'll always be your friend. （覚えていてね，ずっと友達だよ）
A … All I can say is （私が言えることはただ）
T … "thank you." （「ありがとう」）
E … Everyone, let's enjoy our （みんな，楽しみましょう）
F … fantastic and （すばらしい）
U … unique （私たちの唯一の）
L … lives! （人生を！）

コメント：I was impressed by your poem. （私はあなたの詩に感動した。）

ふり返り 3年間を締めくくる言葉を考えることができるかな。

- まだできない
- 助けがあればできる
- ひとりでできる
- 自信をもってできる

CAN-DO List (R-2) (W-1)

Goal ストーリーについて，簡単な語句や文を使い，その場で話すことができる。

教科書pp.112-113の絵と写真を使い，ストーリーを自分の言葉で伝えましょう。

Unit 1 School Life Around the World [教科書 p.9]

1 Ahmed ／ Abu Dhabi ／ the U.A.E. （アーメッド ／ アブダビ ／ アラブ首長国連邦）
This boy is Ahmed. He introduces his school in Abu Dhabi, the U.A.E.
（この男子はアーメッドです。彼は，アラブ首長国連邦の首都，アブダビにある彼の学校を紹介しています。）

2 uniforms ／ swimming pool ／ tablet （制服 ／ スイミングプール ／ タブレット）
Ahmed wears a uniform at school. His school has a big swimming pool. Each of them has a tablet. （アーメッドは学校で制服を着ます。彼の学校には大きなスイミングプールがあります。彼らはそれぞれタブレットを持っています。）

3 Caitlin ／ Canterbury ／ the U.K. （ケイトリン ／ カンタベリー ／ イギリス）
This girl is Caitlin. She introduces her school in Canterbury, the U.K.
（この女子はケイトリンです。彼女は，イギリスの都市，カンタベリーにある彼女の学校を紹介しています。）

4 drama class ／ acting ／ fun （演劇の授業 ／ 演技 ／ 楽しい）
Caitlin's favorite is drama class. Their teachers teach them acting and speaking skills. She says that it is fun. （ケイトリンのお気に入りは演劇の授業です。彼女たちの先生たちは演技と話術を教えてくれます。彼女はそれは楽しいと言っています。）

5 website ／ school life ／ interesting （ウェブサイト ／ 学校生活 ／ おもしろい）
Kota, Eri, Tina and Hajin are looking at a website called "School Life Around the World." Ms. Brown told them that it was an interesting website. （コウタ，絵里，ティナとハジンは「世界の学校生活」というウェブサイトを見ています。ブラウン先生がおもしろいウェブサイトだと教えてくれました。）

6 introduce ／ the U.A.E. ／ Sunday to Thursday （紹介する ／ アラブ首長国連邦 ／ 日曜日から木曜日まで）
Students from across the world introduce their schools on the website. The school week is from Sunday to Thursday in the U.A.E. （そのウェブサイトでは，世界中の生徒たちが学校を紹介しています。アラブ首長国連邦では学校は日曜日から木曜日までです。）

Unit 2 Our School Trip [教科書 p.21]

1 Miyajima ／ deer ／ afraid （宮島 ／ シカ ／ 恐れる）
Kota, Eri, Tina and Hajin have arrived on Miyajima. There are some deer. Deer aren't afraid of people at all. （コウタ，絵里，ティナとハジンは宮島に着きました。そこには何匹かのシカがいます。シカたちは人間を全くこわがっていません。）

2 the gate ／ harmony ／ a photo （鳥居 ／ 調和 ／ 写真）
Tina said that the gate, the sea, the sky, and the mountains were in perfect harmony. They took a photo together.
（ティナは，鳥居，海，空，そして山々が完璧に調和していると言いました。彼らはいっしょに写真を撮りました。）

3 check ／ photos ／ hotel （確認する ／ 写真 ／ ホテル）
Tina will check her photos at the hotel. But she has left her camera on the tram. （ティナはホテルで写真を確認するつもりです。しかし，彼女は路面電車にカメラを置き忘れてしまっています。）

4 camera ／ get ／ leave （カメラ ／ 得る ／ 出発する）
The tram was leaving. Kota started chasing after the tram to get Tina's camera back. （路面電車は出発しようとしていました。ティナのカメラを取り戻すために，コウタは路面電車の後を追いかけ始めました。）

5 see ／ change ／ reason （見る ／ 変わる ／ 理由）
Hajin and Eri have never seen Kota like this. Eri thinks he has changed lately. She tells Tina that the reason is Tina. （ハジンと絵里はこんなコウタを見たことがありません。絵里は彼は最近変わったと思っています。彼女はティナにその理由はティナだと言います。）

6 big deal ／ the sunset ／ beautiful （〔"It's no big deal."で〕たいしたことではないよ。 ／ 夕焼け ／ 美しい）
Kota caught up with the tram and said it was no big deal. They all watched the beautiful sunset.
（コウタは路面電車に追いつきました。そして，たいしたことではないと言いました。彼らは美しい夕焼けを見ました。）

教科書pp.114-115の絵と写真を使い，ストーリーを自分の言葉で伝えましょう。

Unit 3 Lessons From Hiroshima [教科書 p.31]

1 the Atomic Bomb Dome ／ on August 6, 1945 （原爆ドーム ／ 1945年8月6日に）
Kota, Eri, Tina and Hajin visited the Atomic Bomb Dome. The world's first atomic bomb was dropped on Hiroshima on August 6, 1945. （コウタ，絵里，ティナとハジンは原爆ドームを訪れました。1945年8月6日に，世界で初めての原爆が広島に投下されました。）

2 questions ／ a peace volunteer ／ 2000 （質問 ／ ピースボランティア ／ 2000年）
Tina asked a peace volunteer some questions. The peace volunteer has been working since 2000. （ティナがピースボランティアにいくつか質問をしました。そのピースボランティアの方は2000年から活動しています。）

3 daughter ／ the peace monuments ／ young people （娘 ／ 平和記念碑 ／ 若い人々）
Ms. Nishimura realized she didn't know much about the atomic bomb when her daughter asked her questions about the peace monuments. She was determined to tell young people about the atmic bomb. （西村さんは，彼女の娘が平和記念碑について質問をしてきたとき，原爆についてあまり知らないことに気づきました。彼女は，若い人々に原爆について伝えることを決意しました。）

4 think ／ promote ／ peace （考える ／ 推し進める ／ 平和）
Tina and Kota have been thinking about their trip to Hiroshima. He wants to promote peace in the world. （ティナとコウタは広島の修学旅行についてずっと考えています。彼は世界平和を推し進めたいと思っています。）

5 valuable ／ tragic ／ guide （貴重な ／ 悲惨な ／ ガイド）
Kota wrote a report about his trip to Hiroshima. He had a valuable experience there. He learned a lot about the war and its tragic events. He met a peace volunteer, a guide to the sites of the atomic bombing. （コウタは広島の修学旅行についてレポートを書きました。彼はそこで貴重な体験をしました。彼は戦争とその悲惨な出来事について多くを学びました。彼は原爆投下のあった場所をガイドするピースボランティアに会いました。）

6 the next generation ／ the past ／ not enough （次の世代 ／ 過去 ／ 不十分な）
The peace volunteer thinks we should pass the words of the survivors of the atomic bomb to the next generation. Kota thinks that it's important to learn about the past and to think about creating peace. But he thinks that thinking about it is not enough. （そのピースボランティアは，私たちが生き残った被爆者の言葉を次の世代に伝えるべきだと考えています。コウタは，過去について学ぶこと，そして，平和な世界をつくることについて考えることが大切だと思います。しかし，考えるというだけでは不十分だと彼は思います。）

Unit 4 AI Technology and Language [教科書 p.51]

1 AI technology ／ smartphones ／ robots （AI技術 ／ スマートフォン ／ ロボット）
AI technology has made great progress lately. Smartphones which respond to voice commands are common these days. Robots which automatically clean our house are popular. （AI技術は最近大きく進歩しています。音声命令に応答するスマートフォンは最近では一般的です。家の中を自動で掃除するロボットは人気です。）

2 translation software ／ common ／ communicate （翻訳ソフトウェア ／ よく見られる ／ コミュニケーションをとる）
Translation software uses AI technology. It is becoming common. AI will help us communicate with people who speak other languages. （翻訳ソフトウェアはAI技術を活用しています。それは一般的になりつつあります。AIは，私たちがほかの言語を話す人々とコミュニケーションをとるのに役立つでしょう。）

3 useful ／ use ／ Japanese （役に立つ ／ 使う ／ 日本語）
Tina says that translation software is useful. She sometimes uses it when she doesn't understand a Japanese phrase. （ティナは，翻訳ソフトウェアは便利だと言います。彼女は，日本語の表現が理解できないときに，ときどきそれを使います。）

4 uncle ／ restaurant ／ interact （おじ ／ レストラン ／ コミュニケーションをとる）
Kota has an uncle who runs a Japanese restaurant. He can easily interact with foreign customers thanks to a translation device. （コウタには日本料理店を経営しているおじさんがいます。翻訳機器のおかげで，彼は外国のお客さんと簡単にコミュニケーションをとることができます。）

5 convenient ／ important ／ by myself （便利な ／ 重要な ／ 自分自身で）
Hajin says that translation devices are convenient, but learning foreign languages is still important. He wants to be able to communicate by himself. （ハジンは，翻訳機器は便利だが，外国語を学ぶことは変わらず重要だと言います。彼は自分自身でコミュニケーションをとれるようになりたいです。）

6 useful ／ broaden ／ understanding （役に立つ ／ 広げる ／ 理解）
Ms. Brown says that translation software is useful for exchanging messages. But she also says that learning foreign languages is an experience that will broaden our world view and helps us have a better understanding of other cultures. （ブラウン先生は，翻訳ソフトウェアはメッセージのやり取りには便利だと言います。しかし彼女はまた，外国語を学習することは，世界観を広げる体験であり，異文化へのよりよい理解のために役立つとも言います。）

教科書pp.116-117の絵と写真を使い，ストーリーを自分の言葉で伝えましょう。

Unit 5 Plastic Waste [教科書 p.65]

1 plastic waste ／ plastic bags ／ throw away （プラスチックごみ ／ ビニール袋 ／ 捨てる）
Kota is talking about plastic waste. He is asking how many plastic bags we use in a single week and what happens to them after we throw them away. （コウタがプラスチックごみについて話しています。彼は，私たちが1週間にどのくらいの数のビニール袋を使うか，そして，私たちが捨てた後，そのビニール袋はどうなるかたずねています。）

2 graph ／ plastic packaging waste ／ the environment （グラフ ／ プラスチック包装ごみ ／ 環境）
Kota is showing a graph which shows the amount of plastic packaging waste per person in each country. He is saying that plastic waste harms the environment. （コウタが国別の1人当たりのプラスチック包装ごみの量を示すグラフを見せています。彼は，プラスチックごみは環境に害を与えると言っています。）

3 Bali ／ plastic bags ／ beaches （バリ島 ／ ビニール袋 ／ ビーチ）
Hajin gave a presentation. In Bali, plastic bags were thrown away by tourists and residents. They were polluting the beaches. （ハジンがプレゼンテーションをしました。バリ島では，観光客や地元住民によってビニール袋が捨てられていました。ビニール袋はビーチを汚染していました。）

4 ban ／ action ／ recycle （禁止する ／ 行動 ／ リサイクルする）
Two young sisters in Bali started a movement to ban plastic bags on the island in 2013. Hajin said people could start taking action in their daily lives. He also said, “Recycle plastic properly.” （バリ島の2人の若い姉妹が，島でのビニール袋の使用を禁止する運動を2013年に始めました。ハジンは，人々は日常生活の中で行動を起こすことを始められると言いました。彼はまた，「プラスチックをちゃんとリサイクルしよう。」と言いました。）

5 reduce ／ replace ／ effort （減らす ／ 取り替える ／ 努力）
Tina shows an article about companies that have started to reduce plastic waste. She says a major coffee shop chain replaced plastic straws with paper straws. Hajin says that we should make an effort to reduce plastic waste. （ティナが，プラスチックごみの削減を始めた企業についての記事を見せています。彼女は，大手コーヒーショップチェーンがプラスチックのストローを紙ストローに取り替えたと言います。ハジンが，私たちはプラスチックごみを減らす努力をするべきだと言います。）

6 paper bags ／ natural materials ／ challenge （紙袋 ／ 天然素材 ／ 挑戦）
Eri says she always goes shopping with a canvas bag. Tina says that we can ask stores to change their bags to paper bags. Kota says that we can use things which are made from natural materials. Tina said that reducing plastic waste is a creative challenge. （絵里は，いつもキャンバス地のバッグを持って買い物に行くと言います。ティナは，私たちはお店に袋を紙袋に変えるようお願いすることができると言います。コウタは，私たちは天然素材から作られるものを使うことができると言います。ティナは，プラスチックごみを減らすことは発想力を必要とする課題だと言います。）

Unit 6 The Chorus Contest [教科書 p.75]

1 twist ／ the piano ／ the chorus contest （ひねる ／ ピアノ ／ 合唱コンクール）
Eri twisted her wrist. She said that she couldn’t play the piano at the chorus contest.
（絵里が手首をひねりました。彼女は合唱コンクールでピアノを弾くことができないと言いました。）

2 video ／ two people ／ together （動画 ／ 2人の人 ／ いっしょに）
Kota shows a video to his friends. There are two people playing one piano in the video. Eri and Hajin will play the piano together. （コウタは友達に動画を見せます。その動画には，1台のピアノを弾いている2人の人がいます。絵里とハジンがいっしょにピアノを弾きます。）

3 invite ／ “Heal the World” （招待する ／「ヒール・ザ・ワールド」）
Tina invites her parents to the contest. Tina’s class are going to sing “Heal the World.” （ティナは両親をコンクールに招待します。ティナのクラスは「ヒール・ザ・ワールド」を歌う予定です。）

4 T-shirts ／ the conductor ／ a solo part （Tシャツ ／ 指揮者 ／ ソロパート）
Tina’s classmates are wearing T-shirts designed by her on stage. Kota is the conductor, and Tina will sing a solo part. （ティナのクラスメイトは，ステージで，彼女がデザインしたTシャツを着ています。コウタは指揮者で，ティナはソロパートを歌う予定です。）

5 win ／ awesome ／ amazing （勝つ ／ 最高な ／ すばらしい）
Tina’s class won. Kota said that Eri and Hajin sounded awesome together, and Tina’s solo part was amazing. （ティナのクラスが優勝しました。コウタは，絵里とハジンの演奏はとても息が合っていた，そして，ティナのソロパートはすばらしかったと言いました。）

6 bad news ／ London ／ March （悪い知らせ ／ ロンドン ／ 3月）
Tina has bad news. She is moving to London at the beginning of March.
（ティナは悪い知らせをもっています。彼女は3月の初めにロンドンに引っ越す予定です。）

教科書p.118の絵を使い，ストーリーを自分の言葉で伝えましょう。

Unit 7-8 **Tina's Speech** [教科書 p.89] ／ **Goodbye, Tina** [教科書 p.103]

1 three years ago ／ anything ／ anxiety （3年前／何か／不安）
Three years ago, Tina came to Japan. She didn't really know anything about Japan. She was full of anxiety.
（3年前，ティナは日本に来ました。彼女は日本についてあまりよく知りませんでした。彼女は不安でいっぱいでした。）

2 support ／ culture shock ／ important （支える／カルチャーショック／大切な）
Tina says that her friends, teachers, and her family supported her. She says that she had culture shock at first and sometimes felt down. Her new friends let her know that she was important to them.
（ティナは，友達や先生，家族が支えてくれたと言います。彼女は，最初はカルチャーショックを受け，ときどき落ち込んでいたと言います。新しい友達が，彼らにとって彼女は大切な存在だと教えてくれました。）

3 different ／ the same ／ respect （異なる／同じ／尊重する）
Tina says that her own culture is different from Japanese culture, but people are basically the same everywhere. She also says that it's important to respect each other and try to understand each other.
（ティナは，彼女自身の文化は日本の文化とは異なるけれど，どこでも人は基本的に同じだと言います。彼女はまた，お互いを尊重し，理解しようと努めることが重要だと言います。）

4 no need ／ adventure ／ London （必要がない／冒険／ロンドン）
Tina says that if she could speak to herself of three years ago, she would say, "There's no need to worry. You're going to have a wonderful adventure." She's getting ready for going to high school in London.
（ティナは，3年前の自分自身にもし話しかけることができるのなら，「何の心配もいらないよ。あなたはすばらしい冒険をするんだよ。」と言ってあげると言います。彼女はロンドンの高校に行く準備をしています。）

1 stay ／ miss ／ keep in touch ／ forget （とどまる／寂しく思う／連絡を取り合う／忘れる）
Kota, Eri, Tina and Hajin are at the airport. Tina says, "I wish I could stay. I will miss you guys so much." They promise to keep in touch. Tina says she won't ever forget her friends.
（コウタ，絵里，ティナとハジンは空港にいます。ティナは「いられたらいいのに。みんながいなくてすごく寂しくなると思う。」と言います。彼らは連絡を取り合うことを約束します。ティナは友達のことを絶対に忘れないと言います。）

2 amazing ／ learn ／ feeling lost ／ excited （すばらしい／学ぶ／途方にくれたと感じる／わくわくして）
Kota gives a letter to Tina. In the letter, he says the three years they spent together were amazing, and he learned so much thanks to Tina. He was feeling lost when he entered junior high school, but he's excited about the future now.
（コウタはティナに手紙を渡します。その手紙の中で，コウタは，いっしょに過ごした3年間はすばらしかった，ティナのおかげでとても多くのことを学んだと言っています。中学校に入学したとき，彼は迷子みたいな気分でしたが，今，彼は未来に向かってわくわくしています。）

Extra **Fast Forward Five Years** （はや5年がたち）

Kota : Today, I'm going to see Tina.
今日は，ティナに会うことになっている。

She will study at a university in Japan as an exchange student.
交換留学生として日本の大学で勉強するらしい。

I'm excited and a little nervous.
わくわくすると同時に，少し緊張している。

At the university: 大学で：

Eri : Over here, Kota!
こっちこっち，コウタ！

Kota : Hi, guys. Where's Tina?
やあ，みんな。ティナはどこ？

Hajin : She's not here yet.
まだ来てないよ。

Eri : Look, there she is! Tina!
ほら見て，いたよ！ ティナ！

Tina : Hi, guys!
こんにちは，みんな！

Eri : Tina, it's good to see you!
ティナ，会えてうれしい！

Tina : It's so good to see you, too. It's been a long time.
私も会えてとってもうれしい。久しぶり。

Kota : Yes, it's been three years since I last saw you.
うん，ぼくが最後に会ってから3年たってるんだよ。

That was in London.
あれはロンドンだったね。

Hajin : But now you're back! I can't believe it.
でも，今は戻ってきている！ 信じられない。

Eri : Welcome back, Tina.
おかえり，ティナ。

Tina : Thanks! I'm so excited to be back.
ありがとう！ 戻ってこられて，すごくわくわくしてる。

We're going to have so much fun together.
いっしょにたくさん楽しいことができるね。

New Words **単語と語句** アクセントの位置に注意して，声に出して発音しよう。

□ university [jù:nəvə́:rsəti] 名 大学　　□ *exchange* [ikstʃéindʒ] 名 交換

教科書 120ページ

Your Coach ③ 聞き上手になろう

Q 返答が相づちばかりになってしまいます。会話の内容を深めるにはどうしたらいいですか。

A1 相手から詳しい話を引き出す質問をしてみましょう。

実際の会話を聞き，質問で相手の話を引き出しながら会話を続けるイメージをもちましょう。
聞き手は，相手の話について，どのような質問をしているでしょうか。

A2 質問のパターンを増やしていきましょう。

さまざまな質問のパターンを知り，少しずつ質問できることを増やしていきましょう。
例えば，次のような話を聞いて，他にどのような質問ができるでしょうか。

I went to a clothes shop which opened recently in the shopping mall.
（ショッピングモールに最近開店した洋服店に行きました。）

— How was it?
（どうでしたか。）
— Who did you go with?
（誰と行きましたか。）
— How did you know about the shop?
（店についてどうやって知りましたか。）

Responses 相づち

便利な表現	相手の言葉を繰り返す	驚いたときの表現	続きを聞きたいときの表現	聞き直したいときの表現
I see. （わかりました。なるほど。） Uh-huh. （うん。うんうん。ああ。） That's nice. （いいですね。） That sounds good. （よさそうですね。） That's too bad. （残念です。気の毒です。）	Oh, you like music. （ああ，音楽が好きなんですね。） Oh, do [did] you? （ああ，そうなん[だったん]ですか。） **相手に同意を求める** ～, isn't it? （～ですよね。）	Wow. （うわあ。） Really? （ほんと？） Are you kidding? （冗談でしょう。まさか。） I didn't know that. （知りませんでした。）	Tell me more. （もっと話してください。） And then? （それから？） What else? （ほかに何かありますか。）	Could you say that again? （もう一度言ってください。） **間を取る** Let me see. （ええと。） Well, ～. （ええと，あのう，そうですね）

教科書 128ページ

Your Coach ④ 英語のトレーニングを続けよう

Goal　自分や相手のことについて，その場でやり取りすることができる。

1 This Is Me　私ってこんな人

自分のことを話すとき，どのようなことを伝えるといいかな。

[やり取りの例]

Ken : Kana, which day do you like most in the week?（カナ，週の中でどの曜日がいちばん好きですか。）

Kana : Hmm. I like Wednesday most. I have my piano lesson after school every Wednesday.
（うーん。水曜日がいちばん好きです。毎週水曜日は放課後にピアノのレッスンがあるんです。）

Ken : You play the piano! How long have you been playing?
（ピアノを弾くんですね！　どのくらい長くやっているんですか。）

Kana : Well, I've been playing for over ten years now. Actually, I have a concert next Sunday.
（ええと，10年以上やっています。実は，来週の日曜日には，演奏会があるんです。）

Questions & Answers（質問と答え）

解答例

1. What did you do during the vacation?（休みの間は何をしましたか。）
   I went to the aquarium.（水族館に行きました。）
2. What is your favorite place in your city?（あなたの街でお気に入りの場所はどこですか。）
   My favorite place is the park near my house.（私のお気に入りの場所は家の近くの公園です。）
3. What is your most important treasure?（あなたのいちばん大切な宝物は何ですか。）
   My most important treasure is my dog.（私のいちばん大切な宝物は，私の犬です。）
4. Which day do you like most in the week?（週のうちでどの曜日がいちばん好きですか。）
   I like Friday most.（金曜日がいちばん好きです。）
5. Have you ever been abroad?（海外に行ったことはありますか。）
   Yes. I've been to Canada.（はい。カナダに行ったことがあります。）
6. What music makes you feel good?（どんな音楽を聴くと気分がよくなりますか。）
   Rock music makes me feel good.（ロックミュージックで気分がよくなります。）
7. What are your favorite words?（あなたのお気に入りの言葉は何ですか。）
   My favorite words are "You are what you do, not what you say."
   （私のお気に入りの言葉は「何を言うかではなく，何をするかで人の値打ちは決まる。」です。）
8. What is the most useful website?（最も役に立つウェブサイトは何ですか。）
   I think it's Google.（グーグルだと思います。）
9. Did you buy anything lately?（最近何か買い物をしましたか。）
   I bought a pair of shoes last week.（先週，靴を買いました。）
10. What was your favorite book when you were six years old?
    （あなたが6歳のとき，お気に入りの本は何でしたか。）
    It was *The Lion and the Mouse*.（『ライオンとねずみ』でした。）

[Topics]　会話が続くようになってきたら，トピックを1つ決めて，話を深めよう。

☐ **My Favorites**　私の好きなもの・こと
　place　場所
　book　本
　music　音楽
　website　ウェブサイト
　words　言葉

☐ **My Family or Pets**　私の家族やペット
☐ **My Friends**　私の友達
☐ **My Town**　私の町

2 My Life 私の日常

おたがいをよく知るために日常生活について話すとき，どのようなことを伝えるといいかな。

[やり取りの例]

Kana: Ken, I'd like to hear your opinion. What should we do to have a healthy life?
（ケン，意見を聞きたいのですが。健康な生活を送るためには，私たちは何をするべきでしょうか。）

Ken: To have a healthy life? That's easy. We should get up early and go to bed early. And we shouldn't skip breakfast. （健康な生活を送るためですか？ 簡単です。朝早く起きて，夜は早く寝るべきです。それから，朝食は抜くべきではありません。）

Kana: Yes, that's good advice. By the way, what time did you go to bed last night?
（うん，それはよいアドバイスです。ところで，昨夜は何時に寝ましたか。）

Ken: Me? Well ... about 12:30. （ぼくですか？ ええと……12時30分くらいです。）

Questions & Answers （質問と答え）

解答例

1. What do you usually do in the morning? （あなたはいつも朝に何をしますか。）
   I usually have a cup of coffee. （私はいつもコーヒーを飲みます。）
2. How long does it take from your home to school? （あなたの家から学校までどのくらいの時間がかかりますか。）
   About 20 minutes. （だいたい20分ほどです。）
3. Do you have any interesting news? （何か興味深いニュースはありますか。）
   I'll tell you about my friend. （私の友達についてお話しします。）
4. What is good about this school? （この学校のよいところは何ですか。）
   I think that we have a lot of school events. （学校行事がたくさんあることだと思います。）
5. Which book impressed you most? （最も感動した本は何ですか。）
   It was *Flowers for Algernon*. （『アルジャーノンに花束を』です。）
6. What should we do to have a healthy life? （健康な生活を送るために，私たちは何をするべきですか。）
   We should sleep well. （よく眠るべきです。）
7. How long do you study at home every day? （毎日家でどのくらい勉強しますか。）
   I study about 2 hours. （私は2時間ほど勉強します。）
8. If you had one million yen, what would you do?
   （もしあなたが100万円を持っているとしたら，何をしますか。）
   I would travel around the world. （私は世界中を旅行するでしょう。）
9. What is your best memory of your school life? （学校生活でいちばんの思い出は何ですか。）
   My best memory is the school festival. （私のいちばんの思い出は文化祭です。）

[Topics] 会話が続くようになってきたら，トピックを1つ決めて，話を深めよう。

☐ **My School Life** 学校生活
- schedule 時間割
- club activity 部活動
- school events 学校行事

☐ **After-School Life** 放課後

☐ **At Home** 家では
- daily tasks 日課
- free time 時間があるとき

☐ **On Vacation** 休みの日には
- on weekends 週末
- last weekend 先週末
- summer [winter] vacation 夏 [冬] 休み

☐ **My Ideal Life** 理想の生活

New Words 単語と語句 アクセントの位置に注意して，声に出して発音しよう。

☐ skip [skíp] 動 ～を抜かす，省く

3 My Future 私のしたいこと

おたがいの夢や将来の目標について話すとき，どんなことを伝えるといいかな。

[やり取りの例]

Ken : Kana, who is the person you admire most?
（カナ，最も尊敬する人は誰ですか。）

Kana : I think I admire Murakami Haruki most. He's a great writer.
（村上春樹を最も尊敬していると思います。彼はすばらしい作家です。）

Ken : I agree. He's well-known all over the world, isn't he?
（同感です。彼は世界中でよく知られていますよね。）

Kana : Yes. His books are very popular.
（はい。彼の本はとても人気があります。）

Questions & Answers （質問と答え）

解答例

1. Which prefecture of Japan do you want to visit most?
（最も訪れたいのはどの都道府県ですか。）
I want to visit Kagawa because I love udon.
（うどんが大好きなので，香川を訪れたいです。）
2. Which would you like better, living in Japan or in other countries?
（日本に住むのとほかの国に住むのとでは，どちらにより住みたいですか。）
I'd like Japan better because I like Japanese food.
（日本食が好きなので，日本がいいです。）
3. Have you decided what to do in the future?
（将来何をするか決めましたか。）
I will be a nursery school teacher. （私は保育士になります。）
4. What foreign language do you want to learn most?
（最も学びたい外国語は何ですか。）
I want to learn English. （私は英語を学びたいです。）
5. Who is the person you admire most?
（あなたが最も尊敬してやまない人は誰ですか。）
I admire my mother most. （母を最も尊敬しています。）
6. Do you want to work with robots? （ロボットと働きたいですか。）
I want to work with robots. （ロボットと働きたいです。）
7. What do you want to do after graduation? （卒業後は何をしたいですか。）
I want to do a homestay. （ホームステイをしたいです。）

[Topics] 会話が続くようになってきたら，トピックを1つ決めて，話を深めよう。

☐ **Dreams and Goals** 将来つきたい職業
☐ **Places** 行きたい場所
☐ **Items** ほしいもの

New Words 単語と語句 アクセントの位置に注意して，声に出して発音しよう。

☐ admire [ædmáiər] 動 ～に感心する，敬服する
☐ well-known [wélnóun] 形 よく知られている，有名な

The Runner Wearing Number 67 ゼッケン67を付けたランナー

1964年の東京オリンピックのエピソードを読みましょう。
「ゼッケン67」を付けて走った選手に，何があったのでしょうか。

本文の解説はp.177にあります。

① It was the fifth day of the Tokyo Olympics of 1964.
1964年の東京オリンピック5日目のことでした。

② The men's 10,000-meter run was the highlight of the day.
男子10,000メートル走は，この日の最大の山場でした。

③ About seventy thousand people were in the National Stadium.
国立競技場には約7万人もの人々がいました。

④ At 4:05 p.m., the spectators went quiet.
午後4時5分，観客が静まり返りました。

⑤ Their eyes were focused on the thirty-eight runners at the starting line. 彼らの視線はスタートラインに立つ38人のランナーに注がれていました。

⑥ Then, the starting pistol sounded, and the race began.
それから，スタートを告げるピストルの音が鳴り響き，レースが始まりました。

⑦ It is one of the longest and toughest races in sports.
それはスポーツの中でも最も長く苛酷なレースの1つです。

⑧ For the race, the runners had to run 25 times around the 400-meter track. このレースで，ランナーたちは400メートルトラックを25周しなければなりませんでした。

⑨ In this particular race, after ten laps or so, some runners had to give up and drop out.
この日のレースでは，10周ほどすると，諦めて棄権を余儀なくされるランナーが出ました。

⑩ Then, in the last 80 meters, three runners dashed forward.
そして，ラスト80メートルのところで，3人のランナーがダッシュしたのです。

⑪ In the end, an American runner called Billy Mills crossed the finishing line first.
結局，ビリー・ミルズというアメリカ人ランナーが最初にゴールラインを越えました。

⑫ The audience were excited.
観衆は興奮に包まれました。

⑬ When the last runner crossed the line, everyone thought the race was over. 最後のランナーがゴールしたとき，誰もがレースは終わったと思いました。

⑭ However, that runner didn't stop.
ところが，そのランナーは止まりませんでした。

⑮ He just continued, all alone.
彼は走り続けました，たった1人で。

⑯ Some people laughed and shouted, "Hey, he's a lap behind!"
笑ったり，「おい，あいつは周回遅れだ！」と叫んだりする人もいました。

⑰ But he kept on running after crossing the finishing line again.
しかし，再びゴールラインを越えても彼は走り続けました。

⑱ "He's still running. Is he two laps behind?"
「まだ走っているぞ。2周遅れなのか。」

⑲ The spectators were puzzled.
観客は困惑しました。

⑳ "Who's that runner?" they wondered.
「あのランナーは誰なんだ。」と疑問に思ったのです。

㉑ They looked at the program.
そしてプログラムを見ました。

本文の解説はpp.177-178にあります。

① "Number 67 is from Ceylon."
「ゼッケン67はセイロンの選手だね。」

② "His name is Karunananda."
「名前はカルナナンダだ。」

③ As Karunananda continued to run, everyone's eyes began to focus on him.
カルナナンダが走り続ける間に，みんなの目は彼に集中し始めました

④ Then, suddenly, he started to speed up.
すると，突然，彼はスピードを上げ始めたのです。

⑤ It was his last lap — actually, he was three laps behind.
それは彼の最終ラップでした。実は，彼は3周遅れていたのです。

⑥ Now nobody was laughing.
今や誰も笑っていませんでした。

⑦ Instead, words of encouragement were heard.
代わりに，励ましの言葉が聞こえてきました。

⑧ "Keep going, Ceylon!"
「そのまま行け，セイロン！」

⑨ "Hang in there, Karunananda!"
「踏ん張れ，カルナナンダ！」

⑩ The spectators now understood what was happening.
観客は今や何が起きているのかを理解しました。

⑪ He just wanted to run to the end.
彼はただ最後まで走りたかったのです。

⑫ Soon, everyone was cheering him on.
ほどなく，誰もが彼に声援を送っていました。

⑬ Some were watching with tears in their eyes.
目に涙を浮かべながら見つめている人もいました。

⑭ When at last Karunananda crossed the finishing line, he got a huge cheer from the audience.
ついにカルナナンダがゴールラインを越えたとき，観衆からは大歓声が沸き上がりました。

⑮ After the race, Karunananda explained his side of the story.
レースを終え，カルナナンダは裏話をこう明かしました。

⑯ "I had a bad cold this week, but I was chosen to run for my country.
「今週，ひどい風邪をひいてしまったが，私は母国を代表して走るために選ばれたのです。

⑰ So my only goal was to run the whole race.
だから私のただ1つの目標はレースを完走することでした。

⑱ That's what I did, and I'm happy with that."
それが私のしたことで，私はそれに満足しています。」

⑲ And then he added, "I have a little daughter back in my country.
そしてこう付け加えました。「母国には幼い娘がいます。

⑳ When she grows up, I will tell her: 'Your father didn't win that race, but he never gave up!' "
娘が大きくなったら，こう言うつもりです。『おまえのお父さんはあのレースには勝たなかったが，決して諦めなかったぞ！』」

㉑ Karunananda became a hero and showed the true spirit of the Olympics: the most important thing is not to win but to take part.
カルナナンダは英雄になり，真のオリンピック精神を示しました。最も大切なのは勝つことではなく参加することだ，ということを。

[397 words] 〔397語〕

After You Read

Think カルナナンダ選手が娘に伝えたかったことを，自分の言葉でまとめてみましょう。
（例）結果はどうであれ，何事も最後までやり遂げることが大事であるということ。

Words 単語と語句 アクセントの位置に注意して，声に出して発音しよう。 教科書 p.129

- ☐ runner [rʌ́nər] 名 走者，ランナー
- ☐ 10,000-meter run [tén θàuzənd míːtər rʌ́n] 名 10,000メートル走
- ☐ highlight [háilàit] 名 最大の山場
- ☐ the National Stadium [ðə nǽʃənl stéidiəm] 名 国立競技場
- ☐ spectator(s) [spékteitər(z)] 名 観客
- ☐ pistol [pístl] 名 ピストル
- ☐ lap(s) [lǽp(s)] 名 （競技場の）1周
- ☐ dash(ed) [dǽʃ(t)] 動 ダッシュする
- ☐ Billy Mills 名 ビリー・ミルズ〔男性の名〕
- ☐ shout(ed) [ʃáut(id)] 動 叫ぶ
- ☐ puzzled [pʌ́zld] 形 困惑した
- ☐ wonder(ed) [wʌ́ndər(d)] 動 疑問に思う
- ☐ go quiet 静かにする
- ☐ in this particular race この日のレースでは
- ☐ ～ or so ～かそのくらい
- ☐ drop out （競技などから）脱落する
- ☐ in the end 最後に
- ☐ be over 終わる
- ☐ all alone たった1人で

Words 単語と語句 アクセントの位置に注意して，声に出して発音しよう。 教科書 p.130

- ☐ Ceylon [silɑ́n] 名 セイロン（スリランカの旧国名）
- ☐ Karunananda 名 カルナナンダ〔男性の名〕
- ☐ speed [spíːd] 動 疾走する
- ☐ nobody [nóubɑ̀di] 代 誰も～でない
- ☐ encouragement [inkə́ːridʒmənt] 名 励まし
- understand → ☐ understood [ʌ̀ndərstúd] 動 understand の過去形，過去分詞
- choose → ☐ chosen [tʃóuzn] 動 choose の過去分詞
- ☐ add(ed) [ǽd(id)] 動 ～を加える
- ☐ spirit [spírit] 名 精神
- ☐ speed up 速度を増す
- ☐ hang in there 踏ん張る，がんばる
- ☐ cheer ～ on ～に声援を送る
- ☐ with tears in one's eyes 目に涙をためて
- ☐ one's side of the story ～の言い分
- ☐ be chosen to ～ ～するのに選ばれる
- ☐ That's what I did. それが私のした全てです。
- ☐ back in my country 母国に戻ると

本文の解説　　教科書 p.129

④ At 4:05 p.m., the spectators went quiet.
went は go の過去形で，**go quiet** で「**静かになる**」という意味です。

⑦ It is one of the longest and toughest races in sports.
〈**one of ＋複数名詞**〉で「**～の中の１つ**」という意味です。longest も toughest も最上級なので，the longest and toughest は「いちばん長く厳しい」という意味になります。

⑧ For the race, the runners had to run 25 times around the 400-meter track.
had to ～ は「**～しなければならなかった**」という意味で，後に動詞の原形が続きます。**～ time(s)** で「**～回**」と回数を表します。around ～は「～の周りを」という意味の前置詞です。

⑨ In this particular race, after ten laps or so, some runners had to give up and drop out.
particular は「特定の」という意味の形容詞で，**In this particular race** で「**この日のレースでは**」という意味になります。**～ or so** は「**～かそのくらい**」とはっきりしていないときに付けます。after ten laps or so で「10周かそのくらい走った後で」という意味になります。**drop out** は「**(競技などから) 脱落する**」という意味です。

⑩ Then, in the last 80 meters, three runners dashed forward.
in the last 80 meters は「ラスト80メートルのところで」，**dash forward** は「**前へダッシュする**」という意味です。

⑪ In the end, an American runner called Billy Mills crossed the finishing line first.
in the end は「**最後に**」という意味です。called は直前の名詞 an American runner を修飾していて，an American runner called Billy Mills で「ビリー・ミルズというアメリカ人ランナー」という意味になります。

⑬ When the last runner crossed the line, everyone thought the race was over.
be over で「**終わる**」という意味です。thought は think の過去形で，その後には接続詞 that が省略されています。

⑮ He just continued, all alone.
all alone は「**たった１人で**」という意味です。

⑯ Some people laughed and shouted, “Hey, he’s a lap behind!”
behind は「**～に遅れて**」という意味です。a lap behind で「1周遅れている」という意味になります。

⑰ But he kept on running after crossing the finishing line again.
kept は keep の過去形，過去分詞です。**keep on -ing** で「**～し続ける**」という意味を表します。after の後に来る動詞は動名詞にします。cross the finishing line は「ゴールラインを越える」という意味です。

㉑ They looked at the program.
look は「対象に視線を向けて見る」ときに使います。at に続く語がその対象物です。

本文の解説　　教科書 p.130

③ As Karunananda continued to run, everyone’s eyes began to focus on him.
as は「**～するときに**」という意味を表す接続詞で，〈**主語＋動詞**〉が続きます。〈**continue to ＋動詞の原形**〉で「**～し続ける**」という意味を表します。

④ **Then, suddenly, he started to speed up.**
speed up は「**速度を増す**」という意味です。start は後に不定詞（to ＋動詞），または動名詞をとり，「～し始める」という意味になります。

⑥ **Now nobody was laughing.**
nobody が主語の場合は，「誰も～ない」と否定の意味になります。

⑦ **Instead, words of encouragement were heard.**
instead は「その代わりに」という意味を表し，後には前文の内容と逆の内容が続きます。～ were heard は受け身を表しますが，「～が聞こえた」と訳します。

⑨ **"Hang in there, Karunananda!"**
hang in there は「**踏ん張る，がんばる**」という意味です。

⑫ **Soon, everyone was cheering him on.**
cheer ～ on で「**～に声援を送る**」という意味になります。

⑬ **Some were watching with tears in their eyes.**
この **with ～** は付帯状況を示して，「**～しながら**」という意味を表す前置詞です。**with tears in one's eyes** で「**目に涙をためて**」という意味になります。

⑭ **When at last Karunananda crossed the finishing line, he got a huge cheer from the audience.**
at last で「**ついに**」という意味を表します。**get a cheer from ～**は「**～から声援を受ける**」という意味です。

⑮ **After the race, Karunananda explained his side of the story.**
one's side of the story は「**～の言い分**」という意味です。

⑯ **"I had a bad cold this week, but I was chosen to run for my country.**
have a bad cold で「**ひどい風邪をひいている**」という意味です。**be chosen to ～** は「**～するのに選ばれる**」という意味の受け身の文です。この for ～は代理・代表を示す前置詞で，「～を代表して」という意味で使われています。

⑰ **So my only goal was to run the whole race.**
この文中の〈**to ＋動詞の原形**〉は「**～すること**」という意味を表す名詞的用法の不定詞です。

⑱ **That's what I did, and I'm happy with that."**
That's what I did. は「**それが私のした全てです。**」という意味です。

⑲ **And then he added, "I have a little daughter back in my country.**
back in my country で「**母国に戻ると**」という意味です。

⑳ **When she grows up, I will tell her: 'Your father didn't win that race, but he never gave up!' "**
grow up で「**成長する，大人になる**」という意味です。never は「決して～ない」と強い否定を表します。
your father，he は Karunananda を指しています。

㉑ **Karunananda became a hero and showed the true spirit of the Olympics: the most important thing is not to win but to take part.**
not ～ but … は「**～ではなく…**」というときに使います。ここでは，〈**to ＋動詞の原形**〉が「**～すること**」という意味の不定詞で補語として使われています。the most important thing is not to ～ but … で，「最も大切なことは～することではなく…することだ」という意味になります。

Visas for 6,000 Lives　6,000人の命のビザ

第二次世界大戦中のリトアニアでの出来事を読みましょう。
1人の日本人が，そこでどのような行動を取ったのでしょうか。

本文の解説はp.182にあります。

① On the morning of July 17, 1940, Sugihara Chiune was in his house in Kaunas, Lithuania.
1940年7月17日の朝，杉原千畝はリトアニアのカウナスにある自宅にいました。

② He looked outside and saw many people around his house.
外を見ると，家の周りにいる大勢の人が目に入りました。

③ "Who are they?" asked his wife, Yukiko.
「あの人たちは誰でしょう。」と彼の妻，幸子はたずねました。

④ "People from Poland. ⑤ They're Jewish.
「ポーランドから来た人たちだよ。　ユダヤ人だ。

⑥ They escaped from the Nazis," he answered.
ナチスから逃れてきたんだよ。」と彼は答えました。

⑦ They asked Sugihara to issue visas.
彼らは杉原にビザを発行して欲しいと頼みました。

⑧ They wanted to go to safe countries.
安全な国に行くことを望んでいたのです。

⑨ To get there, they needed to pass through Japan.
そこにたどり着くには，日本を経由する必要がありました。

⑩ "I must help these people," Sugihara thought.
「この人たちを助けなければ。」と杉原は考えました。

Q. Why did the Jewish people need visas?
（なぜユダヤ人たちはビザを必要としていたのですか。）

A. （例） Because they needed to pass through Japan with the visas to go to safe countries. （安全な国に行くために，ビザを使って日本を経由する必要があったから。）

本文の解説はpp.183-184にあります。

① The next day, there were more people around his house.
翌日，彼の家の周りにはさらに多くの人がいました。

② He asked for permission to issue visas, but it was refused by the Foreign Ministry.　彼はビザ発行のための許可を求めましたが，外務省によって拒まれました。

③ He tried again but received the same answer.
彼は再度試みましたが，同じ返事を受け取りました。

④ After 10 days, Sugihara finally decided to help them.
10日後，杉原はついに彼らを助ける決断をしました。

⑤ He told Yukiko that he was going to issue visas to the people.
彼は幸子に，人々にビザを発行するつもりであることを伝えました。

⑥ Yukiko knew the risks, but she agreed.
幸子はその危険さをわかっていましたが，同意しました。

⑦ "I'll support you," she said to him. 「あなたの力になります。」と幸子は彼に言いました。

⑧ On July 29, he said to the people around his house, "You will all get your visas!" 7月29日，杉原は家の周りにいる人たちに言いました。「あなたたち全員がビザを取得するでしょう！」

⑨ There was a short silence, then a big cry of joy.
わずかな沈黙の後，大きな歓喜の叫びが起こりました。

⑩ For the next 30 days, Sugihara wrote visas day and night.
その後30日間，杉原は昼も夜もビザを書きました。

⑪ He saw each family and wrote their names by hand.
それぞれの家族に会い，手書きで彼らの名前を記しました。

⑫ He smiled and said, "The world is like a big wheel.
彼はほほえみながらこう言いました。「世界は大きな車輪のようです。

⑬ We're all connected.
私たちはみんなつながっているのです。

⑭ We shouldn't fight each other.
お互いに争うべきではありません。

⑮ We should join hands.
手を取り合う［協力する］べきなのです。

⑯ Take care and good luck!"
お気をつけて，そして幸運を祈ります！」

⑰ On August 27, he received a telegram from the Ministry, "Close the office now and go to Berlin."
8月27日，彼は外務省から，「今すぐ執務室［領事館］を閉鎖し，ベルリンに行くように。」という電報を受け取りました。

Q. Why was there a short silence?
（なぜわずかな沈黙があったのですか。）

A. （例）Because the Jewish people were very surprised by Mr. Sugihara's words. （ユダヤ人たちは杉原さんの言葉にとても驚いたから。）

➡ 本文の解説はp.184にあります。

① On September 4, Sugihara and his family had to leave for Berlin.
9月4日，杉原と家族はベルリンに向けて発たなければなりませんでした。

② Some people followed them to the platform.
数人の人が彼らの後を追ってプラットホームまでついてきました。

③ He continued to write visas even as he got on the train.
彼は列車に乗ってからもビザを書き続けました。

④ He handed them out through the window.
それを窓越しに手渡したのです。

⑤ The bell rang and the train started to move.
ベルが鳴り，列車は動き始めました。

⑥ With tears in his eyes, Sugihara said, "I cannot write anymore.
杉原は目に涙を浮かべて言いました。「これ以上は書けません。

⑦ If I had enough time, I could issue more visas.
もし十分な時間があったら，もっとたくさんのビザを発行できるのですが。

⑧ Forgive me. ⑨ I will pray for your safety."
許してください。 みなさんのご無事を祈っています。」

⑩ One of the people cried, "Thank you, Mr. Sugihara.
人々のうち1人が叫びました。「ありがとう，杉原さん。

⑪ We will never forget you."
あなたのことは決して忘れません。」

⑫ The war ended in 1945.
1945年，戦争は終わりました。

⑬ Sugihara returned to Japan and started working as a trader.
杉原は日本に戻り，貿易商として働き始めました。

⑭ Years later, in 1968, he received a phone call.
数年後の1968年，彼は1本の電話を受けました。

⑮ It was from Mr. Nishri, an Israeli diplomat.
それはイスラエルの外交官，ニシュリ氏からでした。

⑯ Mr. Nishri met Sugihara and took out an old piece of paper.
ニシュリ氏は杉原に会い，1枚の古い紙切れを取り出しました。

⑰ It was a visa issued by Sugihara.
それは杉原が書いたビザでした。

⑱ "We have been searching for you for a long, long time," he said.
「長い，長い間，私たちはずっとあなたのことを探していました。」とニシュリ氏は言いました。

⑲ "I have always wanted to thank you for your kindness and courage.
「私はずっとあなたの思いやりと勇気にお礼を申し上げたかったのです。

⑳ You won't remember me, but I have never forgotten you."
あなたは私のことを思い出せないでしょうが，私はあなたのことを一度たりとて忘れたことはありません。」

㉑ Sugihara issued 2,139 visas to Jewish people in Lithuania.
杉原はリトアニアで，ユダヤ人に2,139枚のビザを発行しました。

㉒ His actions saved more than 6,000 lives in total.
彼の行動は全部で6,000人以上の人々の命を救ったのです。

[432 words] ［432語］

After You Read

Think 杉原千畝が "I must help these people." と思った理由を考えてみましょう。

（例）ナチスによるユダヤ人への迫害を知っていて，助けを求めてきた人々を救う手助けをすることが自分の使命だと考えたから。

Words **単語と語句** アクセントの位置に注意して，声に出して発音しよう。 教科書 p.131

- □ visa(s) [víːzə(z)] 名 ビザ，査証
- □ Kaunas [káunɑːs] 名 カウナス〔リトアニアの都市〕
- □ Lithuania [lìθuéiniə] 名 リトアニア
- □ Poland [póulənd] 名 ポーランド
- □ Jewish [dʒúːiʃ] 形 ユダヤ（人）の
- □ escape(d) [iskéip(t)] 動 逃げる
- □ Nazi(s) [nɑ́ːtsi(z)] 名 ナチ党員，ナチス
- □ issue [íʃuː] 動 ～を発行する
- □ escape from ～ ～から逃げる
- □ pass through ～ ～を通り過ぎる

Words　単語と語句　アクセントの位置に注意して，声に出して発音しよう。　教科書 p.132

- □ permission [pərmíʃən] 名 許可
- □ refuse(d) [rifjú:z(d)] 動 (許可) を与えない
- □ the Foreign Ministry [ðə fɔ́:rən mínəstri] 名 外務省
- know → □ knew [njú:] 動 know の過去形
- □ risk(s) [rísk(s)] 名 危険性
- □ short [ʃɔ́:rt] 形 短い
- □ silence [sáiləns] 名 沈黙
- □ wheel [hwí:l] 名 車輪
- □ telegram [téligræm] 名 電報
- □ Berlin [bə:rlín] 名 ベルリン〔ドイツの首都〕
- □ ask for ～　～を求める
- □ day and night　昼も夜も
- □ join hands　手を組む
- □ Good luck!　幸運を祈ります。

Words　単語と語句　アクセントの位置に注意して，声に出して発音しよう。　教科書 p.133

- □ platform [plǽtfɔ:rm] 名 プラットホーム
- □ forgive [fərgív] 動 ～を許す
- □ trader [tréidər] 名 貿易業者
- □ Mr. Nishri 名 ニシュリ氏
- □ Israeli [izréili] 形 イスラエルの
- □ diplomat [dípləmæt] 名 外交官
- □ kindness [káindnis] 名 優しさ
- □ courage [kə́:ridʒ] 名 勇気
- forget → □ forgotten [fərgátn] 動 forget の過去分詞
- □ (even) as ～　～するとき (でさえ) も
- □ hand ～ out　～を手渡す
- □ with tears in one's eyes　目に涙をためて
- □ a piece of paper　紙切れ

本文の解説　教科書 p.131

① **On the morning of July 17, 1940, Sugihara Chiune was in his house in Kaunas, Lithuania.**

was は is (～にいる) の過去形で，was in his house は「彼の家 (自宅) にいた」の意味になります。

② **He looked outside and saw many people around his house.**

look は「**対象に視線を向けて見る**」のに対し，**see** は「**自然と視界に入ったものを見る**」というときに使います。つまりここでは，「外に視線を向けると，多くの人たちが家の周りにいるのが見えた」という意味になります。

③ **"Who are they?" asked his wife, Yukiko.**

they は，前文の many people around his house を指しています。his wife, Yukiko の his wife と Yukiko は同格で，「彼の妻である幸子」という意味になります。また，asked his wife は主語と動詞が逆になっています。

⑥ **They escaped from the Nazis," he answered.**

escape from ～ で「**～から逃げる**」という意味を表します。

⑦ **They asked Sugihara to issue visas.**

〈**ask ＋人＋ to ～**〉で「**人に～することを求める**」という意味を表します。

⑨ **To get there, they needed to pass through Japan.**

To get ～の〈**to ＋動詞の原形**〉は「**～するために**」という意味で，動詞を修飾する副詞的用法の不定詞です。there は safe countries を指しています。need to ～は「～する必要がある」という意味を表し，この〈**to ＋動詞の原形**〉は「**～すること**」の意味の名詞的用法の不定詞です。**pass through ～** は「**～を通り過ぎる**」という意味です。

本文の解説

教科書 p.132

① **The next day, there were more people around his house.**

there were は there are の過去形で,「〜があった［いた］」という存在を表しています。more は「さらに多くの」の意味の形容詞で,「前日に集まっていた人たちより多くの」という意味を表しています。

② **He asked for permission to issue visas, but it was refused by the Foreign Ministry.**

この ask は「〜を（人）に頼む」の意味で使われていて, **ask for 〜** で「**〜を求める**」という意味を表します。to issue visas の〈**to ＋動詞の原形**〉は「**〜する（ための）**」の意味で, 直前の permission（許可）を修飾する形容詞的用法の不定詞です。asked for permission to issue visas は「ビザを発行するための許可を求めた」の意味になります。was refused by 〜 は〈**be動詞＋動詞の過去分詞＋ by 〜**〉の受け身の形で,「〜に拒まれた」の意味になります。

④ **After 10 days, Sugihara finally decided to help them.**

decide to 〜 で「**〜することに決める, 〜しようと決心する**」という意味を表します。

⑤ **He told Yukiko that he was going to issue visas to the people.**

told は tell の過去形。〈**tell ＋人＋ that 〜**〉で「**（人）に〜ということを話す**」という意味を表します。was going to 〜 は,「〜するつもりだ」という意志を表す be going to 〜 の過去形です。

⑧ **On July 29, he said to the people around his house, "You will all get your visas!"**

you will all の all は主語である you と同格で,「あなたたちみんな」という意味になります。all が置かれる場所に注意しましょう。

⑨ **There was a short silence, then a big cry of joy.**

There was は There is の過去形で,「〜があった［いた］」という存在を表します。then は「それから, その後で」という意味で使われていて,「a short silence（わずかな沈黙）の後に, a big cry of joy（大きな歓喜の叫び）があった」という意味になります。

⑩ **For the next 30 days, Sugihara wrote visas day and night.**

for は「〜の間（ずっと）」という期間を表す前置詞で, for the next 30 days は「その後30日間」の意味になります。**day and night** は「**昼も夜も**」という意味です。

⑪ **He saw each family and wrote their names by hand.**

saw は see の過去形。see は「（人）に会う」の意味で使われています。saw each family は「それぞれの家族に会った」の意味になります。by hand は「手で」の意味を表し, **write 〜 by hand** で「**〜を手で書く**」という意味になります。

⑫ **He smiled and said, "The world is like a big wheel.**

like は動詞ではなく,「**〜のような**」という意味の前置詞です。The world is like a big wheel. は「世界は大きな車輪のようです。」の意味になります。

⑬ **We're all connected.**

are connected は〈**be動詞＋動詞の過去分詞**〉で「**〜されている**」という受け身の文です。「つながれている」という意味になりますが,「私たちはみんなつながっている」と訳したほうが日本語らしくなります。

⑭ **We shouldn't fight each other.**

should は「**〜したほうがよい, 〜すべきである**」という意味の助動詞で, 後に動詞の原形が続きます。

⑮ **We should join hands.**

join hands は「**手を取り合う**」という意味です。

⑯ **Take care and good luck!"**

take care は「**気をつけて**」という意味を表し, **Good luck!** は「**幸運を祈ります。**」という意味の決まり文句です。このまま覚えてしまいましょう。

⑰ **On August 27, he received a telegram from the Ministry, "Close the office now and go to Berlin."**
日付 (August 27) の前には，前置詞 on を使います。now は「今すぐ」の意味で使われていて，Close the office now and go to Berlin. は「今すぐ執務室［領事館］を閉鎖して，ベルリンに行きなさい。」の意味になります。

本文の解説

教科書 p.133

① **On September 4, Sugihara and his family had to leave for Berlin.**
had to ～ は **have to ～「～しなければならない」**の過去形で，動詞の原形が続きます。**leave for** は**「～に向かって出発する」**という意味です。

③ **He continued to write visas even as he got on the train.**
continue to ～ で，後に動詞の原形が続き，**「～することを続ける」**の意味を表します。**even as ～** で，**「～するときでさえも」**の意味になります。

④ **He handed them out through the window.**
hand ～ out で，**「～を手渡す」**の意味を表します。この them は，前文③の visas (杉原の書いたビザ) を指しています。

⑥ **With tears in his eyes, Sugihara said, "I cannot write anymore.**
with tears in one's eyes で**「目に涙を浮かべて」**の意味になります。**cannot ～ anymore** は**「もうこれ以上～できない」**という意味を表し，I cannot write anymore. は「私はもうこれ以上書くことができません。」の意味になります。

⑪ **We will never forget you."**
never は**「決して～ない」**という否定の意味を表す副詞です。We will never forget you. は「私たちは決してあなたのことを忘れないでしょう。」の意味になります。

⑬ **Sugihara returned to Japan and started working as a trader.**
start は，後に動名詞も不定詞も続きます。**〈start ＋動名詞〉**で**「～し始める」**の意味を表します。**as** は，**「～として」**の意味で使われています。

⑭ **Years later, in 1968, he received a phone call.**
years later で**「何年も後」**という意味を表します。**a phone call** で**「(1本の) 通話」**の意味を表し，received a phone call は「電話を受けた」の意味になります。

⑯ **Mr. Nishri met Sugihara and took out an old piece of paper.**
a piece of paper は**「一片の紙切れ」**という意味です。paper は数えられない名詞なので，枚数を表すときは piece を使って，a piece of paper「(1枚の) 紙」のように表します。複数にするときは，two pieces of paper「2枚の紙」のように，piece を複数形にするので覚えておきましょう。

⑳ **You won't remember me, but I have never forgotten you."**
won't は「～ないだろう」という意味を表します。forgotten は forget の過去分詞です。I have never forgotten you は，**〈have ＋ never ＋過去分詞〉**の形で**「一度も～したことがない」**という意味の経験を表す現在完了形です。

㉑ **Sugihara issued 2,139 visas to Jewish people in Lithuania.**
issue ～ to ... で**「…に (対して) ～を発行する」**という意味を表します。

㉒ **His actions saved more than 6,000 lives in total.**
His actions (彼の行動) は，「杉原が，自分の信念に基づいてユダヤ人にビザを発行し続けたこと」を指しています。lives は名詞 life (命) の複数形，**in total** は**「合計で」**の意味で，saved more than 6,000 lives in total は「全部で6000人以上の命を救った」という意味になります。

The Adventures of Tom Sawyer　トム・ソーヤーの冒険

『トム・ソーヤーの冒険』の物語の一部を読みましょう。
100年以上前のお話ですが，現代の私たちにも通じることはあるでしょうか。

本文の解説はp.189にあります。

① Saturday morning came.
土曜日の朝が来ました。

② All the summer world was bright and full of joy.
夏の世界はことごとく輝き，喜びに満ちていました。

③ Tom appeared in front of the house with paint and a big brush.
トムは，ペンキと大きなブラシを持って，家の正面に現れました。

④ He looked at the fence, and all joy left him.
塀を眺めると，喜びはみんな消えてしまいました。

⑤ The fence was long and high.
長く，高い塀でした。

⑥ He wet the brush and moved it.
彼は，ブラシにペンキを付けて，動かしました。

⑦ He did it again, and did it again.
何度も何度もくり返しました。

⑧ Then he looked at the fence.
それから塀を眺めました。

⑨ The painted part was very, very small.
ペンキが塗られている部分はとても，とてもわずかでした。

⑩ He sat down.
彼は座り込みました。

⑪ He felt that he could not continue.
もう続けられないと感じたのです。

⑫ "How unlucky," Tom said to himself.
「なんて運が悪いんだ。」とトムは心の中で思いました。

⑬ "I must work on Saturday.
「土曜日に働かなくちゃいけないなんて。

⑭ Soon someone will come and laugh at me for working."
今に誰かがやってきて，仕事をしているぼくを笑いものにするんだ。」

⑮ At that moment, a wonderful idea came to him.
その瞬間，すばらしい考えが彼の頭に浮かびました。

⑯ It was like a great, bright light.
それは，まるで大いなる，光明のようでした。

⑰ He took his brush and began to work again.
彼はブラシを手に取り，仕事を再開しました。

⑱ Ben Rogers soon appeared.
ベン・ロジャーズがまもなく姿を見せました。

⑲ He was eating an apple.
リンゴを食べていました。

⑳ He came close to Tom, and stopped.
彼はトムの近くに来て，立ち止まりました。

㉑ Tom continued his painting.
トムは，ペンキを塗り続けました。

㉒ He did not look at Ben.
ベンのことは見ませんでした。

Q. Why did Tom feel he could not continue?
（なぜトムは続けられないと感じたのですか。）

A. （例）Because he thought he couldn't finish his work by himself.
（自分だけではこの仕事を終わらせられないと思ったから。）

➡ 本文の解説はp.190にあります。

① Ben said, "Hello!" ② No answer.
ベンは「やあ！」と言いました。 答えはありません。

③ Tom moved his brush gently and looked at the result.
トムはブラシをそっと動かし，できばえを眺めました。

④ Ben came nearer.
ベンはもっと近くに来ました。

⑤ Tom wanted the apple, but he did not turn from his work.
トムはリンゴが欲しかったのですが，手を休めませんでした。

⑥ Ben said, "Hello, you have to work, right?"
ベンは言いました。「やあ，働かなくちゃいけないんだろ？」

⑦ Tom turned suddenly.
トムは突然振り返りました。

⑧ "Oh, Ben, is it you? ⑨ I didn't see you."
「ああ，ベン，君かい？ 目に入らなかったよ。」

⑩ "I'm going swimming," said Ben.
ベンは，「ぼく，泳ぎに行くんだ。」と言いました。

⑪ "Do you want to go with me?
「ぼくといっしょに行きたいかい？

⑫ Or would you rather work?"
それとも君は仕事をするほうがいいのかい？」

⑬ Tom said, "What do you mean? ⑭ Work?"
トムは言いました。「どういう意味だい？ 仕事？」

⑮ "That is work," said Ben.
ベンは，「それ，仕事だろ。」と言いました。

⑯ "It may be work and it may not be," replied Tom.
「仕事かもしれないし，そうじゃないかもしれない。」トムが返事をしました。

⑰ "But it is fine for Tom Sawyer."
「でもそんなのトム・ソーヤーにとっては構わないことさ。」

⑱ "Do you mean that you enjoy it?"
「君はそれを楽しんでいるって言いたいのか？」

⑲ "Enjoy it?
「楽しんでいるかだって？

⑳ Does a boy have a chance to paint a fence every day?"
普通の男の子が塀にペンキを塗る機会なんて毎日あるものかな？」

㉑ Here was a new idea.
また新たな考えが浮かびました。

㉒ Ben stopped eating his apple.
ベンがリンゴを食べるのをやめました。

㉓ Tom moved his brush — stepped away to look at the result — added a little paint here — and stepped away again. トムはブラシを動かし，できばえを見るために1歩離れます。ここに少しペンキを塗り足しては，また1歩離れます。

㉔ Ben watched.
ベンはじっと見守りました。

㉕ He was more and more interested.
どんどん興味が湧いていました。

㉖ Then he said, "Tom, let me paint a little."
そして彼は言いました。「トム，少し塗らせてくれよ。」

Q. When Ben talked to Tom, why didn't he answer?
（ベンがトムに話しかけたとき，なぜトムは答えなかったのですか。）

A. （例）Because he wanted to make Ben believe he was enjoying the work.
（ベンに自分が仕事を楽しんでいると信じさせたかったから。）

本文の解説はp.191にあります。

① Tom thought.
トムは考えました。

② Then he said, "No, Ben.
そして言いました。「ダメだよ，ベン。

③ Aunt Polly wants this fence to be perfect.
ポリーおばさんはこの塀を完璧にしたいんだ。

④ I must paint it very carefully.
とても注意深く塗らなきゃいけないんだよ。

⑤ Not every boy can do it well."
どんな男の子でも上手にできるっていうわけじゃないんだ。」

⑥ "Oh, Tom, let me try. ⑦ Only a little. ⑧ I'll be careful.
「ああ，トム，ぼくにやらせてよ。 少しだけ。 慎重になるからさ。

⑨ Tom, I'll give you part of my apple."
トム，ぼくのリンゴを少しあげるから。」

⑩ "No, Ben. ⑪ I'm afraid —"
「いや，ベン。 申し訳ないけど……」

⑫ "I'll give you all of it."
「全部あげるよ。」

⑬ Tom gave the brush to Ben slowly, but with joy in his heart.
トムはゆっくりとベンにブラシを手渡しましたが，心の中は喜びに踊っていました。

⑭ He sat under the tree and ate the apple.
彼は木の下に腰掛け，リンゴを食べました。

⑮ And he planned how to get more help.
そして，どうやったらもっと手伝ってもらえるのか計画を立てました。

⑯ There were enough boys.
男の子は十分に集まりました。

⑰ They came along the street and wanted to paint.
道すがらやってきては，ペンキ塗りをやりたがったのです。

⑱ Every boy paid something to get the right to paint the fence.
それぞれの子が，塀を塗る権利を得るために何かを支払いました。

⑲ By the middle of the afternoon, Tom was very rich.
午後の半ばまでには，トムはすっかり裕福でした。

⑳ He had so many playthings.
彼のもとには，とてもたくさんのおもちゃがありました。

㉑ He also discovered a great law of human action — a man will want something if it is not easy to get it.
また，彼は人間行動の一大法則も発見しました。簡単に手に入らないものこそ，人はそれを欲しがるものである。

[466 words]　[466語]

After You Read

Think　1. Tom が発見した人間行動の一大法則とは，どんなことでしょうか。
(例) 簡単に手に入らないものこそ，人はそれを欲しがるということ。

2. あなたは，その法則は正しいと思いますか。自分の経験をもとに，友達と話し合ってみましょう。
(例) 正しいと思わない。簡単に手に入らないからといって，何でも欲しくなるわけではない。

Words 単語と語句 アクセントの位置に注意して，声に出して発音しよう。 教科書 p.134

- □ Tom Sawyer 名 トム・ソーヤー〔男性の名〕
- □ bright [bráit] 形 輝いている
- □ appear(ed) [əpíər(d)] 動 現れる
- □ brush [brʌ́ʃ] 名 ブラシ，はけ
- □ fence [féns] 名 塀
- □ unlucky [ʌ̀nlʌ́ki] 形 運が悪い
- □ Ben Rogers 名 ベン・ロジャーズ〔男性の名〕
- □ sit down　座る
- □ say to oneself　～と思う
- □ at that moment　ちょうどそのとき
- □ come to ～　(考えなどが) ～の心に浮かぶ

Words 単語と語句 アクセントの位置に注意して，声に出して発音しよう。 教科書 p.135

- □ gently [dʒéntli] 副 優しく
- □ result [rizʌ́lt] 名 できばえ
- □ reply [riplái(d)] 動 返事をする → replied
- □ rather [rǽðər] 副 むしろ
- □ chance [tʃǽns] 名 機会
- □ add(ed) [ǽd(id)] 動 ～を塗り足す
- □ turn from ～　～から顔を上げる
- □ would rather ～　～するほうがよい
- □ What do you mean?　どういう意味ですか。
- □ Do you mean that ～?
  ～と言いたいのですか。
- □ step away　1歩離れる

Words 単語と語句 アクセントの位置に注意して，声に出して発音しよう。 教科書 p.136

- □ Aunt Polly 名 ポリーおばさん
- □ carefully [kéərfəli] 副 注意深く
- □ slowly [slóuli] 副 ゆっくり
- pay
  → □ paid [péid] 動 pay の過去形，過去分詞
- □ right [ráit] 名 権利
- □ plaything(s) [pléiθìŋ(z)] 名 おもちゃ
- □ discover(ed) [diskʌ́vər(d)] 動 ～を発見する
- □ law [lɔ́:] 名 法則
- □ not every ～ can ...
  どんな～でも…できるわけではない
- □ I'm afraid ～. 申し訳ないが～。
- □ by the middle of ～ ～の半ばまでに

本文の解説

教科書 p.134

② **All the summer world was bright and full of joy.**
be full of ～ で「**～でいっぱいである**」という意味を表します。

③ **Tom appeared in front of the house with paint and a big brush.**
in front of ～ は「**～の正面の［で・に］**」という意味です。この with は「～を持って」という意味で使われています。

⑨ **The painted part was very, very small.**
painted は直後の part を修飾していて，painted part で「塗られている部分」という意味になります。

⑩ **He sat down.**
sat は sit の過去形，過去分詞で，**sit down** で「**座る**」という意味になります。

⑪ **He felt that he could not continue.**
felt は feel の過去形，過去分詞です。that は「～ということ」の意味を表す接続詞で，He felt that ～. は，he could 以下のことを「～と感じた，～と思った」という意味を表します。

⑫ **"How unlucky," Tom said to himself.**
〈How ＋形容詞〉 は「**なんて～だ。**」と感嘆の意味を表します。**say to oneself** は「**（心の中で）思う，考える**」という意味なので，"How unlucky," Tom said to himself. で「『なんて運が悪いんだ。』とトムは心の中で思いました。」という意味になります。

⑬ **"I must work on Saturday.**
must は「**～しなければならない，すべきである**」という意味の助動詞です。曜日の前には前置詞 on を使います。

⑭ **Soon someone will come and laugh at me for working."**
laugh at ～は「**～を見て笑う**」という意味です。for は「～に対して」という意味で使われていて，laugh at me for working で「働いていることに対して私を見て笑う」という意味になります。

⑮ **At that moment, a wonderful idea came to him.**
at that moment は「**ちょうどそのとき**」という意味です。came は動詞 come の過去形で，**come to ～** は「**～に（考えや気持ちが）浮かぶ**」という意味を表します。

⑯ **It was like a great, bright light.**
like は動詞ではなく，「～のような」という意味の前置詞です。

本文の解説

教科書 p.135

④ Ben came nearer.

nearer は「もっと近くに」という意味を表します。

⑤ Tom wanted the apple, but he did not turn from his work.

he did not turn from his work は，直訳すると「彼は彼の仕事から顔を上げなかった」ですが，「手を休めなかった」のほうが自然でしょう。

⑥ Ben said, "Hello, you have to work, right?"

have to ～ は「**しなければならない**」という意味で，後に動詞の原形が続きます。語尾の **～, right?** は「**～ですよね。**」と相手に確認したり同意を求めたりするときに使います。

⑫ Or would you rather work?"

would rather ～ は「**～するほうがよい**」という意味を表します。would you rather work? は疑問文なので，「あなたは仕事をするほうがよいですか。」という意味になります。

⑬ Tom said, "What do you mean?

What do you mean? は，「あなたは何を意味していますか。→**どういう意味ですか。**」という意味を表します。

⑯ "It may be work and it may not be," replied Tom.

may は「**～かもしれない**」という意味の助動詞です。it may not be の後には work が省略されています。また，replied Tom は主語と動詞が逆になっています。

⑱ "Do you mean that you enjoy it?"

Do you mean that ～? は，「**～と言いたいのですか。**」という意味を表します。

⑳ Does a boy have a chance to paint a fence every day?"

a chance to paint a fence の〈**to ＋動詞の原形**〉は，「**～するための**」の意味で，直前の名詞（a chance）を後ろから修飾する形容詞的用法の不定詞です。

㉒ Ben stopped eating his apple.

stop ～ ing で「**～するのをやめる**」という意味になります。

㉓ Tom moved his brush — stepped away to look at the result — added a little paint here — and stepped away again.

step away は「**1歩離れる**」という意味です。stepped away to look at the result の to は，「～するために」という意味で，stepped away を後ろから修飾する副詞的用法の不定詞です。

㉖ Then he said, "Tom, let me paint a little."

〈**let ＋人＋動詞の原形**〉で「**人に～させてやる**」という意味を表します。

本文の解説

教科書 p.136

⑤ **Not every boy can do it well.”**

not every ～ は，**「全ての～が…とは限らない」**という部分否定の意味を表します。

⑥ **“Oh, Tom, let me try.**

〈let ＋人＋動詞の原形〉で**「人に～させてやる」**という意味を表します。

⑧ **I’ll be careful.**

I’ll は I will の短縮形です。**will** は意志を表す助動詞で，後に動詞の原形が続いて，**「～しよう」**の意味を表します。

⑪ **I’m afraid —”**

I’m afraid ～. で**「申し訳ないが～。」**という意味を表します。

⑬ **Tom gave the brush to Ben slowly, but with joy in his heart.**

この文の with は「～といっしょに」という意味で使われています。with joy in his heart は直訳すると，「彼の心の中の喜びといっしょに」という意味になります。

⑮ **And he planned how to get more help.**

〈how to ＋動詞の原形〉の形で**「～する方法」**という意味を表し，動詞 plan の目的語になっています。

⑰ **They came along the street and wanted to paint.**

They は前文⑯の boys を指しています。want(ed) to ～ は，後に動詞の原形が続き，「～したい［～したかった］」の意味を表します。to paint は，「～すること」という意味の名詞的用法の不定詞です。

⑱ **Every boy paid something to get the right to paint the fence.**

to get the right は「～するために」という意味の副詞的用法の不定詞で，paid を修飾しています。to paint the fence は「～するための」という意味の形容詞用法の不定詞で，直前の名詞 the right を修飾しています。

⑲ **By the middle of the afternoon, Tom was very rich.**

by は「～までに（は）」を意味する前置詞で，**by the middle of ～** は**「～の半ばまでに」**という意味です。

㉑ **He also discovered a great law of human action — a man will want something if it is not easy to get it.**

also は，**「～もまた，さらに」**という意味の副詞です。**if** は**「もし～ならば」**という意味の接続詞で，to get it は「～すること」という意味の名詞的用法の不定詞です。if it is not easy to get it の1つ目の it は to get it を指し，2つ目の it は something を指しています。

Classroom English

先生： It's time for English class. Let's make sure of today's goal.
（英語の授業の時間です。今日の目標を確実に達成しましょう。）

先生： Let's wrap up today's class.
（今日の授業を締めくくりましょう。）

● 先生からあなたへ

Come to the front, please.
（前に来てください。）

Go back to your seat, please.
（席に戻ってください。）

Raise your hand if you can't hear me.
（私の声が聞こえないときは手を挙げてください。）

● あなたから先生へ

We need one more handout. （もう1つ配布物が必要です。）

I'm done. （終わりました。）

I agree with Shogo. （ショウゴさんに賛成します。）

❶ Could you say that again?　もう一度言っていただけますか。

❷ May I ask you a question?　質問してもよろしいですか。

❸ Could you give me a little more time?　もう少し時間をいただけますか。

❹ What does "scissors" mean?　"scissors" とはどんな意味ですか。

❺ I think the answer is A.　答えはAだと思います。

❻ I don't think she is right.　彼女が正しいとは思いません。